Kleine Bibliothek 295

Politik   Wissenschaft   Zukunft

Gisela Preuschoff

Von Null bis Drei

Alltag mit Kleinkindern

Illustrationen
von Stefan Siegert

Margit + Michael

Jan '15

Pahl-Rugenstein

Erste Auflage 1981
Zweite, überarbeitete und erweiterte Auflage 1982
Dritte Auflage 1984
© 1984 by Pahl-Rugenstein Verlag, Köln
Fotos: Baumann, Borchert, Hartlaub, Henschel, Meyborg, Preuschoff,
Archiv
Satz: Locher GmbH, Köln
Druck: Plambeck & Co Druck und Verlag GmbH, Neuss

CIP-Kurztitelaufnahme der Deutschen Bibliothek
Preuschoff, Gisela:
Von Null bis Drei: Alltag mit Kleinkindern / Gisela Preuschoff. Ill. von
Stefan Siegert. – 3. Aufl. – Köln: Pahl-Rugenstein, 1984.
  (Kleine Bibliothek: 295)
  ISBN 3-7609-0899-3
NE: GT

Für das Leben

Für Karuna, 2 Jahre alt, nach den NATO-Beschlüssen

Kleine Tochter,
wie lange werden sie
dich leben lassen?
Wann werden wir finden,
daß du Hautkrebs hast
oder Leukämie?
Wann wird die Bombe fallen,
die uns alle umbringt,
ohne Sachschaden anzurichten?

Von dir kann ich lernen,
wie man das Leben liebt.
Du quietschst vor Vergnügen
über ein Glas Wasser.
Du nimmst den Sand mit ins
Bett,
weil du ihn liebst.
Beim Abendspaziergang
entzückt dich der Mond,
verblaßt das Licht
der Neonreklamen.
Nachts träumst du
von großen und kleinen Katzen.
Und täglich heulst du
wie ein Orkan,
zweifelnd, mit zitternder
Unterlippe,
daß irgend etwas
nicht möglich sein könnte.

Kleine Tochter,
wie recht du hast!

Das Unmögliche müssen wir
möglich machen
heute und jetzt.
Wir werden uns nicht
von Vernichtungsmaschinen
ins Grab und zu Tode
beschützen lassen.
Wir wollen uns
diesen Selbstmord auf Raten
nicht mehr als Frieden
verkaufen lassen.
Wenn das Atom
unsere Zuflucht ist,
wird uns das Licht
ausgehen für immer.

Wer erinnert denn noch,
was das Lebenslicht ist,
wenn die Mächtigen
streiten um Energie?
Wir müssen gegen den Tod an-
lernen,
daß noch geliebt werden kann.

Kleine Tochter,
du lehrst mich sehen,
wie das Leben gemeint ist.
Ich blicke dich an
und weiß, daß ich
kämpfen will
bis zum letzten Atemzug.

Anonymes Gedicht vom 19. Deutschen Evangelischen Kirchentag
1981 in Hamburg

Zwischen Angst und Mut
Vorwort zur zweiten Auflage

Zwischen der ersten und zweiten Auflage dieses Buches hat mich vieles bewegt, und vieles ist in Bewegung geraten.

Unsere Kinder sind größer, ihre Lebensbedingungen schlechter geworden. Damit der Rüstungswahnsinn finanziert werden kann, bekommen wir weniger Kindergeld und zahlen mehr für das tägliche Leben. Der Abbau sozialer Leistungen und Rechte, der uns als »Sparmaßnahme« verkauft wird, betrifft alle Menschen: Eltern und Kinder, Greise und Krüppel, Studenten und Arbeiter. Als Eltern, die wir die Verantwortung für das Leben unserer Kinder tragen, sind wir doppelt betroffen. Die Bedingungen in Einrichtungen für Kinder verschärfen sich täglich, frei werdende Stellen bleiben unbesetzt, die Gruppen werden vergrößert, Räume verkleinert, Fachkräfte z. B. für Musik und Sport nicht mehr bezahlt. Wenn eine berufstätige Mutter monatlich zwischen 300 und 500 DM für die Betreuung und Versorgung ihres Kindes zu zahlen hat, wird Kinderhaben ein Luxus und keine Selbstverständlichkeit.

Egal, ob wir auf dem Land oder in der Stadt leben, die Umweltbedingungen verschlechtern sich, Pflanzen und Tiere sterben aus, Luft, Wasser und Erde waren noch nie so vergiftet wie jetzt.

Vergiftet sind auch die sozialen Beziehungen in diesem Land: Während fast zwei Millionen Menschen arbeitslos sind, werden die Arbeitsbedingungen für die Arbeitenden schlechter, Ausländerhaß wird geschürt, Familien zerrüttet, klar, daß die Kriminalität steigt. Demagogie und Antikommunismus sollen helfen, die Erkenntnisse der wahren Ursachen dieser Bedinugungen zu verhindern. Dummheit ist Staatsdoktrin.

Ich habe ein Buch für Eltern geschrieben. Deshalb müssen die Bedingungen genannt werden, denen Kinder heute ausgesetzt sind. Diese Bedingungen machen mir Angst – und sie machen mir gleichzeitig Mut. Denn was muß eigentlich noch geschehen, bevor wir aufstehen? Einiges ist in Bewegung geraten. Die Bewegung für Frieden, Umweltschutz und soziale Rechte ist so groß wie nie zuvor in der BRD. Sie ist unübersehbar und beeinflußt alle Bereiche. So auch Bücher für Eltern. Einige davon habe ich gelesen, und sie haben mir Mut gemacht. Mut, weil ich merke, daß meine Gedanken keine zufälligen Gedanken sind, nicht Gedanken von mir allein, sondern Gedanken einer Bewegung, Ausdruck von Veränderung: 1981 erschien Lottemi Doormanns Buch: »Babys wachsen gemeinsam auf« in einem populären Verlag. Wer danach noch behauptet, daß Säuglinge und Klein-Kinder allein zu ihren Müttern in die Zwei-Zimmerwohnung gehören, macht sich schlicht lächerlich. Im gleichen Jahr fand in Bremen die Fachtagung der Arbeiterwohlfahrt: »Was brauchen unsere Kinder in den ersten drei Lebensjahren?« statt. Die Beiträge aus Wissenschaft und Praxis entlarven die Demagogie von der glücklichmachenden Kleinfamilie und stellen konkrete Forderungen an die herrschenden Politiker: Was unsere Kinder brauchen ist ein Staat, der sie unterstützt. »Wir haben genug Geld. Alle Gesellschaften haben genug Geld. Die Frage ist: Wofür gibt sie das Geld aus? Welchen Preis zahlt die Gesellschaft, wenn sie nicht bereit ist, Ausgaben auf diesem Gebiet als Investitionen anzusetzen statt als Kosten?«[1]

Zwei befreiende Bücher hat auch Barbara Sichtermann geschrieben.[2] Sie hat mich ermutigt, weil sie viele Dinge, die für uns im Umgang mit Säuglingen so selbstverständlich waren wie Babybett und Wickelkommode, radikal in Frage stellt. Ich habe aus ihren Büchern viele Denkanstöße bekommen, gerade weil die Autorin an uns gemeinsam bewegende Fragen so grundverschieden herangeht als ich. Um so ärgerlicher finde ich allerdings ihre ablehnende Einstellung zu Krippen und Kindergruppen, die der Praxis ins Gesicht schlägt und die ich nur auf die mangelnde Erfahrung der Autorin zurückführen kann.

Herausgefordert wie kein zweites hat mit Jean Liedloffs Buch »Auf der Suche nach dem verlorenen Glück!« Ich habe mich monatelang damit beschäftigt, bis es mir gelang, den für mich wichtigen Kern aus diesen sehr subjektiv (und m. M. n. oft falsch) interpretierten Beobachtungen der Yequana Indianer in Venezuela zu lösen. Was den Inhalt so wichtig macht: Es gibt hier auf dieser Welt in der völligen Abgeschiedenheit des Dschungels einen Stamm, der in einem Zustand innerer Ausgeglichenheit, ja dauernden Glücks – sieht man von Krankheiten ab – lebt. Es ist menschenmöglich, glücklich zu sein. Ich finde diese Aussage allein schon ungeheuer – denn, zur politischen Forderung erhoben, würde es zweifellos Revolution bedeuten: Wir wollen glücklich sein! statt: Das muß man eben hinnehmen. Warum sind die Yequana so glücklich? Im Gegensatz zu Jean Liedloff, die das Getragenwerden der Kinder zur zentralen Ursache erhebt, habe ich folgende Begründungen gefunden:

1. Die Yequana leben in einer klassenlosen Gesellschaft. Alle anderen Gründe sind daraus abgeleitet. Die Yequana produzieren gemeinsam und teilen ihre Produkte. Deshalb kennen sie keinen Neid, keine Eifersucht, weder Reichtum noch Armut, Dummheit und Arroganz, Herrschaft und Unterdrückung. Sie sind Eltern, die Arbeitshetze und Arbeitslosigkeit, künstlich erzeugte Bedürfnisse, Angebot von Luxusgütern ohne die Möglichkeit, diese auch zu erwerben, nicht kennen.

2. Auf dieser Grundlage ist es den Eltern möglich und für den Stamm selbstverständlich, ihren Kindern mit größter Zärtlichkeit und Gelassenheit zu begegnen. Die Babys werden immer getragen und niemals von ihrer Mutter getrennt. Sie fühlen die nackte Haut ihrer Mütter immer – auch nachts – und können aus ihren Brüsten trinken, wann immer sie wollen.

3. Wenn die Babys mit ca. sechs Monaten zu krabbeln beginnen (leider wird nicht beschrieben, wie sie diese Fähigkeit erwerben), entfernen sie sich selbstverständlich von ihren Eltern und halten sich überwiegend in der Gemeinschaft der Dorfkinder auf. Selbständig und selbstverständlich erforschen sie ihre z. T. sehr gefahrvolle Umwelt und lernen ohne »Laß das!« und »Faß das nicht an!«.

4. Die Kinder wachsen nicht nur ohne Belohnung und Strafe auf, sondern auch ohne Lob und Tadel. Wo Gut-sein selbstverständlich ist, muß eine richtige Handlung nicht hervorgehoben werden. Die Kinder sind Teil des wirklichen Lebens.

5. Weil die Kinder Teil des wirklichen Lebens sind, ist auch ihre Teilnahme an der Produktion, an der Erhaltung der Lebensbedingungen selbstverständlich. Hier gibt es keine Reduktion des Menschlichen aufs Kindliche, und wo es keine Trennung zwischen Kind und Mensch gibt, kann es auch keinen »Trotz« geben. Noch nie ist mir so klar geworden, daß Trotz dadurch ensteht, daß wir unsere Kinder dazu verdammen, sich mit Spielzeug in ihren Kinderzimmern zu beschäftigen, anstatt tatsächlich mit uns zu leben.

Mir ist klar geworden: Es gibt Erziehungsfehler, die sich unter derzeitigen Bedingungen nicht vermeiden lassen. Sie lassen sich nicht vermeiden, weil diese Gesellschaft in ihrer Konstruktion ein Fehler ist, weil sie die Masse der Menschen ausschließt von dem gemeinsam produzierten Reichtum: Reichtum an materiellen Werten und Reichtum an Wissen.

Mein Buch handelt von den vermeidbaren Fehlern. Es ist als Diskussionsgrundlage gedacht und lebt vom Erfahrungsaustausch. Deshalb möchte ich mich bei allen bedanken, die mit mir über das Buch gesprochen[3] oder mir geschrieben haben. Besonders bei Melanie Hartlaub aus Frankfurt/M., die mich auf das Prager Eltern-Kinder-Programm aufmerksam gemacht und den Gymnastikteil dieses Buches für das 1. Lebensjahr entsprechend neu geschrieben hat. Dieses an den Aktivitäten des Kindes ausgerichtete Programm ist in der Bundesrepublik noch weitgehend unbekannt (es wurde 1973 von Hans und Christa Ruppelt, Gesamthochschule Wuppertal, für die BRD entwickelt und seit 1978 öffentlich vorgestellt) und hat mich deswegen so begeistert, weil es von den natürlichen Bedürfnissen und Bewegungen des Kindes ausgeht und diese nicht – wie bei der herkömmlichen Babygymnastik – passiv erzeugt. Die Ausgangshypothese des tschechischen Autors J. Koch lautet: »Im Kind ist eine ungeure Menge von Entwicklungsmöglichkeiten verborgen, von denen wir bis heute keine Ahnung haben.«

Für diese Entwicklungsmöglichkeiten einzutreten, ist auch das Ziel meines Buches.

Über die Unzulänglichkeit von Erziehung –
und: warum ich dieses Buch geschrieben habe

Soll man Bücher über Erziehung überhaupt schreiben bzw. lesen? Sind nicht Kinder heute gerade deshalb so nervös, krank, rücksichtslos, weil ihre Eltern zuviel über Erziehung lesen? Früher sind die Kinder doch auch ohne Bücher groß geworden! Groß werden Kinder in der Tat allein. Oder? Immerhin sterben bis zu 1000 Kinder jährlich durch die Hand ihrer Eltern, Hunderte bringen sich selber um und von den Lebenden hat ein zu großer Teil Ernährungsstörungen, Verhaltens- und Lernbehinderungen. Es wäre ein schlechter Witz zu meinen, diese Verhältnisse durch Bücher ändern zu können.

In ihrem Buch »Auf der Suche nach dem verlorenen Glück« schreibt Jean Liedhoff, daß sie sich schämen würde, den Indianern gegenüber zuzugeben, »daß dort, wo ich herkomme, die Frauen sich nicht imstande fühlen, ihre Kinder großzuziehen, bevor sie nicht ein Buch mit den von einem fremden Mann geschriebenen Anleitungen dazu gelesen zu haben«. Sie schrieb dann aber selber ein Buch, und ich tue das auch. Ich schäme mich nicht, es zuzugeben. Von den Indianern Venezuelas unterscheidet uns eine lange Geschichte. Zum Beispiel die, daß wir im Erfahrungsaustausch mit der Generation unserer Eltern Dinge gesagt bekommen, die uns in Angstschweiß versetzen, zur Zeit von Auschwitz aber alltäglich waren. »Schreienlassen« und »eins links und rechts hinter die Ohren« sind noch lange nicht ausgestorben. Es ist zwar schwierig, aber möglich, den Indianern zu erklären, warum die Gefühle vieler Menschen bei uns so verwirrt sind, warum Eltern verzweifelt sind und Kinder depressiv.

Eltern brauchen Bücher, weil bei uns Lügen in Massenauflagen gedruckt und gesendet werden und sich keiner allein gefühlsmäßig die Zustände in unserer Gesellschaft erklären kann.

Wir brauchen eine Wissenschaft, die uns ermöglicht, die in ihrer entstandenen Kompliziertheit zu durchschauen und zu verändern. Wir brauchen eine Theorie, die uns den Weg zeigt aus Resignation und Ohnmacht.

Mein Buch ist nicht wissenschaftlich, aber ich hätte es ohne wissenschaftliche Erkenntnisse, die ich mir angeeignet habe oder übermittelt bekam, nicht schreiben können.

Der Buchmarkt zum Thema Eltern-Kind ist in der Tat verwirrend. In letzter Zeit zeichnet sich jedoch deutlich der Versuch ab, zu mehr Ursprünglichkeit, Menschlichkeit zurückzufinden. Rooming-in und Stillen werden wieder selbstverständlich. Väter beginnen, ihre Gefühle und Fähigkeiten auch Neugeborenen gegenüber zu entdecken und das Tragen der Babys am Körper – wie es jahrtausendelang üblich war – verdrängt schon mancherorts den Kinderwagen. Das ist m. M. n. nicht einfach eine Modeerscheinung, ein Zurück-zur-Natur in unnatürlicher Umwelt, sondern auch eine wissenschaftlich begründete Korrektur übertriebener Hygienevorstellungen und mechanischer Übertragung von Normen der Arbeitswelt wie Disziplin, Ordnung, Sauberkeit auf menschliche Beziehungen. Es ist auch ein Aufbegehren gegen selbsternannte Autoritäten, die Eltern einhämmerten, ihre Gefühle z. B. einem schreienden Säugling gegenüber zu unterdrücken.

Dieses Buch will zum Nach-, vielleicht zum Umdenken anregen – vor allem aber unterstützen und ermutigen. Es ist für Eltern meistens eine ungeheure Wohltat zu hören, daß es anderen sehr ähnlich geht. Das Buch möchte Erfahrungen vermitteln und Anregungen geben, wie Väter und Mütter ihre Kinder unter gegebenen Bedinungen zu selbstbewußten, widerstandsfähigen, intelligenten Kindern erziehen können, zu Kindern, die lachen, mit anderen spielen, ihre Gefühle und Ängste ausdrücken und Fragen stellen können, zu Kindern, die ihre Umwelt nicht nur wahrnehmen und durchschauen, sondern auch aktiv verändern können. Es möchte Erfahrungen vermitteln über Möglichkeiten, Kinder, Berufstätigkeit und gesellschaftliches Engagement von Mutter und Vater miteinander zu vereinbaren,
und durch einige erprobte Hinweise auf Hand- bzw. Werkarbeiten Geld sparen helfen – allerdings auf Kosten von Zeit.

Ich habe dieses Buch während des halben Jahres geschrieben, das Müttern neuerdings nach der Geburt eines Kindes als Urlaub (wenn auch mit erheblichen finanziellen Verlusten für die meisten Frauen) gewährt wird. Mein ältester Sohn war zu dieser Zeit zwei Jahre alt und wurde zuerst vormittags von einer Tagesmutter, später in einer selbst organisierten Kindergruppe (Großpflegestelle) von einer Erzieherin betreut. Das neugeborene, später halbjährige Baby war bei mir und hat, während ich schrieb, oft in meinem Arm oder über meinem Knie gelegen oder neben mir auf einer Decke gespielt. Das Manuskript war fertig, als ich wieder anfing zu arbeiten. Ich habe mich während des Schreibens öfter gefragt, wie ich überhaupt dazu komme. Sind meine Kinder etwa besonders gut erzogen, vorbildlich, beispielhaft? Habe ich außergewöhnliche Erfahrungen gemacht, originelle Ideen entwickelt?

Ganz sicher nicht.

Als eine Mutter das Manuskript in der Rohfassung las und mir mitteilte: »Bei dir scheint alles zu glatt, alles klappt, und du hast für alles eine richtige Erklärung parat« war ich wirklich betroffen, ja beschämt. Ich möchte daher den Lesern versichern, daß meine Wirklichkeit rauh ist, daß bei mir vieles nicht klappt und ich für vieles keine Begründung weiß. Leider. Und ich zermartere mir den Kopf, was ich falsch mache und was ich anders machen muß und was zu ändern ist, dabei vergeht die Zeit, die Kinder wachsen, und es geschieht so wenig.

Ich habe dieses Buch geschrieben, weil ich ein Interesse daran hatte, intensiver über Erziehung von kleinen Kindern nachzudenken, weil mich einige vorhandene Bücher zu diesem Thema erheblich zum Widerspruch reizten und weil ich das Glück habe, sehr viele Freunde mit und ohne Kinder zu haben, die mit mir über Kinder reden, über Erziehung, über Irrtümer und die Zukunft. Sie alle haben mir Erfahrungen vermittelt, die ich aufschreiben und zur Diskussion stellen möchte.

Ich habe dieses Buch geschrieben, weil ich keine größere Freude kenne, als mit Kindern zu leben, und keine größere Last, als die Verantwortung für ihr Leben mit zu tragen. Das macht mich radikal – denn die Geschichte machen wir.

Ich gehe davon aus, daß es in der Wissenschaft von der Erziehung Erkenntnisse gibt, die objektiv wahr, wenn auch relativierbar sind. Es ist theoretisch richtig und praktisch erwiesen, daß Sport die gesamte Entwicklung der Kinder fördert, daß Handeln Lernen verursacht. Natürlich sind noch längst nicht alle Fragen auf diesem Gebiet geklärt, aber keiner kann wissenschaftlich behaupten, daß ein Kind am besten still im Bett vor sich hinreift. Und obwohl noch immer das Gegenteil behauptet wird, steht unwiderruflich fest, daß jeder Mensch lernfähig ist – enorm lernfähig sogar.

Entsprechend wissen Eltern, die sich ihrer Aufgabe bewußt sind, auch ziemlich genau, welches Verhalten erstrebenswert, weil richtig, und welches falsch ist. Wir brauchen nicht darüber zu diskutieren, daß nervöse Eltern auch Kinder nervös machen, daß Anschreien Zurückschreien bewirkt, daß Schläge, die heute ausgeteilt werden, morgen schlimme Folgen haben. Wir wissen genau, daß es falsch ist, durchgehen zu lassen, was wir gestern verboten haben, nur weil wir heute in unserer Ruhe nicht gestört werden wollen. Wir wissen genau, daß wir unseren Kindern ein Vorbild sind und uns deshalb nicht erlauben können, nachlässig, schlampig, rücksichtslos, bequem, unfreundlich und irrational zu handeln. Und wir tun es trotzdem.

Man machte es sich wohl auch zu einfach, wollte man dieses Fehlverhalten allein auf die miesen gesellschaftlichen Bedingungen schieben, die uns ja leider umgeben.

Ich liege sonntags im Bett und übergehe im Halbschlaf, daß sich mein Sohn an meine Karteikarten macht, die ich während meines Studiums sorgfältig geordnet habe – für ein paar Stunden Ruhe ist die Arbeit einiger Jahre durcheinander gebracht.

Einfach weil ich es eilig habe, ziehe ich meinem Sohn das Hemd an, obwohl er es längst alleine kann.

Erziehung ist unzulänglich, weil sie von Menschen gemacht wird, von Menschen mit eigenen Lebensläufen, Erfahrungen, Anstrengungen. Von Menschen, die gestempelt sind von den Verhältnissen, die sie umgeben. Bewußte Eltern sein heißt, sich dessen bewußt sein.

Ist es nicht manchmal absurd, wenn wir uns über ein beklekkertes Tischtuch aufregen, das ein zweijähriges Kind verursacht hat, und zu der ungefilterten Fabrikluft von gegenüber schon schweigen?

Wir sind in der Lage, Fehler zu erkennen, aber nicht, Fehler zu vermeiden. Wir lernen. Wenn wir gemeinsam mit unseren Kindern lernen, ihnen unsere Fehler genauso erklären wie ihre, sind wir auf dem richtigen Weg. Wenn wir an unsere Kinder die Anforderungen stellen, die wir auch an uns stellen, und umgekehrt, dann kommen wir dem Ziel näher: *gemeinsam die Kontrolle über unsere Lebensbedingungen zu erreichen.*

Einleitung

Es ist nicht nur Bequemlichkeit oder Egoismus, wenn heute viele Frauen und Männer keine Kinder haben wollen.

Wer die bewußte Entscheidung trifft, eigene Kinder zu bekommen, muß immerhin einkalkulieren, daß sie in verpesteter Luft und Großstadtlärm aufwachsen, Nahrung essen, die voll von Giftstoffen ist, in zu engen Wohnungen leben, zu wenig Spielplätze haben, dem Straßenverkehr hilflos ausgesetzt sind; das Gesundheitswesen ist ungenügend, und die Eltern müssen damit rechnen, daß sie gar keine oder schlechte Krippen- und Kindergartenplätze bekommen, daß Schulen ihr Kind quälen, Arbeitslosigkeit es bedrohen, Atomtod oder Seveso-Katastrophen es erwarten können. Weder Kriegsgefahr noch Säuglingssterblichkeit sind aus unseren Breiten verbannt.

Wer sich trotzdem entschließt, dem ist entweder grenzenlose Naivität zu bescheinigen oder Optimismus und der Wille, für Veränderungen in dieser bundesrepublikanischen Wirklichkeit einzutreten, die Überzeugung, daß man auch in der heutigen Umwelt sinnvoll leben kann.

Sinnvoll kann unter den gegebenen Bedingungen nur heißen, zum Notwendigen beizutragen, also *auf Erden schon das Himmelreich zu errichten* (Heine). Das kann ein Abteuerspielplatz sein, eine Kindergruppe, vielleicht auch nur frischer Sand in der Buddelkiste oder die erfolgreiche Verteidigung eines Waldes gegen Autobahnbauer.

Wer sich heute bewußt für ein Kind entscheidet, dem wird noch vor der Geburt klarwerden, daß Kinderkriegen in dieser Gesellschaft kein nur persönliches Problem, keine nur persönliche Freude ist, sondern daß man sich durch diese heute nicht mehr »normale« Tatsache, nämlich Kinder haben zu wollen, in die große Gruppe der Eltern einreiht und somit einzigartige, nur von Eltern nachvollziehbare Erfahrungen macht.

Kein Wunder, daß man als Vater oder Mutter heute sehr schnell Kontakt zu anderen Eltern findet und von Menschen angesprochen wird, mit denen man normalerweise nie ein Wort gewechselt hätte. Auch wenn es hierbei oft nur um billige Windeln oder Durchschlafprobleme geht – es ist ein Unterschied, ob ich allein oder mit meinem Kinderwagen über eine Kreuzung gehe, wo ich den Bleigehalt der Luft förmlich anfassen kann. Es ist etwas anderes, ob ich als Mutter von Nato-Raketen lese, die bei ihrem Einsatz ganz sicher auch das Bett meines Kindes erreichen, oder als Alleinstehende. Und wenn ein Vater sein Kind wickelt, kommt er nicht umhin, sich auch über den trostlosen

Hinterhof Gedanken zu machen und darüber, ob sich wohl in sechs Jahren noch immer über 30 Kinder in der ersten Klasse drängeln müssen.

So unterschiedlich die Lebensbedingungen bundesrepublikanischer Kinder auch sind, reichend von denen, die kein eigenes Bett haben und täglich vorm Fernseher einschlafen, bis zu denen, die sich in großen Villen mit unendlich viel Spielzeug endlos langweilen, Kinder sind die »Proletarier mit den kurzen Beinen« (Korczak), für die sich bewußte Eltern entschieden einsetzen müssen. Ein sehr großer Teil dieses Einsatzes ist das, was man Erziehung nennt, d.h. bewußtes Einwirken auf das Kind, um sein Verhalten zu beeinflussen und ihm vielfältige Informationen zu vermitteln.

Erziehung findet immer in einer bestimmten Gesellschaft statt. Wir bringen heute unseren Kindern mehr oder weniger mühsam das Essen mit dem Löffel und einige Tischregeln bei, während noch vor einigen hundert Jahren auch in besten Kreisen alles mit der Hand gegessen wurde, Spucken und Schneuzen bei und auf den Tisch selbstverständlich waren.[4] Leicht zu verstehen ist auch, daß unsere Kinder ganz andere Dinge lernen müssen als Indianerkinder im Urwald oder als unsere Eltern, als sie klein waren.

Erziehung heißt heute, nach einem schrecklichen Krieg – angefangen von deutschen Großvätern und Urgroßvätern – nach Auschwitz zu erziehen. Also fähig machen für ein Leben in Frieden und Demokratie, die täglich verteidigt und erkämpft werden muß. Daß deutschen Müttern in der Nazizeit empfohlen wurde, sich strikt an den 4-Stunden-Rhythmus zu halten und das Baby nachts schreien zu lassen, denn »wenn es gesund ist, schreit es höchstens zwei oder drei Nächte durch«, ist bestimmt kein Zufall. Wenn damals unseren Müttern auf die Frage »Wann beginnt die Erziehung zur Folgsamkeit?«[5] geantwortet wurde: »Gegen Ende des ersten Lebensjahres. Anwendung körperlicher Strafe im Säuglingsalter ist Roheit«, dann ist das bestimmt ein Satz, den heute kaum ein Autor schreiben würde, den aber genug Eltern praktizieren. Die Zahl der Kindesmißhandlungen schwankt zwischen 30000 und 1 Million Fälle jährlich.

Untertanen waren damals und sind auch heute noch von bestimmten Kreisen gefragt. Sie werden nicht geboren, aber von der Wiege an erzogen. Jeder Vater, jede Mutter muß sich heute fragen, welche Eigenschaften und Verhaltensweisen ihr Kind haben muß, um später glücklich arbeiten und leben zu können. Wie gebe ich meinem Kind Überlebenschancen in einer von Krieg, Umweltverschmutzung und Ausbeutung gekennzeichneten Welt? Weil aus der Folgsamkeit von Millionen unglaubliches Elend entstanden ist, müssen wir fragen: Wann beginnt die Erziehung zum Widerstand, zum aufrechten Gang, zum Mut und zur Menschlichkeit?

So verschieden Eltern heute leben und arbeiten – am Fließband, in der Verwaltung, im Haushalt – und so verschieden sie dementsprechend sich selbst und ihre Umwelt beurteilen, es müßte einsichtig sein, daß Kinder
– so gesund wie möglich
– so intelligent wie möglich
– so selbstbewußt und mutig wie möglich
– so hilfsbereit, einfühlsam und demokratisch wie möglich
erzogen werden müssen, damit sie ihre Umwelt durchschauen und in ihr sinnvoll handeln können.

Obwohl die meisten Geburten schon insofern ein Politikum sind, als sich Unglaubliches in den Krankenhäusern abspielt, haben Frauen und Männer mit ihren ersten Kindern zunächst natürlich ganz andere Probleme. Wahrscheinlich wird schon während der Schwangerschaft der Kontrast deutlich, in dem die »werdende Mutter« zu ihren Vorbildern aus entsprechenden Illustrierten und ärztlichen Ratgebern steht. Ein Kontrast, der einen in überfüllten Wartezimmern von Gynäkologen geradezu zur Verzweiflung bringt. Die wenigsten Frauen sind so schön, so gut gekleidet und so zum Lächeln aufgelegt wie die Illustriertenmütter vor Apfelbäumen auf farbenfrohen Sommerwiesen.

Ist das Kind erst da, läßt sich kaum vermeiden, daß die unbändige Freude durch Schweißausbrüche, Nervösität, Ratlosigkeit und Übermüdung getrübt wird. Das Kind schreit – es scheint diese Welt zu hassen und weigert sich strikt, auch nur einmal so lächelnd und nackt mit seiner unbekleideten Mutter im Schaukelstuhl zu sitzen, wie wir es doch hundertmal auf Farbfotos gesehen haben.

Das vorliegende Buch kann keine Patentrezepte liefern. Es kann keine endgültigen Antworten auf alltägliche, und zum Teil doch individuell zu lösende Fragen geben. Es möchte aber Erfahrungen vermitteln, die aus dem Leben mit eigenen und anderen Kindern und Eltern gewonnen wurden.

Das Aufgeschriebene unterscheidet sich insofern von den üblichen Elternbüchern, als es sich nicht auf gutgemeinte Ratschläge beschränken will, sondern versucht, auch Möglichkeiten der Veränderung der Umwelt, die eine bestimmte Erziehung erschwert, aufzuzeigen. Im Gegensatz zu den Behauptungen vieler Elternbücher liegt es eben doch nicht allein bei Ihnen, liebe Eltern, ob Ihre Tochter oder Ihr Sohn eine glückliche Kindheit haben werden oder nicht. Um so wichtiger ist es, die Möglichkeiten, die Eltern haben, ihre Kinder zu intelligenten, glücklichen und verantwortungsbewußten Persönlichkeiten zu erziehen, voll und rechtzeitig auszunutzen.

Eine Erziehung, die auf Partner und nicht Untertanen zielt, ist ohne Selbsterziehung nicht möglich – und das macht Kinderhaben zuweilen so unbequem. Gegenseitiges Verstehen, Aufeinandereinwirken, sich achten und helfen fordert immer wieder Diskussion heraus, Umdenken und Verändern. Kinder kann man nicht nebenbei halten wie Haustiere. Sie verändern das eigene Leben entschiedener, als man es sich vorstellen konnte. Doch haben diese Veränderungen auch viel weniger mit Last und Einschränkung zu tun, als angenommen wird. Kinder bedeuten Glück, sie sind das Kostbarste, was wir haben, unsere Zukunft.

Vorbereitung auf das Kind

Eltern gibt es viele – keiner ist allein

Einsamkeit ist ein Gefühl, das wohl jede Frau während der Schwangerschaft gelegentlich überkommt. Man fühlt sich unattraktiv, ausgeschlossen von bestimmter Geselligkeit, unverstanden. Obwohl der Bauch durchaus schön sein kann und man sich riesig freut, kommt man sich schlichtweg einsam vor, wenn man nachts nicht weiß, wie man liegen soll, wenn der Rücken schmerzt und die dicke Luft auf Feten unerträglich wird, wenn die Müdigkeit einen vor der Zeit ins Bett treibt, was ein verständnisvolles Lächeln einbringt, wenn niemand mitfühlt und mitjubelt, wenn das Baby zum erstenmal fühlbar strampelt. . .

Am liebsten möchte man jetzt mit allen Schwangeren der Welt zusammenhocken und reden über das, was einem täglich durch den Kopf geht, einen bedrückt oder fröhlich macht. Viele sehnen sich jetzt nach der eigenen Mutter und möchten sie so viel fragen. . . . Dies ist die Zeit, in der man – wenn irgend möglich – mit seinem Partner zur Schwangerschaftsgymnastik bzw. geburtsvorbereitenden Kursen gehen und das Angebot an Elternkursen, das Volkshochschulen und Verbände anbieten, nutzen sollte. Hier lernt man leicht andere Eltern kennen, mit denen man sich nach Bedarf auch öfter verabreden kann. Das macht nicht nur Spaß, sondern ermöglicht auch Erfahrungsaustausch.

An Themen mangelt es sicherlich nicht, von günstigen Einkaufsquellen, der Wahl des Krankenhauses, bis hin zur Frage der Kinderbetreuung bei Wiederaufnahme der Berufstätigkeit. Man kann auch gemeinsam lesen, Gymnastik machen, schwimmen oder spazieren gehen.

Es ist gut, wenn solche Gruppen nach der Geburt weiterbestehen, Geburtsberichte und Erfahrungen liefern und schließlich auch den Kindern erste Kontakte zu Gleichaltrigen ermöglichen. So kann auch leicht die Beschaffung gebrauchter Kinderkleidung, von Kinderbetten, Spielzeug usw. organisiert werden. Obwohl es alleinstehende Mütter sehr schwer haben, könnte sich in so einer Gruppe auch ihnen eine Perspektive auftun.

Muß die Wohnung anders werden?

In den ersten Wochen braucht das Baby vor allem einen Menschen, der es trägt.[6] Die Wohnung ist ihm egal, solange es nur die Wärme eines Körpers spürt und Nahrung bekommt, so oft ihm danach ist. Trotzdem sollten die Eltern wisen, daß Zigarettenrauch dem Baby schadet,genauso wie die Abgase, die von der Straße heraufziehen, und der Krach – auch der des permanent eingeschalteten Fernsehers. D. h. kinderfreundliche Wohnungen müßten von sauberer Luft umgeben und frei von krankmachendem Lärm sein – und bezahlbar. Viele Menschen haben solche Wohnungen nicht. Ihnen mit guten Ratschlägen helfen zu wollen, ist sicher lächerlich. Unsere Betroffenheit – in Wut verwandelt – könnte mehr ausrichten. Wir können etwas tun! Spielstraßen, Parks und Spielplätze sind Beispiele dafür, daß auch Städte kinder- d. h. menschenfreundlich gebaut werden können, und die Bewegung der Hausbesetzer hat uns gezeigt, daß man den Mißbrauch von Privateigentum nicht hinnehmen muß.

Überlegen Sie also, ob sie sich in der Schwangerschafts- oder Elterngruppe gemeinsam helfen können. Gibt es Mietervereine oder Organisationen in der Stadt, die sich mit Wohnraumbeschaffung beschäftigen?

Kann die Wohnung durch Einbauten vergrößert werden? (platzsparende Regale, Schrankbetten, Schlafsessel, Einziehen einer Zwischendecke aus Holz in sehr hohen Räumen in Verbindung mit einer Kletterleiter) Kann durch Neuaufteilung der Räume Platz für Kinder geschaffen werden? (Aufgabe des Schlafzimmers, Verwandlung der Küche in einen Mehrzweckraum, Einbeziehung des Flurs als Spielfläche, zum Turnen und Aufhängen von großen Bildern oder Schautafeln [die Apotheken geben z.B. umsonst Schautafeln mit Tieren heraus: Fragen Sie mal nach medi & zini].

Daß man auch in kleinen Wohnungen mit einigem Wissen und Können optimale Bedingungen für seine Kinder schaffen kann, beweist das Beispiel des sowjetischen Ingenieurs V.Skripalev, der nach dem Vorbild der Nikitins in seiner Moskauer Ein-Zimmer-Wohnung für seinen geschwächten Sohn eine hervorragende Sportanlage installierte.

Wer ein neues Gitterbett kaufen will, sollte überlegen, ob nicht ein großes Etagenbett (2. Etage zum Spielen) langfristig billiger ist. Ein Baby kann gut in einem großen Bett schlafen, wenn es durch ein Holzbrett u.ä. vor dem Herausfallen geschützt ist.

Vor allem können Sie sich bequem zu ihrem Kind legen, solange es nachts noch gestillt wird bzw. aufwacht. Stattdessen können Sie sich aber auch ein gemütliches Matratzenlager für die ganze Familie einrichten. Die Matratzen sollten dann allerdings nicht aus Schaumgummi sein, weil das Kind darauf leicht schwitzt. Oft ist es zu ebener Erde auch zu kalt. Zu überlegen ist, wie man das Naßwerden der Matratze verhindert, wenn dem Baby eine größere Schlaffläche zur Verfügung steht.

Aufgeschnittene Plastiktüten erfüllen ihren Zweck voll – gesünder für die Haut sind Schaffelle, die gleichzeitig wärmen und das Naßwerden verhindern.

Klar ist, daß ein Kind mit zunehmendem Alter eigenen Platz benötigt. Ich finde jedoch nicht, daß Kinder unbedingt ein eigenes Zimmer haben müssen. Zumindest in den ersten Jahren möchten sie überhaupt nicht gern allein sein, spielen viel lieber in der Küche als in einem extra für sie hergerichteten »Kinderzimmer«. Das Kind braucht eine Kommode oder einen kleinen Schrank für Kleidung, ein niederes Regal für Spielzeug und Bilderbücher, vielleicht eine Kiste oder Waschmittelbehälter zum Auspacken und Wühlen. Wer gerade eine neue Waschmaschine gekauft hat, sollte den großen Verpackungskarton unbedingt aufheben und später ein Spielhaus mit Türen und Fenstern daraus machen.

Sehr bewährt hat sich für Kinder ab vier Monate ein Matratzenlager außerhalb des Bettes an einem Ort, an dem sich auch Erwachsene oft aufhalten. Hier kann das Baby mit Freunden liegen, ein Mobile betrachten oder nach Spielzeug greifen, das man in den ersten Monaten zweckmäßig an einem Faden quer über den Matratzen aufhängt. (s. Foto) Eine teure, aber lohnende An-

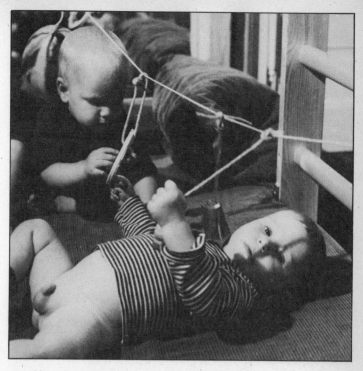

schaffung sind Matratzen, die sich mit Knöpfen und Knopfloch-
leisten aneinander befestigen lassen, so daß sie nicht nur verschiedene Betten ergeben, sondern ebenso Häuser, ein Kasper-
theater, Türme u.ä..

Wer langfristig planen kann und etwas Geld hat, sollte sich
gleich nach einer geeigneten Wandverkleidung hinter den Matratzen umsehen. Sehr zweckmäßig ist z.B. die Anbringung eines Spiegels, in dem sich die Kinder angucken können, einer Tafel oder von Korkplatten, an denen man Bilder und Fotos leicht
auswechselbar befestigen kann. Auch über die Anbringung zu-
künftiger Sportgeräte wie Schaukel, Ringe, Trapez, Sprossenwand, Kletterseil u.ä. können sich langfristige Planer allmählich
Gedanken machen. Ist vielleicht im Bad noch etwas Platz? Läßt
sich die Speisekammer umfunktionieren? Oder ist eine Baby-

gruppe mit eigenem Raum geplant – was Platz- und Kostenteilung bedeuten würde? Hierfür läßt sich vielleicht billig ein Raum mieten. Oder stellt jemand ein Zimmer seiner Wohnung zur Verfügung?

Folgenden Vorschlag möchte ich ernsthaft zu bedenken geben (und im Kapitel zur Berufstätigkeit noch einmal aufgreifen): Gibt es die Möglichkeit, mit Freunden oder Bekannten zusammenzuziehen und dadurch u.a. auch Wohnraumprobleme zu lösen?

Wer einen Umzug plant, sollte das lieber während der Schwangerschaft als in den ersten Monaten danach tun, in denen die Abgespanntheit meist sehr groß ist.

Wer jetzt daran geht, seine Wohnung umzuräumen und auf »Kindersicherheit« zu prüfen, sollte das hauptsächlich unter dem Aspekt tun, wie sich zukünftig die Wohnung von Ihnen und Ihrem Kind benutzen läßt, so daß sich für beide möglichst wenig Einschränkungen ergeben. Natürlich müssen Sie Schränke und Regale auf Standfestigkeit überprüfen, Gifte und Medikamente verschließen und die Steckdosen sichern. Es empfiehlt sich auch, die Räume mal aus der Baby-Perspektive zu betrachten. Sie müssen aber nicht alles wegschließen, was eventuell kaputtgehen könnte: Das Kind soll ja auch lernen, mit Gegenständen richtig umzugehen. Das kann es aber nur, wenn nicht alles unzerbrechlich und kippsicher ist. (Wenn das Ausräum-Alter beginnt, gehen wir hierauf noch einmal ein). Auf keinen Fall sollten Sie sich jetzt neue Polstermöbel kaufen, die, weil sie so teuer waren, nicht berührt, geschweige denn betreten werden dürfen. Vielleicht können Sie auch den Fernseher etwas aus dem Blickfeld Ihres Kindes rücken, weil dieses Gerät für Kinder unter drei Jahren genauso interessant wie schädlich werden kann (Wir gehen auf S. 256 ausführlicher darauf ein).

Mutter – Vater – Kind – Beruf

Viele Frauen freuen sich auf das erste Kind auch deshalb, weil sie endlich einen guten Grund haben, ihre unterbezahlte, nervtötende Arbeit aufzugeben. Ein Kind zu erziehen scheint ihnen sinnvoller, als tagaus tagein fremdbestimmte Arbeit in Büro, Fabrik oder Verwaltung erledigen zu müssen. Dazu abends noch die Hausarbeit, also Doppel- und Dreifachbelastung. Der Mann hilft ohnehin kaum mit. . . . Berufsaufgabe erscheint sinnvoll und nur zu verständlich.

Andere hören auf, weil sie ihr Kind keiner fremden Person aussetzen wollen. Es könnte, wenn nicht Schaden erleiden, so doch benachteiligt sein, sich abgeschoben fühlen, zurückbleiben. Diese Frauen würden eigentlich gern weiterarbeiten – aber nicht auf Kosten des Kindes.

Den meisten berufstätigen Frauen allerdings stellt sich diese Alternative Berufstätigkeit oder nicht gar nicht erst. Ihr Lohn oder Gehalt wird zu Hause gebraucht. Ohne ihren Beitrag zur Haushaltskasse wären Ratenzahlung, Auto, Urlaub, ja sogar Obst und Gemüse nicht mehr drin.

Viele Frauen erleben die Berufstätigkeit auch als Selbstbestätigung und Befriedigung. Sie haben einen Beruf im wahrsten Sinne des Wortes und können sich ein Hausfrauendasein nicht vorstellen. Sie brauchen die Kollegen, die Anregungen und Auseinandersetzungen am Arbeitsplatz.

Und die Väter?

Gewöhnlich haben sie es sehr viel leichter. Während die Frau schon in den ersten Monaten der Schwangerschaft mit dem Problem konfrontiert wird, »es« ihrem Chef gestehen zu müssen, seine platten Glückwünsche oder das langgezogene Gesicht, die väterlichen Ratschläge zu ertragen, später dann die Prozedur der Urlaubsanträge wegen Arzt- und Laborterminen, ärgerniserregende Krankschreibungen und vieles mehr , – wird von den meisten Vätern nur verlangt, einen auszugeben. »Übrigens, ich werde Vater«. Sonst bleibt alles beim alten.

Weil es für Väter kein halbes Babyjahr gibt (verlängerter »Mutterschutz« für Mann und Frau, wie ihn u. a. die Gewerkschaften fordern), was der Gleichberechtigung ins Gesicht schlägt, brauchen sie sich kaum Gedanken über die Vereinbarkeit von Kind und Beruf zu machen. Und weil in fast allen Fällen der Mann mehr verdient als die Frau, entfällt auch die Diskussion, wer von beiden die Halbtagsstelle übernimmt. Selbst Väter, die bereit und in der Lage wären, nur noch halbtags zu arbeiten, haben kaum eine Chance, so eine Stelle zu finden.

Nun ist das Problem der Kinderbetreuung ganz sicher nicht durch Halbtagsstellen zu lösen. *Wir müssen auf der einen Seite mit den Gewerkschaften für die 35-Stundenwoche bei vollem Lohnausgleich eintreten, auf der anderen Einrichtungen verlangen, in denen wir unsere Kinder gut aufgehoben und liebevoll betreut, optimal gefördert wissen.*

Hier gibt es also noch eine Menge zu tun. Das Problem, Kinder und Berufstätigkeit miteinander zu vereinbaren, ohne daß Benachteiligungen entstehen, kann eben nur von Vater und Mutter gemeinsam, das heißt, von vielen Vätern und Müttern gemeinsam gelöst werden. Das Grundrecht auf Arbeit für Väter und Mütter muß endlich verwirklicht werden!

Vorläufig gibt es in der Frage der Kinderbetreuung keine allgemeingültige Lösung, lediglich Vorschläge, die aus der Praxis und Erkenntnissen der Wissenschaft stammen und je nach persönlichen und regionalen Bedingungen aufgegriffen werden können:

1. Vater oder Mutter geben ihre Arbeit auf, um Hausmann oder -frau zu werden und das Kind zu erziehen, sei es, weil sie endlich einen guten Grund haben, sich nicht länger ausbeuten zu lassen, sei es, weil ihnen dem Kind zuliebe kein Opfer zu groß ist und sie sicher sind, daß es von keinem besser erzogen werden kann als von ihnen selbst.

Diese Eltern sollten folgendes bedenken: Das völlige Ausscheiden aus dem Berufsleben bringt große, vorher kaum absehbare Veränderungen für das persönliche Leben mit sich. Daß Arbeit die Grundlage der Persönlichkeitsentwicklung ist und ihr Fehlen persönlichkeitszerstörend wirken kann, zeigen ja auch die Auswirkungen der Arbeitslosigkeit. Hausmänner werden sogar in noch stärkerem Maß gefährdet sein als Frauen, weil zu den üblichen »Hausfrauenleiden«: nicht zu wissen, womit eigentlich der Tag vergangen ist, sich nicht bestätigt und unproduktiv zu fühlen, gesellschaftlich isoliert und finanziell abhängig zu sein, keine Interessenvertretung zu haben – bei den Männern oft noch die Anpöbeleien anderer hinzukommen, sie seien Versager, Waschlappen und Pantoffelhelden.[7]

Eltern sollten jedoch in diesem Zusammenhang auch einmal überdenken, welche Auswirkungen ihre Berufsaufgabe auf das Kind hat. Auswirkungen, die in der Öffentlichkeit weit weniger diskutiert werden, als die Schäden, die ein Kind angeblich durch die Berufstätigkeit seiner Mutter (natürlich nicht seines Vaters) erleidet.

Braucht ein Kind wirklich nur Liebe, Geborgenheit und Nahrung? Ist es nicht gerade diese Liebe, die Kinder krank, weil hilflos und abhängig macht? Braucht ein Kind nicht gerade Freunde, Unabhängigkeit und Selbständigkeit?

Ein Kind, das vorwiegend von einem Elternteil erzogen wird, ist in Gefahr, überbehütet aufzuwachsen, kontaktscheu zu werden und unter der Abhängigkeit von und Fixierung auf seine Eltern zu leiden. Bekannt ist, daß auch Neurosen durch eine zu enge Mutter- oder Vaterbindung entstehen können. Zu bedenken ist weiter, daß Eltern, die einen ganz anderen Beruf erlernt haben, nicht immer in der Lage sind, ihr Kind altersgemäß anzuregen und zu fördern, oder daß ihnen einfach die Lust und Fantasie vergeht, wenn sie tagtäglich oft länger als acht Stunden mit der Kinderbetreuung befaßt sind. Es ist ja bekannt, daß Gefühle, die Eltern ihren Kindern gegenüber haben, durchaus widersprüchlich sind, und man kann nicht erwarten, daß diese Gefühle allein schon ausreichen, ein Kind richtig zu erziehen.

Negativ wirkt sich ganz sicher auch die Tatsache aus, daß ein Elternteil hauptsächlich fürs Geldverdienen, der andere fürs Kindererziehen zuständig ist. So können Vater und Mutter schon von vornherein keine gleichwertige Rolle für das Kind spielen, was sicherlich ein Verlust für alle Beteiligten ist. Womöglich ist die von einem allein zu leistende Hausarbeit auch so aufwendig, daß das Kind objektiv weniger Zuwendung erhält, als ein »fremd«-betreutes, zumal es eine fatale Tatsache ist, daß Aufräum- oder Putzarbeiten besser zu bewundern sind als ein schön verbrachter Nachmittag mit dem Kind. Am Rande sei noch bemerkt, daß ein Kind – soviel Geld man auch durch Selbermachen sparen kann – viel Geld kostet[8] und daß es eine Illusion ist, anzunehmen, elterliche Liebe und Fürsorge könnten den Kauf von gesunder Nahrung, Spielzeug und Sportgeräten völlig ersetzen.

Für die Aufgabe des Berufs eines Elternteils sprechen allerdings auch verschiedene Tatsachen, zumal wir in der BRD weit davon entfernt sind, für alle zugängliche Alternativen zur privaten Kleinkindererziehung anbieten zu können. Ein Kind zu erziehen erfordert viel Zeit und Geduld, – und diese Zeit und Geduld können nicht durch Berufsstreß geforderte Väter oder Mütter leichter aufbringen.

Es kann sich außerdem sehr harmonisch auf das Familienleben auswirken, wenn sich die Partner in ihren verschiedenen Aufgaben gegenseitig unterstützen und anerkennen, ohne dabei unter Zeitdruck und Nervosität zu leiden oder miteinander zu konkurrieren. Außerdem hat der nicht berufstätige Elternteil eher die Möglichkeit, Zeit, Lust und Energie für gesellschaftliches Engagement aufzuwenden. Sei es, daß eine Babygruppe gebildet und Erziehungsfragen im großen Kreis diskutiert werden können, sei es, daß Vater oder Mutter in Gemeinden, Bürgerinitiativen, Frauenorganisationen oder Parteien für die Rechte der Kinder im weitesten Sinne eintreten. Ohne Zweifel kann die Beschäftigung mit Kindern so anregend wirken, daß Vater oder Mutter ungeahnte Fähigkeiten bei sich entdecken, z.B. anfangen, zu malen oder Geschichten zu erfinden, oder einfach nur zu kontaktfreudigen Menschen werden, weil ein Kind ein so einleuchtender Grund ist, mit anderen ins Gespräch zu kommen.

Tips für Eltern, von denen ein Teil Aufgabe der Berufstätigkeit plant

Besprechen Sie mit Ihrem Partner ausführlich (Plan oder verbindliche Absprachen), wer zukünftig welche Aufgaben übernimmt, damit Einseitigkeiten so weit wie möglich eingeschränkt werden (z.B. am Wochenende oder regelmäßig abends übernimmt der berufstätige Teil die Hausarbeit oder beschäftigt sich mehrere Stunden lang intensiv mit dem Kind).

Verhindern Sie Ihre eigene und die Isolation Ihres Kindes, indem Sie sich mit anderen Eltern zusammentun. Bilden Sie wenn irgend möglich eine »Babygruppe« u.ä., die sich regelmäßig trifft und dem Austausch von Meinungen, Ideen und der gegenseitigen Entlastung dient. Versuchen Sie auch eine gegenseitige Weiterbildung anzuregen, indem sie über Zeitungsartikel, Filme oder Bücher diskutieren oder an Volkshochschulkursen teilnehmen.

Teilen Sie sich die Arbeit so ein, daß Zeit bleibt für gemeinsame Aktivitäten – politisch und privat. Kinder brauchen Interessenvertreter und wer könnte sie besser vertreten als Sie?

Planen Sie bei der Berufsaufgabe, für wie lange ein Elternteil zu Hause bleiben soll und wie eine Wiedereingliederung in das Berufsleben gewährleistet werden kann.

2. Beide Eltern sind berufstätig – wohin mit dem Kind? Muß das Kind leiden, wenn Vater und Mutter arbeiten?

Die in der Öffentlichkeit bis heute vielfach vertretene Behauptung, daß die Berufstätigkeit der Eltern als solche schon schädlich für das Kind sei, hat sich inzwischen deutlich als falsch erwiesen.[9] Nicht die Berufstätigkeit der Mutter bestimmt, wie sich ein Kind entwickelt, sondern die Art und Weise, wie es erzogen wird. Entscheidend ist, daß das Kind von Menschen betreut wird, die es gut kennt, die es anregen, fördern und verstehen können. Schaden erleidet ein Kind, für das keiner Zeit hat, das isoliert aufwächst und zu wenig oder keine Anregungen erhält, kurz, das vernachlässigt wird und sich selbst überlassen bleibt!

Konservative Kreise, die gerade in letzter Zeit angesichts der hohen Arbeitslosigkeit die Bedeutung der Mutter hervorheben und vor ihrer Berufstätigkeit warnen, seien daran erinnert, daß die heutige Kleinfamilie, bestehend aus Vater, Mutter und Kind, historisch noch nicht sehr alt ist. Trotzdem tun konservative Politiker so, als ob gerade diese Familienform die einzig je dagewesene und in Zukunft bestehende sei. Auf dem Land ist es bis heute üblich, daß Frauen in Haus, Hof und Feld mitarbeiten und ihre Kinder den Großeltern oder Mägden überlassen. Auch in städtischen Familien war das Kind noch vor 100 Jahren nie mit seiner Mutter allein, sondern umgeben von Geschwistern, Großeltern und Verwandten. Der Hochadel hält sich bis heute Kinderfräulein, was Prinzessin XY offensichtlich auch nicht schadet.

Die Eltern der in letzter Zeit auch in der Bundesrepublik bekanntgewordenen sieben Nikitin-Kinder, die aufgrund ihrer körperlichen Fitness, ihres Selbstbewußtseins und Durchhaltevermögens sowie ihrer außerordentlichen Intelligenz Aufsehen erregten, waren ebenfalls berufstätig.

Dennoch fällt es in unserer Gesellschaft besonders den Müttern nicht leicht, ihrer Berufstätigkeit guten Gewissens nachzugehen. Welch ein zeitlicher und organisatorischer Aufwand ist nötig, um beides unter einen Hut zu bringen und dabei noch Mensch zu bleiben! Die folgenden Seiten sollen dabei helfen.

Mutterschutz-Vaterschaft

Nach Ende des Mutterschutzes von acht Wochen (währenddessen die berufstätige Frau vollen Lohn erhält), gibt es für die Mutter die Möglichkeit, weitere vier Monate Mutterschutz zu beantragen. Da die acht Wochen als kriminell kurz zu bezeichnen sind, weil sich die Mutter kaum von den Anstrengungen der Geburt und den nervenaufreibenden ersten Wochen erholt hat, das Baby noch nicht spielen kann und z.T. noch unter Koliken leidet, kann man jeder Frau empfehlen, diese zusätzlichen Monate zu beanspruchen. Allerdings beträgt das Mutterschaftsgeld in dieser Zeit höchstens noch 750 DM, was für die meisten berufstätigen Frauen bzw. ihre Familien eine spürbare finanzielle Einbuße bedeutet. Man sollte deshalb prüfen, inwieweit billige Familiengründungsdarlehen gewährt werden (in Berlin-West z.B. 5000,— DM), die helfen, Ebben in der Haushaltskasse zu mildern.

Daß auch Väter und Adoptiveltern dieses halbe Jahr beanspruchen können, ist eine völlig richtige Forderung.

Die biologischen Unterschiede, die Erziehungstradition, die öffentliche Meinung, die Praxis vieler Krankenhäuser und die herrschende Gesetzgebung behindern die Väter dabei, sich auf ihre künftige Rolle einzustellen.

Fällt es den meisten Frauen schon nicht leicht, ihren Partner für den lebendigen, mehr oder weniger dicken Bauch zu interessieren, die eigenen, oft widersprüchlichen Gefühle zu vermitteln oder den Mann mit zu den Vorsorgeuntersuchungen zu nehmen, so wird den Vätern durch die Praxis vieler Krankenhäuser, sie von der Geburt und von Kontakten zu ihren Kindern während der ersten Tage auszuschließen, geradezu erschwert, eine Beziehung zum Kind aufzubauen. Stillt dann die Mutter noch – was in jedem Fall zu unterstützen ist –, fühlen sich viele Väter überflüssig, wodurch ein fataler Kreislauf in Gang gesetzt wird: Die Mutter hat mehr Erfahrungen im Umgang mit dem Säugling, das Kind gewöhnt sich hauptsächlich an sie, der Vater steht daneben

und fühlt sich zunehmend ungeschickter und überflüssiger, das Kind bevorzugt die Mutter, sie wird immer unersetzlicher. Es versteht sich von selbst, daß dieser Prozeß durch die Tatsache, daß der Vater während des Mutterschutzes arbeiten muß, entscheidend verstärkt wird. Weil er arbeiten muß, kann er auch nachts nicht aufstehen, und weil er nachts nicht aufsteht, überhört er bald das Babygeschrei und fühlt sich dann auch am Wochenende oder im Urlaub nicht zuständig.

Hierüber sollten die Eltern in aller Ruhe reden, *bevor* das Baby da ist. Daß der Einsatz für bestimmte Forderungen und Proteste gegen Mißstände sich lohnen, merkt man daran, wieviel sich in den letzten Jahren in Bezug auf Entbindungsstationen und die Einstellung der Väter geändert hat: (rooming-in, uneingeschränkte Besuchserlaubnis und Anwesenheit während der Geburt, Teilnahme an Schwangerschaftsgymnastik und Babykursen).

Väter, die sich ihrer Neugeborenen annehmen, indem sie sie wickeln, umhertragen, beobachten und mit ihnen spielen, merken sehr schnell, wie unentbehrlich sie tatsächlich sind – vorausgesetzt, daß sie nicht den ängstlichen Beobachtungen ihrer Frauen ausgesetzt sind. Empfehlenswert ist auch hier, möglichst genau zu vereinbaren, zu welcher Zeit der Vater ganz für sein Kind da sein kann – und sei es nur eine Stunde morgens oder abends.

Wichtig ist eine solche Arbeitsteilung übrigens nicht nur im Hinblick auf Vater und Mutter, sondern gerade auch in Bezug auf das Kind, das ja sehr früh anfängt, seine Eltern zu beobachten und bald geschlechtsspezifisch zu imitieren. (Bereits mit sieben Monaten ahmen Babys bestimmte elterliche Tätigkeiten nach). Und es ist doch wohl nicht anzustreben, daß unsere Enkel immer noch in den gleichen festgeschriebenen Rollen groß werden wie wir einst.

Wenn der Mutterschutz abgelaufen ist, die Mutter wieder arbeitet und das Baby sich an neue Bezugspersonen gewöhnen muß, sollte die Zeit, die Vater und Mutter für das Kind aufbringen, und die Hausarbeit gerecht und genau aufgeteilt sein. Dies sagt sich leicht, läßt sich jedoch in der Praxis sehr schwer verwirklichen. Vorschläge, Patriarchen auf die Beine zu helfen, reichen von Sanftmut und Rücksichtnahme, gekoppelt mit Lob für jede kleine Leistung, bis hin zu beharrlichen Forderungen und hartem Durchgreifen. Gesagt werden muß auch, daß es Mütter gibt, die – durch welche Umstände auch immer – zu »Glucken« werden, die niemanden, auch nicht ihren Mann, an das Kind heranlassen wollen. Tatsächlich wird es wohl keine andere Lösung geben, als die Fragen so sachlich wie möglich immer wieder zu besprechen, Ergebnisse zusammenzufassen und gemeinsam zu lernen.

Betreuungsmöglichkeiten – familienergänzende Erziehung

Solange das Kind nicht geboren ist, denken viele Eltern noch nicht konkret an die Zeit danach. Erstmal ist die Geburt vorzubereiten und zu bewältigen, Anschaffungen sind nötig, vieles muß erledigt werden. Trotzdem möchten wir anregen, schon früh zu überlegen, was nach dem Mutterschutz geschehen soll.

Erfahrungsgemäß gehen die ersten Wochen sehr schnell vorbei, die Zeit ist jeden Tag knapp, die nervliche Belastung manchmal groß. Daher sollte man die ruhige Zeit vor der Geburt wenn irgend möglich dazu nutzen, um nach Betreuungsmöglichkeiten zu suchen, ggf. das Kind schon anzumelden. Die ersten Wochen mit dem Baby verlaufen ruhiger, wenn man schon weiß, wo und wie es ein halbes Jahr später betreut werden wird.

Auch für die künftige Betreuungsperson, sofern es sich nicht um eine staatliche Einrichtung handelt, ist es angenehm, das Baby schon sehr klein kennenzulernen und sich vielleicht schon stundenweise mit ihm zu beschäftigen.

Verwandte, Nachbarn, Freunde

In Familien, in denen noch Großeltern vorhanden sind, scheint es sich anzubieten, die Oma als Betreuungsperson einzusetzen. Für Großeltern spricht zweifellos, daß ein Kind im Umgang mit ihnen die wichtige Erfahrung menschlichen Alters machen kann, die sich durch keine andere Person oder Institution ersetzen läßt. Manchmal sind auch Nachbarn oder Freunde zur Kinderbetreuung bereit. Diese Lösung ist billig und in der BRD am meisten verbreitet: 57 % aller berufstätigen Eltern wählen sie – weil sie keine andere Wahl haben!? Wie gut oder schlecht diese Lösung ist, läßt sich nur nach eingehender Prüfung der jeweiligen Bedingungen feststellen, wobei man folgende Fragen stellen sollte:

1) Stimmt der Erziehungsstil in wesentlichen Punkten mit dem eigenen überein? Kann man sich auf gemeinsame Erziehungsziele einigen? Ist die Person zur Weiterbildung bereit und in der Lage?

2) Ist die Person bereit und auch körperlich in der Lage, das Kind mindestens zwei Jahre regelmäßig zu betreuen? Ein Wechsel der Bezugsperson ist immer problematisch, in diesem Alter jedoch besonders schwer zu verkraften. Klar muß auch sein, daß ein Kind neben geistiger Wendigkeit ein nicht geringes Ausmaß an rein körperlichen Kräften erfordert.

3) Sind die Räume, in denen das Kind betreut werden soll, geeignet, was Größe und Ausstattung betrifft? Kann sich das Kind in der Wohnung frei bewegen, oder gibt es sehr viele Tabus, z.B. Gegenstände, die nicht berührt werden dürfen? In diesem Fall wäre dringend abzuraten. Natürlich kann die Betreuung auch in Ihrer Wohnung stattfinden. Aber für Ihr Kind ist es nur gut, wenn es andere Räume, andere Gegenstände und Spielsachen kennenlernt und sieht, wie sich die Betreuungsperson in ihren Räumen bewegt und wie sie arbeitet.

4) Hat das Kind die Möglichkeit der regelmäßigen Kontaktaufnahme zu mindestens einem anderen Kind? Wer erlebt hat, wie Kinder schon unter zwei Jahren aufeinander eingehen, zusammenarbeiten, Konflikte austragen, sich gegenseitig unterstützen, trösten und zum Lachen bringen, wird auf solche Kontakte – bei allem Arbeitsaufwand und Schwierigkeiten – nicht mehr verzichten wollen. *Man sollte diese Frage daher sehr ernst nehmen.*

5) Besteht die Möglichkeit, daß sich die Kinder täglich mehrere Stunden im Freien aufhalten? So wenig Möglichkeiten die meisten Großstädte für den Aufenthalt an frischer Luft auch bieten –, draußen ist es immer noch besser als drinnen. Luft härtet ab, Spaziergänge ermöglichen Eindrücke von der Umwelt und der darin mehr oder weniger vorhandenen Natur sowie die Möglichkeit, sich auch körperlich ausreichend zu bewegen. Blasse, dickliche und ständig erkältete Kinder sind das Ergebnis von Eingesperrtsein in kleine Räume – hier müssen manche Kinder ertragen, was keinem deutschen Hund zugemutet wird.

6) Hat die betreffende Person wirklich genug Zeit? Oder ist sie durch Hausarbeit, eigene Kinder u.ä. ohnehin schon stark belastet?

Die nicht zu übersehenden Nachteile, die sich aus der Verwandtenbetreuung ergeben, faßt Hannelore Faulstich-Wieland[10] wie folgt zusammen: »Viele Großeltern (-mütter) sind keineswegs schon im Rentenalter, d.h. die Notwendigkeit der Aufgabe des Berufs oder der Nichtwiedereingliederung wird von den Müttern auf die Großmütter bzw. auf andere Frauen verlagert.

Die allgemeinen Nachteile der Familienerziehung (mangelnde Anregung) werden nicht aufgehoben. Die affektiven Beziehungen können sich zwar auf mehrere Personen verteilen, wodurch die Abhängigkeiten der ausschließlichen Mutter-Kind-Beziehung vermieden werden; andererseits besteht die Gefahr, daß die Kinder umso stärker in innerfamiliäre Zwistigkeiten hineingezogen werden.

Die Abhängigkeiten zwischen Eltern und erwachsenen Kindern werden neu belebt in Auseinandersetzungen über Erziehungsverhalten z.B., aber auch generell durch das Angewiesensein auf die Hilfe. Kindheitsmuster werden wiederbelebt, gleichzeitig Konfliktmöglichkeiten weitgehend abgeschnitten.«

Tagesmütter (oder -väter)

Tagesmütter – so benannt nach einem vom Bundesminister für Jugend, Familie und Gesundheit 1974 initiierten Modellversuch – sind Frauen (in Ausnahmefällen auch Männer), die bereit sind, neben ihren eigenen Kindern noch andere in ihrer Wohnung zu betreuen. Sie unterscheiden sich dadurch vom freundlichen Nachbarn, daß sie von Jugendämtern eingesetzt und bezahlt sowie psychologisch und pädagogisch geschult werden sollen (allerdings im Schnellverfahren; meistens geschieht das gar nicht.)

Inwieweit von staatlicher Seite Tagesmütter gestellt werden, ist in den einzelnen Regionen sehr unterschiedlich. Zukünftige Eltern sollten sich bei ihrem zuständigen Jugendamt bzw. direkt beim

Bundesverband der Tagesmütter
c/o Helga Puschmann
8034 Germering
Sudetenstr. 11 Tel. 089/841 1546

erkundigen. Dieser Verband bringt eine vierteljährlich erscheinende Zeitschrift heraus, die für 8 DM/Jahr abonniert werden kann und Kontaktadressen enthält. Natürlich kann man sich auch privat Tagesmütter suchen (Annonce, persönliche Beziehungen). In Berlin werden diese neuerdings von den Jugendämtern übernommen und bezahlt. Sonst ist die Sache natürlich sehr teuer, weil Tagesmütter völlig zu recht ein Gehalt erwarten. Die finanzielle Belastung für den einzelnen verringert sich aber, wenn sich mehrere Eltern eine Tagesmutter teilen.

In Berlin (West) und sicherlich auch in anderen Städten gibt es *Großpflegestellen*, in denen von einer Tagesmutter bis zu acht Kinder betreut werden können. Während die Eltern zwischen 60 und 280 DM an ihr zuständiges Bezirksamt zahlen, erhält die Tagesmutter, die in diesem Fall eine pädagogische Qualifikation oder zumindest langjährige Erfahrung vorweisen muß, pro Kind und Anwesenheitstag fast 10 DM Pflegegeld (für das Essen, Spielzeug und Windeln gekauft werden soll) sowie ca. 19 DM Erziehungsgeld, also »Lohn«. Das macht pro Kind gute 600 DM monatlich aus, was sich zunächst gut anhört. Bedenkt man jedoch, daß die Tagesmutter in keiner Weise versichert ist und ihr von offizieller Seite – wie eben Müttern – eine praktisch unbegrenzte Arbeitszeit zugemutet wird, daß ihre Tätigkeit außerdem nicht als Berufstätigkeit anerkannt wird, so versteht man die berechtigte Empörung vieler Tagesmütter.

Großpflegestellen sind keine Lösung des Problems qualifizierter Kinderbetreuung in dieser Gesellschaft. Sie können allerdings von Eltern geschickt genutzt werden, um unter gegenwärtigen Bedingungen individuell Abhilfe zu schaffen: Wenn es nämlich gelingt, eine Erzieherin als Tagesmutter zu gewinnen (was dann nicht schwer ist, wenn man ihr verkürzte Arbeitszeit anbietet) und dieser dann eine Praktikantin bewilligt wird, hat man eine ideale Gruppengröße für Kinder unter drei Jahren. Die

Kosten für angemietete Räume übernimmt dabei in der Regel ebenfalls das zuständige Amt. Wo aber finden sich solche Räume, wer macht sie sauber, wer kocht? Hier wird schon klar, daß ohne den Einsatz und die Mitarbeit der Eltern eine solche Gruppe nicht existieren kann. Und die wenigsten Eltern sind in der Lage, einen solchen Einsatz zu leisten.

Sind Tagesmütter die ideale Alternative zur öffentlichen Kleinkindererziehung in Krippen? Nach Auswertung des Tagesmutter-Modellversuchs wurde festgestellt, daß »qualifizierte Familienpflege . . . in ihrer Erziehungsleistung für Säuglinge und Kleinkinder der Erziehung durch die eigene Mutter gleichwertig« ist und daß Kinder alleinerziehender Mütter keine Nachteile gegenüber Kindern aus vollständigen Familien hatten. (So steht es in der Zeitung »Tagesmütter« 7/80, S. 3). Hier wird deutlich, daß eine mütterliche oder ersatzmütterliche Erziehung von vornherein als die beste angesehen wird. Und da liegt auch der Hauptkritikpunkt am Tagesmuttermodell: Durch seine Förderung wird die öffentliche Kleinkindererziehung in Krippen indirekt diskriminiert, ganz abgesehen davon, daß die Behörden durch Ausnutzung von Pflegestellen reichlich Geld sparen: In Hamburg kostet z.B. ein Krippenplatz im Jahr ca. 10 000 DM. Ein Platz bei einer Tagesmutter jedoch noch nicht einmal die Hälfte, nämlich 4 800 DM.[11]

Eltern, die ihr Kind zu einer Tagesmutter geben wollen, müssen sich außerdem darüber im Klaren sein, daß diese in der Regel völlig isoliert, pädagogisch nicht ausgebildet und sozial ungesichert arbeitet.

Wenn Eltern sich dennoch für eine Tagesmutter entscheiden, dann liegt das nicht nur an den Vorurteilen gegenüber der Gruppenerziehung in Krippen und dem mangelnden bzw. nicht vorhandenen Angebot an Krippenplätzen, sondern auch an den z.T. katastrophalen und offen kinderfeindlichen Bedingungen in öffentlichen Einrichtungen.

Kinderkrippen

Kinderkrippen werden immer noch als Notbehelf und letzter Ausweg angesehen. Entsprechend scheinen sich auch die meisten Bundesländer strikt zu weigern, Krippenplätze zur Verfügung zu stellen. Im Saarland gab es 1978 ganze 10 Plätze, in Bayern 3086, während sich Berlin und Hamburg die Hälfte der insgesamt ca. 24000 Plätze in der BRD teilen.[12]

Eltern, Erzieher und Kinder in Modellversuchen machen jedoch die positive Erfahrung, daß auch schon ganz kleine Kinder großen Gewinn aus der gemeinsamen Erziehung mit anderen haben. Schon Babys kommunizieren miteinander, lernen voneinander, ahmen sich nach, lachen sich an und tauschen Zärtlichkeiten aus. Lottemi Doormann hat hierüber ein sehr schönes und lesenswertes Buch geschrieben (s. Vorwort, oben Seite 10), und ich selber habe an den vier Kindern unserer Wohngemeinschaft beglückende Beobachtungen gemacht.

Es wäre alles so einfach zu regeln: Nur ein paar Panzer weniger, und unsere Kinder könnten in idealen, von Architekten ex-

tra für sie entworfenen Räumen (und es gibt so viele großartige Ideen dafür) betreut werden, in kleinen Gruppen mit gut ausgebildeten und nicht überarbeiteten Erziehern. Nur ein paar Bomben weniger, und unsere Kinder hätten dort Spielzeug und Arbeitsmaterial und Freunde zur Verfügung, was keine noch so gute Familie ersetzen kann. Für eine Rakete weniger könnte man hinter den Gebäuden phantastische Gärten und Spielplätze anlegen, Turnhallen, Schwimm- und Planschbecken bauen, Kuschelecken und Werkräume, Spielwiesen . . . Zu solchen Krippen gäbe es keine Alternative, und die positiven Auswirkungen würden nicht nur Eltern deutlich spüren: Kindesmißhandlungen, Jugendkriminalität, Sonderschulen für Verhaltensgestörte und Lernbehinderte würden rapide abnehmen, vielleicht sogar die Scheidungsziffern sinken.

Von all dem sind wir jedoch weit entfernt, und die Realität mancher Kinderkrippen ist so deprimierend, daß Eltern mit Recht davor zurückschrecken, ihr Kind so einer Einrichtung auszuliefern. Weil es jedoch oft die einzige, auch finanziell tragbare Lösung ist, haben viele Eltern überhaupt keine Wahl. Diesen Eltern sei gesagt, daß Ihr Kind auch in einer schlechten Krippe nicht verkümmern muß, vorausgesetzt Sie sind bereit und in der Lage, sich verstärkt für die dort betreuten Kinder einzusetzen.

Zunächst einmal sei empfohlen, sich schon während der Schwangerschaft um einen Krippenplatz zu bemühen. Krippen werden von staatlichen, kirchlichen und freien Trägern unterhalten. Die wichtigsten Adressen dieser Verbände sind:

Arbeiterwohlfahrt, Bundesverband e.V., Ollenhauerstraße 3, 5300 Bonn 1, Tel. 02221/5341.

Diakonisches Werk der Evangelischen Kirche in Deutschland e.V. Hauptgeschäftsstelle, Stafflenbergstraße 76 7000 Stuttgart 1, Tel. 0711/21591.

Deutscher Caritasverband e.V., Karlstraße 40 7800 Freiburg, Tel. 0761/2001 (Auskünfte über Krippen, Kindergärten und Kinderhorte gibt auch jedes katholische Pfarramt).

Deutscher Paritätischer Wohlfahrtsverband, Gesamtverband e.V.,
Heinrich-Hoffmann-Straße 215
6000 Frankfurt 71, Tel. 0611/67061

Deutsches Rotes Kreuz e.V., Friedrich-Ebert-Allee 71
5300 Bonn, Tel. 02221/5411.

Auf die Probleme, die sich aus der Gruppenerziehung unter gegenwärtigen Bedingungen ergeben, gehen wir noch genauer ein, wenn sie akut werden: nach Ablauf des Mutterschutzes, wenn das Baby ca. 6 Monate alt sein wird.

Babygruppen, Kinderläden und -häuser

Eltern, die viel Kraft, Initiative und Zeit haben, versuchen immer wieder, den unübersehbaren Mängeln in der staatlichen Kinderbetreuung mit privaten Einrichtungen zu begegnen. Solche Babygruppen sind so gut wie die Kraft, die Zeit und Ausdauer, vor allem aber die finanziellen Möglichkeiten der Eltern. Wenn es billig sein soll, ist die Ausstattung und Gruppengröße nicht besser als in staatlichen Einrichtungen, allerdings kann eine engagierte Erzieherin und die Mitarbeit tatkräftiger Eltern schon sehr hilfreich sein. Optimale Bedingungen wie kleine Gruppen, gute Ausstattung, Garten, sind – ohne staatliche Unterstützung – so teuer, daß sie für die meisten Eltern nicht in Frage kommen.

Jedenfalls sollte man sich in seiner Umgebung nach bestehenden Initiativen erkundigen bzw. bei staatlichen Stellen anfragen, inwieweit finanzielle Unterstützung gewährt wird. Ihre eigenen Erfahrungen geben z.B. folgende Initiativen weiter:

Kinderhaus e.V. in der Heinrichstr.
Heinrichstr. 14a
2 Hamburg 50, Tel. 040/433949

Finkenau Kindergarten e.V.
Andreas Senf
Müggenkampstr. 84
2 Hamburg 19

Kinderhaus München
Sissi Wiedersperg
Albert Rosshauptstr. 11
8 München 70, Tel. 089/7692568

Haus- oder Wohngemeinschaft mit Kindern

Darunter sind in einem (Miets-)Haus oder in einer Wohnung zusammenlebende Eltern oder einzelne Väter und Mütter gemeint, die sich unter dem Aspekt der gegenseitigen Hilfe und Anregung zum mehr oder weniger fest organisierten gemeinsamen Wohnen zusammentun.

Dies ist zwar keine »Betreuungsmöglichkeit« für Berufstätige, jedoch eine überdenkenswerte Alternative bzw. Ergänzung zur Erziehung ausschließlich in der Kleinfamilie. Nicht nur, daß man in so einer Gemeinschaft privaten Vergnügungen oder gesellschaftlichen Verpflichtungen wieder leichter nachkommen kann, weil immer jemand da ist, der sich um das Kind kümmern kann, sondern auch, weil Kinder die Möglichkeit haben, noch andere Erwachsene genauer kennenzulernen, und ihren eigenen Eltern nicht so absolut »ausgeliefert« sind. Sie finden immer andere Kinder, gleich oder verschieden alt, zum Spielen und Lernen. Je enger eine solche Gemeinschaft ist (gemeinsames Essenkochen, Saubermachen, Einkaufen) um so mehr Zeit bleibt auch dem einzelnen für private Dinge.

Was solchen Zusammenschlüssen entgegensteht, ist eigentlich nur die eigene Erziehung und die katastrophale Wohnungsmarktlage: Große bezahlbare Wohnungen oder Häuser gibt es kaum. Wer trotzdem einen solchen Plan verfolgt, dem sei Hartnäckigkeit beim Suchen und die Erfahrung vermittelt, daß es ohne Kompromisse nicht geht. Die Realisierung lohnt sich jedoch für Eltern und Kinder, wenn man nicht zu viel Euphorie entwickelt und zunächst kleine Ansprüche stellt, wobei ausreichender Wohnraum Bedingung für friedliches Zusammenleben ist.

Die ohne Zweifel positiven Erfahrungen für die Kinder wirken nach unseren Erfahrungen so überzeugend, daß man auch Differenzen unter den Erwachsenen ertragen bzw. ins richtige Verhältnis rücken kann, solange man in Fragen der Kindererziehung gleiche Ziele verfolgt. Falsch wäre allerdings, gemeinsames Wohnen als Ersatz für eine intakte Kindergruppe zu sehen: die können mehrere Erwachsenen nicht ersetzen, und im Falle einer Trennung im Wohnbereich sollte dem Kind wenigstens seine Gruppe erhalten bleiben.

Tips für berufstätige Eltern

Besprechen Sie rechtzeitig miteinander, wer wann und wielange seine Berufstätigkeit einschränkt (verlängerter Mutterschutz, Teilzeitarbeit, unbezahlter/bezahlter Urlaub etc.) und durch welche staatlichen oder privaten Maßnahmen Sie auftretende finanzielle Schwierigkeiten lösen können (Autoverkauf, Familiengründungsdarlehen, Anträge beim Sozialamt).

Klären Sie möglichst genau, wie Sie die bestehende Hausarbeit (in Zukunft kommt noch ein ganzer Berg Wäsche dazu), die Kinderbetreuung und die Teilnahme am politischen Leben aufteilen wollen. Vielleicht müssen Sie Schwerpunkte setzen, aber keiner sollte ein Monopol für bestimmte Tätigkeiten für sich beanspruchen.

Erkundigen Sie sich frühzeitig nach Betreuungsmöglichkeiten bzw. Babygruppen für Ihr Kind, schrecken Sie vor eigenen Initiativen nicht zurück und kalkulieren Sie eine längere Eingewöhnungszeit ein.

Erforschen Sie Ihr Haus und die Nachbarschaft nach kooperationsbereiten Eltern zwecks gegenseitiger Unterstützung.

Gibt es Freunde und Möglichkeiten einer Haus- oder Wohngemeinschaft?

Wieviel Spielzeug braucht ein Kind?

Im 13. Jahrhundert, als der Adel ein Luxusleben auf Kosten der Bevölkerung genoß, existierte z. B. in Deutschland noch gar kein spezielles Kinderspielzeug: Es gab allerdings Puppen und Schmuck, Luxusgegenstände einer Oberschicht, die man adeligen Kindern und Frauen schenkte. Auch Tiere wie Hündchen, Hermeline, Wiesel, Eichhörnchen oder Vögel wurden häufig an Erwachsene wie Kinder als Spielgefährten verschenkt. Die Lebensform dieser Erwachsenen war identisch mit Spiel: Sie arbeiteten nicht und spielten Blindekuh, Räuber und Gendarm, Murmeln und Mein-rechter-Platz-ist-leer, meist im Freien. Natürliche Gegenstände wie Gras, Steine, Blumen und Eier waren ihr »Spielzeug«.[13] Die Kinder der abhängigen Bevölkerung dagegen, die weder den Acht-Stunden-Tag noch ein freies Wochenende kannte, arbeiteten mit ihren Eltern oder spielten in ihrer Nähe, mit den Abfällen der Produktion.

Daß inzwischen nahezu alle Eltern Spielzeug für ihre Kinder kaufen – wobei die Wahl verschieden ausfällt –, ist das Ergebnis einer bestimmten geschichtlichen Entwicklung und keineswegs so selbstverständlich, wie es heute, wo die Auslagen von Spielzeugangeboten überquellen, erscheinen mag.

Seit Kinder »Kinder« sind – und nicht mehr kleine Erwachsene, die selbstverständlich mit ihren Eltern zusammen spielen oder arbeiten, gibt es spezielles Spielzeug für sie, d.h. zunächst für die Kinder des aufsteigenden Bürgertums, das sich gegen den Adel durchzusetzen begann. Diese Kinder mußten spielen und lernen, um ihre Existenz behaupten zu können, während die Kinder der entstehenden Arbeiterklasse bis zum Umfallen in Manufakturen und Fabriken schufteten.

Die Arbeiterkinder wurden erst mit der Kinderschutzgesetzgebung zu Kindern, die spielen können. Ihren Eltern gehörten die Produkte ihrer Arbeit nicht mehr, der Arbeitsprozeß selber wurde immer komplizierter und weniger durchschaubar. In diesem Prozeß der Entfremdung werden auch die Kinder immer mehr von den Erfahrungen und Handlungen der Erwachsenen ausgeschlossen. Wenn Kinder später an diesem Arbeitsprozeß teilnehmen sollen, brauchen sie Gegenstände, die sie darauf vorbereiten, Gegenstände, an denen sie Erfahrungen machen können.

Spiel als eine Aneignung gesellschaftlich-historischer Erfahrung ist die Voraussetzung zum Lernen und Arbeiten. Wenn wir unseren Kindern Autos schenken und sie begeistert damit spielen, dann deshalb, weil der Straßenverkehr bei uns eine große Bedeutung hat, sie aber selber noch nicht als Autofahrer teilnehmen können. Das Auto ist darüberhinaus so kompliziert, daß es selbst viele Erwachsenen nicht durchschauen.

Weil wir unsere Häuser nicht mehr selber bauen und auch kein Kind einem Maurer helfen darf, spielen unsere Kleinen mit Bausteinen.

Nun ist Spielauto nicht gleich Spielauto. Das eine ist ein hochkompliziertes Ding, das auf Knopfdruck ferngesteuert fährt, das andere in seine Teile zerlegbar, einfach, durchschaubar. Es ist wohl nicht übertrieben zu sagen, daß sich in diesem Spielzeug der Grad der Entfremdung widerspiegelt, die der Käufer des einen und anderen an seinem Arbeitsplatz erlebt: Je mehr ein Mensch in der Lage ist, seine eigene Arbeitstätigkeit und Umwelt zu durchschauen, um so mehr Wert wird er auch darauf legen, seinem Kind diese Umwelt zu erschließen – u.a. durch Spielzeug.

Kinder brauchen also Spielzeug, aber noch notwendiger brauchen sie Schlüssel zum Verstehen und Durchschauen der sie umgebenden Gegenstände und Sachverhalte. In einer Untersuchung von J. Carew[14] wird aufgezeigt, daß bis zum Alter von $2^1/_2$ Jahren kein noch so pädagogisch wertvolles Spielzeug oder gar Fernsehprogramm den Sozialpartner ersetzen kann, der das Kind lehrt, ihm hilft, sich mit ihm unterhält, und, indem er mit ihm spielt, sich auf die Ebene des Kindes begibt um ihm so jene intellektuell wertvollen Erfahrungen zu vermitteln, die ihm helfen, seine Umwelt zu durchschauen und sich in ihr angemessen zu bewegen. Da, wo es möglich ist, Kinder an unseren täglich

notwendigen Handlungen und Arbeiten teilnehmen zu lassen, sollten wir das tun: Kinder spielen lieber mit einem richtigen Hammer als mit einem Kinderhammer aus Plastik. Auch das beste Spielzeug kommt nicht gegen die Möglichkeit an, einen Schrank mit richtigen Kochtöpfen ausräumen zu dürfen.

Das Prinzip ist ganz einfach: Unsere Umwelt besteht aus einer Fülle von Materialien und Gegenständen (täglich werden neue

Materialien und Gegenstände in nie zuvor dagewesenem Ausmaß erfunden), und aus dieser Fülle müssen Kinder so früh wie möglich so viel wie möglich kennenlernen, d.h. betasten, anfassen, hochheben, bewegen, schmecken und ggf. verändern. Ein Kind, das seine Hände, Füße und seinen Mund nicht gebrauchen dürfte und keinen Partner hätte, der ihm helfen würde, diese sinnlichen Erfahrungen zu deuten und zu ordnen, bliebe in seiner Entwicklung zurück, lernte nichts.

Nicht alle Gegenstände sind für Kinder handhabbar, und die Tätigkeiten der Erwachsenen müssen mühsam erlernt werden. Hierfür ist Spielzeug unersetzlich. Wenn ein Kind z.B. lernt, eine Murmelbahn zu bedienen, d.h. Murmeln in ein kleines Loch zu stecken, aus dem sie auf eine schräge Ebene fallen und weiterrollen, wird dadurch die Zusammenarbeit von Hand und Auge geschult – Voraussetzung für viele entsprechende Tätigkeiten in der Erwachsenenwelt. Die erste Rassel macht vertraut mit Material, Farbe, Form und Geräusch, mit Ursache (bewegen) und Wirkung (klappern). Es ist daher durchaus sinnvoll, wenn das Kind mehrere verschiedene Rasseln kennenlernt, solange es andere Gegenstände noch nicht in der Hand halten kann.

Nun gibt es die berühmten Kinderzimmer (absurd genug, daß Kindern hier spezielle Räume zugeteilt werden, andere, in denen das Leben der Erwachsenen spielt, tabu sind), in denen sich Berge von Spielzeug auftürmen – vor denen gelangweilte Kinder sitzen. Bezeichnenderweise handelt es sich meist um ältere Kinder, denen schon im Kleinkindalter jeder Forschungsdrang aberzogen wurde. Sie können mit ihrem Spielzeug nichts anfangen, weil keiner Zeit hatte, dem Kind vorzumachen, welche vielfältigen Möglichkeiten es gibt, mit einem Gegenstand umzugehen. Daß man mit Bausteinen Türme, Häuser, Tunnel, Straßen, Zäune bauen kann – das muß ein Kind erst lernen. Wer sich beklagt, daß sich sein Kind »keine fünf Minuten allein beschäftigen« kann, der muß sich fragen, wann er sich zuletzt intensiv mit seinem Kind beschäftigt hat. Ein anderer Grund dieser Langeweile ist das Spielzeug selbst – das Knopfdruckauto fährt eben nur und geht irgendwann aus undurchschaubaren Gründen kaputt.

Ein Kind braucht also in erster Linie Erwachsene, die es in ihren Tätigkeiten beobachten kann, die es anregen und ihm immer wieder neue Möglichkeiten, zu handeln, zeigen. Und es braucht Spielzeug, um all diese Anregungen zu verarbeiten und immer wieder nachzuvollziehen.

Zur Geburt eines Kindes bekommt man gewöhnlich Geschenke. Wer glaubt, daß er mit Strampelhosen und Rasseln eingedeckt ist, dem sei empfohlen, sich eine Wunschliste anzulegen. Zur Anregung und Ergänzung sind auf der nächsten Seite Gegenstände aufgeführt, die sich als sehr sinnvoll erwiesen haben, jedoch den meisten jungen Eltern nicht so geläufig sind wie Puppe, Teddy und Auto. Einiges wird man erst brauchen, wenn das Kind schon älter ist – gerade zu dem Zeitpunkt, wo einem das Geld restlos ausgegangen ist.

Übrigens, auf vielen Spielzeugverpackungen sind Altersangaben gemacht: Sie stimmen nicht! Durchweg interessieren sich Kinder viel früher als angegeben für diese Dinge, auch wenn sie sie anfangs noch nicht »richtig« benutzen können.

Was man sich wünschen kann

Werkbank
Spieluhren
Orff-Instrumente aus dem Musikalienhandel
Murmeln und Murmelbahn
Verschiedenste Bausteine (Lego oder Holzbausteine, die in
den Maßen aufeinander abgestimmt sind, z.B. Uhl-Baustei-
ne)
Schaukel, Ringe, Trapez
Reckstange
Sprossenwand
Eine Rutsche für die Sprossenwand
Große Bilder (mit Tieren, Straßenverkehr u.ä.)
Bilderbücher (Empfehlungen auf Seite 188)
Eine Magnettafel (verschiedene Materialien, die darauf haf-
ten)
Luftballons
Malpapier, Wachskreiden, Buntstifte, Filzstifte
Fingerfarben
Einen Tuschkasten
Einen einfachen Wecker, der auseinandernehmbar ist
Mundharmonika

Kriegsspielzeug

Werdende Eltern sollten sich auch Gedanken über Kriegsspielzeug machen: Es ist leider wahr, daß Kriege nicht dadurch verhindert werden, daß wir unseren Kindern keine Pistolen kaufen. Ebenso stimmt, daß die Waffen, die der Spielzeugladen an der Ecke führt, nur niedlich sind, verglichen mit dem, was tatsächlich an Bomben und Raketen produziert wird, von einer an die Grenzen unserer Vorstellungskraft reichenden Gefährlichkeit.

Wir müssen also für den Frieden weit mehr tun als unseren Kindern klarmachen, warum es uns nicht egal ist, wenn sie mal eben aus Spaß ihren Freund umlegen oder Straßenpassanten anballern. Wie soll ein Kind lernen, standfest für den Frieden einzutreten, wenn es nicht gelernt hat, den Wert eines Menschenlebens zu achten, die Folgen eines Pistolenschusses einzusehen? Wie sollen wir ihm unsere Haltung zur Abrüstung klarmachen, wenn wir selber die Rüstung nicht nur notgedrungen mit unseren Steuergeldern, sondern auch freiwillig mit der Mark für eine Pistole finanzieren?

Wir müssen uns auch gegen Gewalt im Fernsehen wenden und unseren Kindern erklären, warum.

Wir müssen durch unser ganzes Leben und klare Handlungsweisen ständig zeigen, daß wir gegen den Krieg kämpfen und warum.

Vor allem aber müssen schon Babys spielen lernen. Wenn sie dann ins Pistolenalter kommen, wissen sie, daß man auch Häuserbauen, Kinderkriegen und Essenkochen spielen kann – und daß der Krieg alles verdirbt.

Das erste Vierteljahr

In den ersten drei Monaten entwickelt sich das Baby von einem ganz auf Trinken, Schlaf und Verdauung konzentrierten Wesen zu einem aufmerksamen Beobachter seiner Umwelt. Es lernt zu lächeln, mit seinen Fingern und anderen Körperteilen zu spielen und sich an Dingen, die man ihm zeigt, zu freuen. Es lernt, verschiedene Laute auszustoßen und fängt an zu spielen.

● Das erste Vierteljahr ist oft so schwierig, weil sich die Eltern sorgen und auf ihre neue Situation, mit einem Kind zu leben, erst einstellen. Die Unsicherheit im Verhalten zum Kind führt manchmal zu Streitigkeiten zwischen Mutter und Vater. Gereiztheit überträgt sich leider auf das Kind.

● Beobachten Sie Ihr Baby so oft wie möglich und versuchen Sie, seine Bedürfnisse zu erkennen. Trotzdem wird es schreien. Helfen Sie dem Baby in Ruhe. Auf Ihre Gelassenheit reagiert auch das Kind gelassener.

● Fotografieren Sie Ihr Kind nicht nur, versuchen Sie auch, ein Tagebuch zu führen. Hausmänner oder Frauen, die sich manchmal fragen, mit was eigentlich der Tag vergangen ist, sollten Ihre Arbeit mal protokollieren. Stillende Mütter können die Mahlzeiten eintragen und sich nach drei Monaten wundern, wie sie diese streßhafte Zeit ausgehalten haben.

● Nehmen Sie die ersten Laute Ihres Kindes auf Tonband auf. Können Sie verschiedene Schreie unterscheiden? Welche zufriedenen Tönchen gibt es von sich?

● Versuchen Sie, die Kontakte zu Freunden, die selber keine Kinder haben, nicht abreißen zu lassen. Sprechen Sie über Ihre Probleme, oft können einem gerade solche »neutralen« Menschen Antworten geben. Vielleicht haben diese Freunde sogar Lust, sich ab und zu verantwortlich um Ihr Kind zu kümmern.

● Ein Baby kann man fast überallhin mitnehmen. Fast alle anstehenden Arbeiten kann man mit dem Kind auf dem Arm erledigen. Besser als jedes »Intelligenztraining« ist die normale Teilnahme des Kindes am Alltag und an Ihrer Arbeit. Tragen Sie Ihr Kind, so oft Sie mögen. Es fühlt sich nirgends wohler als am Körper eines Menschen. Sie können dabei einen Brief schreiben oder lesen, Kartoffeln schälen oder Besuch empfangen. Es ist wirklich einfacher, als es aussieht – versuchen Sie es mal.

Gute Ratschläge von allen Seiten

Mit der Entlassung aus dem Krankenhaus – von den meisten Frauen sehnlichst erwartet – beginnen oft schon die Sorgen. Zwar ist endlich der Klinik-Streß mit Wiegen, Aufschreiben, vorgeschriebenen Wickelmethoden, Fieber- und Pulsmessen vorbei: endlich zurück in die vertrauten vier Wände und das Kind ganz für sich haben . . ., aber jetzt trägt man plötzlich auch die Verantwortung ganz allein, bekommt kein Essen mehr ans Bett gebracht und keine Baby-Wäsche gewaschen.

Wer wie üblich am fünften Tag entlassen wird, fühlt sich ganz sicher noch ziemlich erschöpft und wackelig auf den Beinen. Am besten das Nachthemd gleich wieder anziehen und der Umwelt klarmachen, daß man noch nicht wieder voll einsatzfähig ist! Unsere Mütter blieben – sofern sie ins Krankenhaus gingen – 10 Tage dort. Wer früher entlassen wird, hat Anspruch auf die Pflege durch eine Hebamme bis zum 10. Tag, die Kosten trägt die Krankenkasse. Weil es aber kaum frei praktizierende Hebammen gibt bzw. diese keine Niederlassungserlaubnis erhalten, kann man von diesem Recht kaum Gebrauch machen. Berufstätige Väter haben Anspruch auf drei Tage Sonderurlaub. Wenn weitere Kinder unter acht Jahren da sind, muß die Kasse einen zusätzlichen Vater-Urlaub bis zur Rückkehr der Mutter aus dem Krankenhaus zahlen.

In vielen Familien wartet zu Hause die Mutter oder Schwiegermutter, Besuch sagt sich an, alle wollen das Baby sehen. Es versteht sich eigentlich von selbst, daß Umfang und Art dieser Besuche allein von den Eltern bestimmt werden sollen. Für Selbstgebackenes oder große Essen werden Sie in den ersten Wochen wohl kaum den Nerv haben.

Das Kind ist also zu Hause, Besuch trifft ein. Nicht nur Freunde und Verwandte kommen, sondern auch Vertreter diverser Firmen. Von der Lebensversicherung bis zur Windeldesinfektion wird »die junge Mutter« mit Vorschlägen, Ratschlägen, Kostproben und düsteren Zukunftsprognosen bom-

bardiert, die deutlich machen sollen, wie lebensnotwendig der
Kauf eines bestimmten Produkts, der Abschluß eines
Zeitschriftenabonnements oder einer Lebensversicherung ist.
Da werden imaginäre Kurven hervorgeholt, die zeigen sollen,
welche schrecklichen Infektionen das Baby befallen, wenn seine
Flaschen nicht mit XY desinfiziert werden, und der Hinweis,
man stille doch selber, reicht keineswegs aus, um den Redefluß
zu unterbrechen. Das Baby ist, das wird der Mutter bald klar, in
dieser Gesellschaft zunächst einmal Konsument. Es gehören
schon ziemlich gute Nerven dazu, den Vertretern dieses Systems
die Tür zu weisen. Besonders dann, wenn sie so tun, als leisteten
sie echte Aufklärung. Da werden massenhaft Broschüren und
Heftchen verteilt: das »große Baby-Buch«, das »Müttermagazin« und wie sie alle heißen, und eingebettet zwischen nützlichen
und unnützen Hinweisen findet sich die Werbung für bestimmte
Produkte.

Dazu kommen die Ratschläge von Schwiegermüttern, erfahrenen Freunden, Verwandten . . .

So unsicher die Eltern in der ersten Zeit auch sein mögen und so prüfenswert jeder Ratschlag ist, sie selber sind für die Erziehung verantwortlich, und sie selber müssen die Konsequenzen aus ihrem bestimmten Erziehungsverhalten tragen. Deshalb sollte sich keiner von Oma, Tante oder Alete-Vertretern verrückt machen lassen, sondern das tun, was er für richtig hält. Nicht, weil es irgend jemand behauptet, sondern weil man sein Kind beobachtet und sieht, daß es ihm gut geht.

Ja, beobachten Sie Ihr Kind. Wenn es vor Hunger schreit, was unschwer an den suchenden Mundbewegungen zu erkennen ist, werden Sie feststellen, daß die Ratgeber irren, die da behaupten, ein Baby hätte alle vier Stunden Hunger.

Schlimm ist auch folgende, wie ich meine alltägliche Situation: Ihr Baby schreit. Sie versuchen es mit Tee, weil Sie Bauchschmerzen vermuten. Ihr Mann/Ihre Frau meint aber, man solle es lieber schlafen legen, und ein dritter, gerade anwesender Besucher plädiert für unverzügliches Wechseln der Windeln. Sie verlieren allmählich die Nerven, weil das Kind, unabhängig von allen Ratschlägen, weiter schreit.

Man sollte vereinbaren, daß derjenige, der das Kind gerade betreut, auch entscheidet, was zu tun ist. Ihm oder ihr wird prinzipiell nicht reingeredet, es sei denn, er/sie fragte um Rat.

Kein Baby gleicht dem anderen: Schon das unterschiedliche Körpergewicht, die unterschiedliche Anzahl der im Bauch verbrachten Wochen prägen sein Verhalten entscheidend. Der Verlauf von Schwangerschaft und Geburt spielt ebenfalls eine erhebliche Rolle. Ein Kind, daß achtpfündig und in der 41. Schwangerschaftswoche geboren wird, ist sicherlich weniger oft hungrig als ein sechspfündiges, denn es kann schon viel größere Mengen auf einmal trinken. Dafür wird es wahrscheinlich bald anfangen, sich in seinem Bett zu langweilen, möchte getragen werden und was von der Welt sehen. Das Kind wird verwöhnt! schreien jetzt die einen. Es lernt was, meinen die anderen.

Tatsächlich wollen Kinder, die auf dem Arm getragen werden, auch in Zukunft wieder auf den Arm: Da ist es warm, da hört man interessante Stimmen, sieht aufregende Dinge. Ist dieses Kind, das gelernt hat, daß es auf dem Arm schön ist, nun verwöhnt? Oder haben die recht, die sagen: Hauptsache, es lernt was und ist zufrieden? Oder schlimmer noch: Soll sich das eigene Leben jetzt nur noch um das Kind drehen? Oder haben die Eltern auch noch Rechte?

Versuchen Sie, diese Fragen in Ruhe mit Ihrer Familie, Ihren Bekannten und Freunden zu klären, also nicht gerade dann, wenn Sie ziemlich entnervt sind.

Für ein Kind, so winzig es auch ist, ist es ein völlig legitimes Bedürfnis, wenn es wach ist, nicht allein in seinem Bett zu liegen, sondern teilzunehmen – und sei es auch nur durch Zugucken am Leben der Personen, die es betreuen. Es soll und muß ja später an diesem Leben selbständig teilnehmen und kann daher gar nicht früh genug daran gewöhnt werden. Jean Liedhoff (s. Vorwort, oben Seite 10) geht sogar soweit, zu behaupten, daß fast alle Nöte, die zivilisierte Kinder zum Schreien bringen, darauf zurückzuführen sind, daß sie als Säuglinge nicht getragen wurden.

Die Yequana, deren Babys tatsächlich so gut wie nie schreien, tragen ihre Säuglinge tatsächlich immer – sogar nachts, wenn sie nur kurz aufstehen, um Holz ins Feuer nachzulegen. Obwohl ich weiß, daß nicht wenige von Bauchschmerzen gequälte Babys auch auf dem Arm nicht beruhigen und Tragen allein noch keine glückliche Kindheit produziert, bin ich doch der Überzeugung, daß diese Gefühl des Getragenseins schon bei Neugeborenen Geborgenheit und Vertrauen vermittelt, das Voraussetzung für Glücklichsein ist. Bewiesen ist auch, daß bestimmte Formen des Tragens die körperliche und damit die Intelligenzentwicklung schon von Neugeborenen fördern.

Nehmen Sie es also auf den Arm, so oft Sie können. Wenn das aber bedeutet, daß sich Ihr alltägliches Einerlei nur noch um das Baby dreht, dann müssen sie etwas verändern: Sie wollen doch Ihrem Kind Partner sein – und nicht Untertan. Und es ist doch nicht nur für Sie persönlich wichtig, daß bestimmte Aufgaben erledigt werden, sondern auch für Ihr Kind!

Wir haben gute Erfahrungen damit gemacht, das Baby zu tragen und dabei viele Dinge zu erledigen. Arbeiten, die nicht mit

einem Baby ausgeführt werden können, und das sind wirklich nicht viele, haben wir uns vorher so zurechtgelegt, daß wir damit beginnen konnten, sobald es schlief. Eine gute Hilfe sind auch

Tragetuch, Kängeruhsitz oder Baby-Stühlchen, von denen aus das Kind weit mehr sehen kann als von seinem Bett aus.[15]

Frau Nikitin kommt zu folgendem Ergebnis: »Ich habe meine Kinder, offen gestanden, vom ersten Monat an oft auf den Arm genommen, dabei allerdings die Hausarbeit nicht unterbrochen, sondern ich habe mich eingerichtet: Mal lehne ich mir das Kind an die Brust, indem ich ihm den kleinen Rücken stütze, mal lege ich es mir auf die Knie, mal halte ich es so, wie man es gewöhnlich hält, nur mit einer Hand – die andere brauche ich ja für verschiedene Tätigkeiten. Das alles geschah ohne besondere Absicht: Ich hatte nur das Gefühl, daß das Kind sich wohler bei mir fühlt, nicht unbedingt bequemer – was ist das schon für ein Komfort, wenn ich es mit einer Hand an mich drücke, während ich mit der anderen Kascha umrühre, Holz zulege oder in einem Buch blättere. Aber es ist beruhigender für das Kind, weil Mama ja bei ihm ist, und es ist interessanter: Es dreht das Köpfchen und schaut neugierig im Kreis herum. In seinem Blickfeld taucht bald ein Fenster auf, bald buntes Geschirr und verschiedenfarbiger Stoff, dann wieder ein offenes Buch oder eine raschelnde Zeitung, und wer weiß, was sonst noch alles! Außerdem spricht man noch mit ihm, nennt ihm verschiedene Gegenstände, mit denen man es zu tun hat: »Jetzt decken wir Löffel und Tassen auf und stellen Brot auf den Tisch . . . und was liegt da auf dem Bord?« usw. Ist das wichtig, oder ist das nicht wichtig? Wir wußten es nicht, aber wir trugen die Kleinen oft auf dem Arm herum, sowohl Vater als auch die älteren Kinder. Wir stellten sogar fest, daß das Kind nach solchen »Spaziergängen« lieber und länger in seinem Bettchen spielte, so als ob es für eine Zeitlang im voraus Eindrücke gespeichert hätte. Und da hörten wie vollends auf, Angst zu haben, daß es sich zu sehr an den Arm gewöhnt.«[16]

Noch eine wichtige Sache geht aus dem Text hervor: Tragen Sie das Kind nicht allein, sondern wagen Sie es, andere um Gefallen zu bitten und Ihnen mal zu helfen. Das können auch größere Kinder aus Ihrem Haus sein. Wenn Sie den Eindruck haben, sich für Ihr Kind aufzuopfern, dann ist schon was falsch gelaufen, und es wird Zeit, daß Sie Ihre Monopolstellung dem Kind gegenüber aufgeben – und sei es nur für 30 Minuten.

Vom Stillen

Durch Stillen wird die Welt nicht besser. Es ist auch nicht für alle Mütter das reinste Vergnügen. Stillen oder nicht-Stillen ist jedoch nicht nur eine Frage der künstlichen oder natürlichen Ernährung. Die Brust ist nicht nur Nahrungsquelle, sondern Spielzeug, Lustobjekt, Gegenstand des ersten Lernens.

Nicht umsonst gibt es eifersüchtige Väter, die wissen, wie schlecht der Ersatz durch eine Milchflasche ist. Frauen, die stillen, machen die einmalige Erfahrung, daß ihre Brust ein nützliches Organ ist, funktionsgerecht und mit der Präzision eines Computers arbeitend. In einer hochzivilisierten Umwelt staunt man, daß es so etwas noch gibt: Mutter-Milch, weil man Busen nur von Illustrierten-Titeln oder Porno-Magazinen und Milch nur aus der Tüte kennt.

Natürlich muß jede Frau selbst entscheiden, ob sie stillen will oder nicht. Auch »Flaschenkinder« werden groß, und es ist nicht von der Hand zu weisen, daß durch das Stillen die Mutter sehr angebunden ist, weil sie sich höchstens vier Stunden von ihrem Kind entfernen kann. Auch nachts ist keine Ablösung durch den Vater möglich. Manche Kinder tun ihren Müttern beim Trinken weh, das Tragen von Still-Büstenhaltern ist erbärmlich (und überflüssig, denn ein normaler dehnbarer BH oder gar keiner tuts genauso), und milchpralle Brüste wirken sich nicht unbedingt positiv auf das Sexualleben aus. Richtig ist auch, daß alle Schadstoffe, die die Mutter zu sich nimmt, sei es Nikotin, Alkohol oder Pflanzenschutzmittel in geringen Mengen in die Muttermilch eingehen. In jüngster Zeit gingen nach Untersuchungen von Muttermilch immer wieder alarmierende Meldungen durch die Presse: würde Muttermilch auf dem freien Markt angeboten, müßte der Verkauf wegen zu hoher Giftanteile verboten werden. Das Bremer Umwelt-Institut und das Öko-Institut Freiburg haben hierzu Broschüren verfaßt, die genauere Zahlen nennen.[17] Durch solche Zahlen sollten sich Mütter durchaus beunruhigen lassen: Kinder zu haben ist enorm politisch, und nur politisch können wir den weiteren Bankrott unserer einst gesunde Umwelt verhindern, der in der Verseuchung der Muttermilch seine perverseste Form erreicht. Trotzdem sollte uns das Gift nicht vom Stillen abhalten: zum einen, weil man die Menge durch eingeschränkten Fleisch- und vermehrten Konsum von ungespritzten Produkten verringern kann, zum anderen, weil die Vorteile des Stillens – so auch der ärztliche Rat – überwiegen. Zwar ist das Kind auf die Mutter und umgekehrt die Mutter auf das Kind angewiesen, dafür kann sie es aber überall problemlos mitnehmen und spart sterile Flaschen, Nuckel, Wärmer und das auch nicht gerade billige Milchpulver ein. Muttermilch verhindert Allergien und Hautausschläge, Dickwerden, Darminfektionen und Stuhlgangsprobleme, vor allem aber Krankheiten. Das ist wohl das entscheidende Argument. Alle Abwehrstoffe der Mutter gehen auf das Kind über. Das ist keine Ideologie, sondern eine medizinische Tatsache, und wer weiß, wie anstrengend kranke Babys sind, wird diesen Vorteil nicht hoch genug einschätzen können. Daß die weibliche Brust Milch produziert, die auf das jeweilige Alter des Kindes abgestimmt ist, daß die Milch jeder Mahlzeit aus zuerst flüssigerer und dann festerer Nahrung besteht, daß die Milchmenge sich voll den Bedürfnissen des Kindes anpaßt, sind Dinge, die einen nur erstaunen können.

Eine Frau kann nur dann auf Dauer stillen, wenn sie es für sich und ihr Kind als befriedigend empfindet. Voraussetzung dafür ist zunächst mal ihr Wille, abgehärtete Brustwarzen (durch Bürsten und kaltes Duschen während der Schwangerschaft, durch Trocknen an der Luft nach dem Stillen, einreiben mit Zitronensaft oder Lanolin) und viel Ruhe. Wenn die Anleitung im Krankenhaus mangelhaft ist und es zunächst nicht recht klappt, sollte keine Frau verzweifeln. Zu Hause geht alles besser. Gut ist ein bequemer Sessel mit einer Fußbank und die Überzeugung, daß es funktioniert: Wer überhaupt Milch produzieren kann – und es gibt nur eine verschwindend geringe Zahl von Frauen, die es nicht können –, kann sein Kind auch ernähren. (Auch Mütter von Adoptivkindern können unter bestimmten Voraussetzungen stillen).

Häufig wird gesagt: Meine Milch reicht nicht aus, um das Kind satt zu machen. In diesem Fall ist Nachfüttern mit der Flasche die wirklich schlechteste Lösung, denn dadurch reduziert sich die Milchmenge der Mutter zusehends. Stattdessen sollte das Kind so oft wie möglich angelegt werden. Die Mutter sollte sich viel mit ihm beschäftigen und die Milchbildung durch bestimmte Nahrungsmittel unterstützen. Am besten helfen Hefe in Flocken- oder Pulverform (Vitamin B) oder Tee aus Brennesselblättern, Anis, Fenchel und Kümmel. Sollte das Baby trotzdem nicht satt werden, raten erfahrene Kinderärzte, lieber Karotten vom Löffel als Milch aus der Flasche zuzusetzen: Haben sich nämlich beide erstmal an die Flasche gewöhnt, geht die Milchproduktion automatisch zurück.

Viele Frauen schrecken auch deshalb vor dem Stillen zurück, weil sie glauben oder gesagt bekommen, daß sie die Milch nach jeder Mahlzeit abpumpen müssen. Das ist nicht nötig. Hat man bei Naturvölkern je Milchpumpen gesehen? Wenn es nicht so viel Milch ist, daß sie regelrecht drückt, kann der Rest gefahrlos in der Brust bleiben: Sie wird weder sauer noch verursacht sie eine Brustentzündung.

Für die Ernährung der Mutter gelten ebenfalls nicht die strengen Regeln, die einem manche Schwestern in Krankenhäusern mit auf den Weg geben. Frisches Obst, ein Glas Bier oder Wein schaden dem Kind nicht – lediglich ausgesprochen blähende Speisen sollten vermieden werden, damit das Kind keine Bauchschmerzen bekommt.

Hier wie anderswo ist die beste Regel, das Kind zu beobachten und alles zu vermeiden, was ihm Unwohlsein bereitet. Für Frauen, die das halbe Jahr Mutterschaftsurlaub nicht in Anspruch nehmen können, wird die Stillzeit mit Wiederaufnahme der Berufstätigkeit in der Regel enden: Obwohl jeder Frau Stillzeiten während der Arbeitszeit zustehen, läßt sich das in der Praxis kaum realisieren. Soll man etwa das Baby mit zur Arbeit nehmen?

Im Gesetzestext des Mutterschutzgesetzes – und man sollte ihn ernst nehmen – liest sich das wie folgt:

§ 7 Stillzeit

Absatz 1: Stillenden Müttern ist auf ihr Verlangen die zum Stillen erforderliche Zeit, mindestens aber zweimal täglich eine halbe Stunde freizugeben. Bei einer zusammenhängenden Arbeitszeit von mehr als acht Stunden soll auf Verlangen zweimal eine Stillzeit von mindestens fünfundvierzig Minuten oder, wenn in der Nähe der Arbeitsstätte keine Stillgelegenheit vorhanden ist, einmal eine Stillzeit von mindestens neunzig Minuten gewährt werden. Die Arbeitszeit gilt als zusammenhängend, soweit sie nicht durch eine Ruhepause von mindestens 2 Stunden unterbrochen wird.

Absatz 2: Durch die Gewährung der Stillzeit darf ein Verdienstausfall nicht eintreten. Die Stillzeit darf von stillenden Müttern nicht vor- oder nachgearbeitet und nicht auf die in der Arbeitszeitordnung oder in anderen Vorschriften festgesetzten Ruhepausen angerechnet werden.

Absatz 3: Die Aufsichtsbehörde kann in Einzelfällen nähere Bestimmungen über Zahl, Lage und Dauer der Stillzeiten treffen; sie kann die Einrichtung von Stillräumen vorschreiben.«

Das Mutterschutzgesetz, Kündigungsschutzgesetz und andere wichtige Arbeitsgesetze sind abgedruckt in dem Taschenbuch dtv 5006: Arbeitsgesetze, Textausgabe.

Aus zwei wird drei
Veränderte Partnerschaft

Ich habe von Vätern gehört, für die die Geburt ihres Kindes die Erfüllung ihres Lebens bedeutet. Es soll Männer geben, die eine Beziehung vor allem deshalb eingehen, weil sie Kinder möchten. Ich habe von Frauen gehört, die nach der Geburt absolut nichts empfanden. Jedenfalls kein Mutterglück. Das hat sich erst viel später – oder gar nicht – eingestellt.

Bei uns war es so: Ich war verwirrt über die Heftigkeit meiner positiven Gefühle dem Säugling gegenüber. Ich war mir in den Augenblicken nach der Geburt ganz sicher, daß ich dieses Kind liebe, egal wie häßlich, entstellt oder krank es wäre. Mein Mann war eher hilflso als euphorisch. Wir beide sehen den Sinn unseres Lebens nicht im Kinderkriegen. Wir arbeiten beide und finden unsere Arbeit sinnvoll.

Unser erstes neugeborenes Kind, von uns beiden gewünscht, war zunächst ein nicht geringer Störfaktor unserer Zweisamkeit, unseres Alltags. Es war auch eine Belastungsprobe unserer Beziehung. Wir zankten uns öfter über die Richtigkeit irgendwelcher Maßnahmen, die angesichts des schreienden Sohnes zu treffen waren, wir waren entsetzlich unausgeschlafen und nervös, ich heulte öfter gemeinsam mit dem Kind, wir litten unter dem Mangel an Zeit und Zärtlichkeit füreinander. Kurz: es war in den ersten drei Monaten ziemlich schlimm – und es ist gar nicht so leicht, das zuzugeben: denn obgleich die Scheidungsrate steigt und die Zahl der Kindesmißhandlungen wächst, – ein Kind krönt die Ehe, und die Familie hat glücklich zu sein.

Tatsächlich ist es schon in den letzten Schwangerschaftsmonaten schwierig, ein für beide Partner befriedigendes Sexualleben aufrechtzuerhalten. Ist das Kind erst da, werden die Schwierigkeiten noch größer: Verhütungsmittel kommen in den ersten Monaten zumindest für stillende Frauen nicht in Frage – es sei denn, man schläft mit Kondomen. Außerdem ist man total abge-

schlafft und übermüdet. Und hat man endlich mal wieder Lust –
und Zeit –, dann schreit garantiert das Kind dazwischen.

»*Elterndasein* tritt, zumindest partiell, *an* die *Stelle* eines sor-
genlosen und auch sorgenreichen, jedenfalls sich selbst genügen-
den Liebesleben. Ruth drängelt sich zwischen euch. Nicht nur
morgens im Bett, auch in euren Phantasien, Hoffnungen und
Ängsten. Sie schneidet aus der Zeit, die ihr füreinander hattet,
das größte Stück für sich heraus. Sie nimmt euch die Nächte weg.
Sie stiehlt euch die Augenblicke der Lautlosigkeit zwischen
Nacht und Morgen, zwischen Abend und Nacht. Sie macht aus
eurem gemeinsamen Essen ein Happening mit Scherben. Ihre
Existenz rauht euer Leben auf: wo Ruths Vater früher deine ver-
borgenen Wünsche erriet und erfüllte, tut er jetzt viel für dich,
wenn er einmal mehr nachts aufsteht. Und wo du ihm Gedichte
vorlasest, reichts jetzt nur noch für ›Schlaf, Kindchen, schlaf‹.«[18]

Kürzlich erzählte mir eine alleinstehende Mutter, daß ein
Drittel aller Väter ihre Frauen verlassen, bevor ihr Kind ein Jahr
alt ist. Ich weiß nicht, ob das stimmt. Für uns war diese Zeit jedenfalls schwer, aber wir haben in ihrer Überwindung viel gelernt – in vielen vergeblichen Versuchen und langen Ausspra-
chen. Wir haben für uns das Wort Zärtlichkeit neu entdeckt und
erkannt, daß wir mit unseren Problemen nicht allein sind. So
kann sich durch ein Kind auch die Chance ergeben, sich näher-
zukommen, als man sich je war.

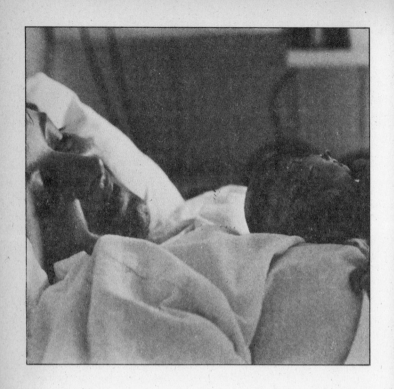

Kein Mensch wird dumm geboren

Ein neugeborenes Kind ist zwar hilflos, aber dennoch mit einer Reihe von Reflexen ausgestattet, die zeigen, daß es sich um ein wohlorganisiertes Wesen handelt: Neugeborene versuchen zu kriechen, wenn man sie bäuchlings auf eine feste Fläche legt, sie ergreifen Gegenstände, die man ihnen in die Handflächen legt, sie fangen an zu saugen, wenn man ihre beiden Handflächen rhythmisch drückt, sie strecken und beugen die Arme, wenn man sie an der Daumenbasis streichelt und sie greifen mit den Zehen, wenn wir unsere Fingerkuppen daran legen. Berührt man das Kind seitlich vom Mund an der Wange, wendet es den Kopf in Richtung des Reizes – so findet es auch den »Weg« zur Brust. Neugeborene Kinder können schon kurze Zeit aufmerksam sein, Anblicke, Geräusche und Gerüche wahrnehmen. Sie können schreien, niesen, schlucken, lutschen und – im Schlaf – lächeln.

Wie lange ein neugeborenes Kind wach ist, hängt zunächst von seinem Zustand ab. Manche Babys bleiben unmittelbar nach der Geburt schon 1 1/2 Stunden wach, andere schlafen nach 15 Minuten ein und wachen erst nach drei Tagen richtig auf. Bekannt ist auch, daß Babys, die man an die Schulter hält, wacher sind als solche, die auf dem Rücken liegen. Auch Wärme, gedämpftes Licht und zu strammes Wickeln macht Babys schläfrig.

Will man feststellen, wie das Kind auf seine Außenwelt reagiert, muß man ihm Reize darbieten, die seine Aufmerksamkeit erregen. Auf ein blinkendes Licht z.B. reagieren schon wenige Tage alte Kinder, indem sie den Kopf danach drehen. Am liebsten sehen alle Babys ein menschliches Gesicht – nach zwei Wochen können sie das Gesicht ihrer Mutter von dem anderer Frauen unterscheiden, wenigstens betrachten sie das ihnen bekannte Gesicht wesentlich länger als das fremde.[19] Neugeborene Babys können auch hören, drehen den Kopf nach ihnen bekannten Stimmen und erschrecken bei heftigen Geräuschen.

Das alles zeigt, daß Neugeborene bereit sind zu lernen – alle Neugeborenen. Was und wieviel, das hängt von ihrer Umwelt, also zunächst von den Eltern ab. Während unseren Eltern noch weisgemacht wurde, daß ein Kind hauptsächlich Ruhe brauche und nur alle vier Stunden zu den Mahlzeiten »aufgenommen« werden dürfe, haben vielfältige Forschungen inzwischen ergeben, daß ein Baby nicht still im Bett vor sich hin reift, sondern angeregt werden muß, damit es sich entwickelt und lernt.

»Die Biologen haben herausgefunden, daß ›von den 15 Milliarden Zellen des Gehirns nur etwa 15 bis 20 Prozent aktiv arbeiten‹. Die Psychologen erklären, ›daß das menschliche Gehirn einen ungeheuren, bisher bei weitem nicht genutzten Überschuß an natürlichen Möglichkeiten in sich trägt‹ und daß ›Genialität keine Abweichung, keine Anomalie des menschlichen Verstandes ist, wie einige geneigt sind, anzunehmen, sondern im Gegenteil die höchste Vollkommenheit seiner Erscheinungsform, die Enthüllung all seiner natürlichen Möglichkeiten‹ «.[20]

Dabei kann als gesichert angesehen werden, daß das Kind von der Geburt bis zum 3. Lebensjahr die Hälfte seiner intellektuellen Entwicklung durchmacht, »das heißt in den allerersten Lebensjahren werden die Grundlagen für die Eigenschaften seiner Psyche geschaffen, fangen alle seine Fähigkeiten an, sich herauszubilden.«[21] Bewußte Eltern werden deshalb die Intelligenz ihres Kindes nicht dem Zufall überlassen, sondern – wenn irgend möglich – täglich bestimmte Tätigkeiten mit ihren Kindern üben, Spiele spielen und Aufgaben stellen (Anregungen dazu am Schluß jedes Kapitels).

So notwendig diese »Turnübungen für den Verstand« auch sind, – sie werden problematisch, wenn sie zu einem Zwangsprogramm ausarten, das absolviert werden *muß*. Wenn Eltern dann noch Enttäuschung zeigen, weil das Kind bestimmten Anforderungen nicht gerecht wird, oder es gar beleidigen (du Dummerchen!), verderben sie allerdings weit mehr, als sie nützen. Auf diese Art kann man schon Kleinkinder so unter Druck setzen, daß sie, zu Vorschulkindern herangewachsen, weinen, wenn sie glauben, eine Aufgabe nicht lösen oder eine Frage nicht beantworten zu können. Lernen kann keiner unter Druck und

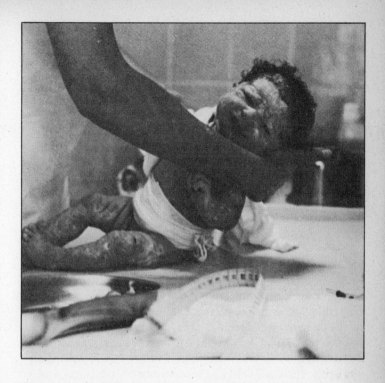

Zwang. Es muß Spaß machen und auch schon kleinen Kindern sinnvoll erscheinen.

Besser als das Aufstellen von »Tageslehrprogrammen«[22] ist, das Kind am wirklichen Leben zu beteiligen, das sich in Ihrer Wohnung, auf der Straße, in der Kindergruppe oder bei Freunden abspielt. Ich will das an einem Beispiel verdeutlichen: Ihr Baby ist noch sehr klein, aber wenn es wach ist, nimmt es schon gern an Ihrem Leben teil. Sie sollten es daher, z.B. nach dem Frühstück, wenn Sie noch etwas Zeit haben, bei sich behalten und zuhören lassen: Vielleicht hören Sie Radio, – das Baby auch. Vielleicht knistern Sie mit der Zeitung, unterhalten sich mit Ihrer Frau, die Uhr tickt, Schritte sind hörbar . . . Ihr Kind lernt.

In der »Baby-Schule« liest sich das so: »Tagesprogramm I, Anregungen für das Hören: Lassen Sie kurze Zeit das Radio spielen.«[23] Obwohl es sich um die gleiche Sache handelt, nämlich Radio hören, wird in Form eines Tagesprogramms eine künstliche Lernsituation geschaffen, das Lernen vom Leben getrennt. Genau das halte ich für falsch. So kann Lernen leicht zu einer von Erwachsenen veranstalteten Pflichtübung werden, deren Sinn für das (größere) Kind nicht einsehbar ist. Während sich fortschrittliche Schulpädagogen heute bemühen, die Schule mit dem Leben zu verbinden und den Alltag ins Klassenzimmer zu holen, wird hier schon für Babys isoliert »Schule« betrieben. Wenn es dann noch, sobald es sitzen kann, an einem Tisch bzw. Stuhl festgeschnallt werden soll (wie es Painter auf S. 46 empfiehlt), damit es das Gefühl bekommt »zu arbeiten«, entlarven sich diese Vorschläge als ein Programm, das intelligente Untertanen, nicht aber selbständige Persönlichkeiten hervorzubringen bestrebt ist. Um das zu verdeutlichen, möchte ich noch einmal aus den »Richtlinien für den täglichen Unterricht« in der »Baby-Schule« zitieren: »Denken Sie daran, daß Sie der Lehrer sind und nach dem Stundenplan vorgehen müssen. Das Kind darf den Plan nicht umwerfen oder bestimmen, mit welchem Spielzeug es spielen möchte . . . Es kann sein (!), daß es Spaß am Unterricht hat und weint, wenn er zu Ende geht. Setzen Sie den Unterricht deshalb nicht fort. Setzen Sie es in sein Laufställchen und geben ihm ein Spielzeug, mit dem es alleine spielen kann.«[24]

Die sowjetische Familie Nikitin, die wegen der aufsehenerregenden Intelligenzförderung ihrer Kinder nicht nur in der Sowjetunion berühmt wurde, fordert dagegen: »Dem Kind muß große Freiheit in der Auswahl seiner Aktivitäten, in der Abfolge der Handlungen, in der Dauer der Beschäftigung mit irgendeiner Sache, in der Auswahl der Arbeitsmethoden usw. eingeräumt werden. Hier sind der Wunsch des Kindes, sein Interesse und sein emotionaler Antrieb eine zuverlässige Garantie dafür, daß sogar eine große geistige Anspannung dem Kind nützt.«[25]

Wie man dieses Prinzip in der Praxis umsetzen kann, wird in den folgenden Kapiteln noch erörtert werden. Sie haben zur Zeit wahrscheinlich ganz andere Sorgen. Weil aber Intelligenzförderung am ersten Tag beginnt, sollten einige Bemerkungen dazu nicht fehlen.

Es schreit

Was tun, wenn das Baby schreit? Es kann auch eine ausgeglichene Mutter zur Verzweiflung bringen, wenn das geliebte Kind mit soviel Unlust auf diese Welt reagiert. Daß überarbeitete, nervöse und belastete Eltern aggressiv werden, wenn ihr Baby schreit, kann man nachvollziehen – so schrecklich es ist. Nicht wenige Kinder in der BRD mußten ihr Geschrei schon mit dem Leben bezahlen.

Aber daß auch Autoren von Eltern-Ratgebern meinen: »Es ist dann nicht nötig, daß sie es aufnehmen, um es zu beruhigen. Es lernt bald, daß es bessere Mittel gibt um die Aufmerksamkeit der Eltern auf sich zu lenken . . .« oder: »Die meisten Ärzte und Psychologen sind der Meinung, daß das Schreien dem Baby nicht schadet. Je weniger sie auf sein Schreien reagieren, desto weniger tut es das«,[26] das ist erschreckend. Hier wird so getan, als schrien diejenigen Babys am meisten, die von ihren Eltern häufig aufgenommen werden. Das ist schlichtweg falsch. Über Jahrmillionen wurden Kinder von Eltern getragen, und auch heute zeigt sich, daß Kinder der Naturvölker äußerst selten schreien.

Kinder unserer hochzivilisierten Welt verhalten sich sehr unterschiedlich. Während ruhige Kinder fast nie schreien, sollen es lebhafte auf bis zu sechs Stunden täglich bringen, auch wenn sich die Eltern um Abhilfe bemühen.[27]

Beobachtet man neugeborene Kinder, stellt man fest, daß sie verschiedene Stadien von Wachheit durchleben:

fester Schlaf (täglich nicht mehr als 12 Stunden)
leichter Schlaf (unruhige Atmung, mit Bewegungen)
friedliche Munterkeit (aufmerksam, ruhig, munter)
aktives Wachsein (bewegt Arme und Beine)
Schreien

Durch sein Schreien steht dem Baby ein äußerst wirksames Signal zur Verfügung, ein Meldeapparat, mit dem es Einfluß auf seine Umwelt nehmen kann. Genau so – nämlich als Meldung – sollte man das Schreien seines Kindes auch aufnehmen: nicht mit Verzweiflung und Schuldgefühlen und auch nicht mit Aggression und Weghören.

Während ältere Kinder ihr Schreien bewußt einsetzen können, um bestimmte Effekte hervorzurufen oder Ziele zu erreichen, schreit das Neugeborene als Reaktion auf bestimmte Reize (lautes Geräusch, leerer Magen, grelles Licht u.a.). Erwachsene hören das Schreien und versuchen, die »Botschaft« zu entschlüsseln. »Hörer, denen Bandaufnahmen (mit Geburtsschrei, Schreien vor Hunger und Schreien vor Schmerz), vorgespielt wurden, konnten das jeweilige Schreien äußerst exakt identifizieren. Am besten gelang es Hebammen, Kinderpflegerinnen und Müttern.«[28]

Es gibt allerdings noch weit mehr Ursachen von Unbehagen – und nicht alle kann man heraushören. Jedenfalls schreien Babys nie grundlos oder, »um zu sehen, was sie erreichen«, wie häufig gesagt wird. Das Baby schreit,

– weil es Hunger hat und trinken möchte – auch nachts. Bevor es sich in ein anhaltendes, lautes Schreien hineinsteigert, führt es mit dem Kopf bzw. Mund Suchbewegungen aus und lutscht, falls es sie schon findet, heftig an Fingern oder Faust. Ein vierstündiger Rhythmus kann nicht von allen Kindern eingehalten werden. Besonders gestillte Kinder haben oft alle 2–3 Stunden das Bedürfnis, zu trinken, weil die Muttermilch sehr schnell verdaut ist und die getrunkene Menge nicht so leicht kontrolliert werden kann. Vor Überfütterung braucht man beim Stillen keine Angst zu haben: satte Kinder nehmen die Brust nicht. Das nächtliche Durchschlafen stellt sich nach allen Erfahrungen ganz von selbst ein.

– weil es Luft im Bauch hat und noch einmal aufstoßen muß. Das Kind ist gefüttert, wird hingelegt und schreit: Dann nimmt man es noch einmal senkrecht in den Arm über die Schulter. Es ist normal, wenn dabei mit der Luft noch ein bißchen oder mehr Milch herauskommt.

– weil es noch einmal kurz an der Brust saugen will, bevor es schlafen kann. Manche Babys geben sich auch mit einem Schnuller zufrieden.

– weil es friert oder schwitzt, erkennbar, indem man das Kind anfäßt. Zu dick angezogene, schwitzende Kinder erkälten sich mindestens ebenso häufig wie frierende. Zum Einschlafen sollte allerdings jedes Baby so angezogen sein, daß es keine kalten Hände und Füße hat.

– weil es Schmerzen hat und von Koliken geplagt wird. Im zweiten und dritten Monat (manchmal schon eher) schreien viele Babys lange und sind schwer zu beruhigen. Das liegt an Problemen, die die Umstellung von der Nabelschnurernährung auf Milch mit sich bringt. Übrigens tritt dieses Schreien häufig abends auf, ohne daß man genau wüßte, warum. Jedenfalls scheiden Verhätschelung oder Verwöhntsein als Ursache aus, da der Kinderarzt Illingworth dieses Phänomen auch bei sehr vielen Kindern im Krankenhaus festgestellt hat.[29] Tee und Tropfen helfen wenig. Dagegen gibt es für fast jedes Kind eine bestimmte Position, in der getragen zu werden ihm Linderung verschafft: z.B. im Kängeruhsitz vor dem Bauch, oder bäuchlings auf beiden bzw. einem Arm liegend. Auch Bauchreiben und ein warmes Bad helfen manchmal.

– weil es falsch liegt und einfach umgedreht oder auf die Seite gelegt werden möchte.

– weil es müde ist, überreizt und endlich einschlafen können will: da hilft ein Schnuller oder die Brust bzw. der eigene Daumen oder einfach Ruhe.

– weil es sich langweilt und angeregt werden will, z.B. indem man ihm etwas Neues übers Bett hängt oder es auf den Arm nimmt, damit es mehr sehen kann. (Mit etwas Geschick kann man dabei fast alle anfallenden Arbeiten erledigen).

– weil es naß ist und gewickelt werden muß. Dabei macht es fast allen Babys Spaß, noch eine Weile nackt zu strampeln.

Beruhigung

So verschieden Kinder aufwachsen, so ähnlich sind doch in der ganzen Welt die Methoden, Babys zu beruhigen: aufnehmen, wiegen, kuscheln, tätscheln, wickeln, Brust- oder Schnuller geben; allen Methoden ist ein bestimmter Rhythmus und eine Einschränkung der auf das Kind einwirkenden Reize gemeinsam.

Für Eltern, die es genau nehmen, sei noch die Schaukelmaschine von Anthony Ambrose erwähnt: Alle Babys, die mit 60 Schaukelbewegungen pro Minute und 7 cm Bewegungsausschlag geschaukelt wurden, hörten unweigerlich auf zu schreien.[30]

Eine Studie von Brackbill zeigt, daß »konstante Stimulation durch Geräusche, Licht, Wickeln oder Temperatur – die Zeiten, die das Baby in ruhigem Schlaf verbrachte, verlängerte«[31], ohne daß dadurch die Zeitspanne, die das Baby in Schläfrigkeit oder friedlichem Wachsein verbrachte, verkürzt wurde. Allen Vertretern eines »harten Kurses« zum Trotz wäre damit erwiesen, daß durch Einwirken auf das Kind bzw. verschiedene Beruhigungsmethoden das Schreien des Kindes, nicht aber sein Wachsein in friedlichem Zustand verkürzt wird.

Endlich sollte sich durchsetzen, was eigentlich selbstverständlich ist: »Vermeiden Sie alles, was Ihr Kind erschrecken oder aufregen könnte. Dazu gehört natürlich in erster Linie, daß Sie es nicht längere Zeit schreien lassen. Ihr Kind schreit nur, wenn es mit einer Situation allein nicht fertig wird, wenn es Hilfe von Ihnen erwartet. Enttäuschen Sie es nicht. Will es frisch gewickelt werden? Hat es Hunger? Braucht es Abwechslung? Tut ihm der Bauch weh? Oder sehnt es sich nur nach Ihrer Anwesenheit? Alle diese Wünsche sollten Sie unbedingt erfüllen. Und lassen Sie sich bloß von niemandem einreden, daß Sie ihr Kind damit verwöhnen würden. Später lernt es durch die vielen Spiele, die Sie ihm beibringen, mit seiner Langeweile selbst fertig zu werden. Aber wenn es erst mal schreit, ist ihm schon viel zu unwohl, als daß es sich noch etwas Lustiges ausdenken könnte. Wenn es nach einer Weile wieder still wird, dann höchstens aus Resignation.«[32]

Kann man ein Kind allein lassen?

Kinder, die immer durchschlafen, gibt es nicht. Träume, plötzlich auftretende Krankheiten oder Geräusche können es aufwecken: Es fängt an zu schreien und steigert sich in Panik, wenn niemand kommt, der ihm hilft. Jemandem zu raten, sein Kind allein zu lassen, wenn es schläft, ist grausam und außerdem gefährlich. Das heißt nicht, daß die Eltern ständig zu Hause bleiben müßten. Man kann das Kind mitnehmen, einen Babysitter bestellen oder sich eine kabellose Wechselsprechanlage kaufen, mit der Nachbarn das Kinderzimmer überwachen können, was in diesem Alter noch völlig unproblematisch ist. Babys, die jünger als sieben Monate sind, lassen sich gern auch von Personen, die sie nicht täglich sehen, vorübergehend betreuen. Es kommt lediglich darauf an, den Nachbarn, Freunden oder Bekannten zu zeigen, wie sie sich dem Kind gegenüber verhalten sollen, was im Fall seines Aufwachens zu unternehmen ist. Günstig ist natürlich, ggf. eine Telefonnummer zu hinterlegen, unter der die Eltern zu erreichen sind.

Kinder haben kann nicht heißen, daß Eltern nicht mehr ohne Kinder weggehen dürfen. Eltern haben Interessen, Aufgaben und Ziele, die sie vertreten müssen. Das liegt auch im Interesse des Kindes: denn unzufriedene Eltern machen unzufriedene Kinder. Darüberhinaus ist es auch im langfristigen Interesse des Kindes, wenn sich seine Eltern für seine Belange engagieren: z.B. indem sie zur Gewerkschaftsversammlung gehen und die Forderung nach Arbeitszeitverkürzung unterstützen, oder indem sie auf dem Elternabend der Krippe für bessere Erziehungsmethoden eintreten.

Meiner Meinung nach muß man jedoch diese berechtigten Interessen der Eltern in Übereinstimmung mit der Tatsache bringen, daß Kinder, die aus irgendwelchen Gründen aufwachen und schreien, Hilfe brauchen. Ich meine: Eltern sind ersetzbar, und sie sollten sich auch ersetzen lassen – in ihrer Abwesenheit durch jemanden, dem sie und ihr Kind vertrauen, jemanden, der

mit einem Baby umgehen kann (das ist natürlich lernbar!)

Ganz allein lassen darf man ein Kind erst, wenn es telefonieren, die Tür öffnen und verschließen, beim Nachbarn klingeln
kann und psychisch dazu bereit bzw. in der Lage ist.

Sauberkeitserziehung und Sexualität

»Eigentlich sollte über dieses Thema erst gesprochen werden, wenn das Kind schon eineinhalb bis zwei Jahre alt ist« [33], sagen die einen. »Sauberkeitserziehung fängt bei der Geburt an«, meinen die anderen. [34]

Die meisten denken beim Stichwort Sauberkeitserziehung an einen Topf, vielleicht sogar an daran festgebundene Kinder – immerhin Realität vor gar nicht so langer Zeit, manchmal heute noch. Seit einige der Erkenntnisse Sigmund Freuds populär geworden sind und man von der »analen Phase« spricht, die jedes Kind ausleben müsse, gilt Sauberkeitserziehung bei vielen aufgeschlossenen Eltern als Tabu: »Die häufigsten Folgen eines strengen Sauberkeitsdrills: Schwere Rückfälle wie Bettnässen und Einkoten, Eß- und Schlafstörungen, Aggressivität, Unsicherheit und Unselbständigkeit«. [35] Von den vielen Zwangsneurotikern ganz zu schweigen. Daß Generationen von Kindern durch die Quälerei, längere Zeit auf dem Topf sitzen zu müssen, und andere rigide Erziehungsmethoden wie Hygiene über alles, Onanieverbot, Schreienlassen und Füttern nach Zeit in ihrer Persönlichkeit verstümmelt worden sind, steht außer Zweifel.

Es zeigt gleichzeitig den engen Zusammenhang von kindlicher Sexualität und Sauberkeitserziehung. Die richtige Einstellung zur Sauberkeitserziehung erfordert ein Bejahen und Unterstützen der kindlichen Sexualität. Kinder, die frei von sexuellen Tabus aufwachsen, durchleben keine »anale Phase« – allerdings gab es solche Kinder zu Freuds Lebzeiten wohl kaum.

Sauberkeitserziehung beginnt tatsächlich mit der Geburt. Sie äußert sich in unserer Haltung zum Körper des Kindes, zu seinen Bedürfnissen nach Zärtlichkeit und sprachlicher Zuwendung. In den ersten Wochen empfindet das Kind seine Bedürfnisse durch Haut und Mund. Saugen und Berührtwerden verschafft ihm höchste Befriedigung. Hier erlebt es Zuverlässigkeit, Zärtlichkeit, Vertrauen und Sicherheit, die ausschlaggebend für seine künftigen sozialen Beziehungen sind.

Sowie es dem Kind gelingt, sich gezielt zu bewegen, kann es sich die Lust auch selbst verschaffen, es lernt, an seinen Fingern zu lutschen, und später, Gegenstände in den Mund zu stecken, die es dadurch erfährt.

Das Kind fängt an, seinen Körper zu erforschen, neben dem Mund werden Empfindungen der Haut und Muskulatur zur wichtigsten Lustquelle. Gerade beim Wickeln wird es Gelegenheit haben, die Berührung seiner Geschlechtsorgane als besonders angenehm zu empfinden. Beim Baden, Eincremen, Streicheln und Schmusen erfährt das Kind sexuelle Reize, die es wiederholen will. So entdeckt das Kind die sexuellen Empfindungen seines Körpers und muß Gelegenheit erhalten, sie auszuleben: das Kind muß seinen Körper erfahren dürfen, regelmäßig nackt sein und nichts, was mit seinem Körper in Zusammenhang steht – also auch nicht seine Exkremente – als »pfui« oder schmutzig oder eklig erleben. Wie verwirrend muß es für ein Kind sein, wenn es später dafür gelobt wird, daß es seine Wurst ins Klo gemacht hat, wenn ihm zuvor klargemacht wurde, daß es etwas Ekliges sei.

Tatsächlich kann man Kinder sehr früh dazu bringen, sauber zu sein, ohne daß sie dadurch körperlich oder seelisch geschädigt werden. Frau Nikitin, der mit ihren sieben Kindern keine Pampers zur Verfügung standen, hielt ihre Babys ab, wenn sie trocken aufwachten, indem sie sie sich auf den Schoß setzte. »Anfangs hielt ich den Kleinen über dem Töpfchen ab, wenn er trocken aufgewacht war, oder fünf bis zehn Minuten nach dem Stillen, aber dann hatte ich gelernt zu merken, wann er mußte . . . Dem Baby gefällt es so sehr, trocken zu sein, daß es aufwacht und zu plärren anfängt, damit es abgehalten wird.«[36] Unabhängig davon hat das Ärzte-Ehepaar Martin und Rachel de Vriess beim Erforschen der Erziehungspraktiken der Digo-Neger an der Küste Ostafrikas ein ähnliches Ergebnis veröffentlicht: »Die Mutter setzt sich mit leicht gespreizten Beinen auf die Erde. Das Kind wird mit dem Rücken zur Mutter auf die flach gestreckten Oberschenkel gesetzt und vom Körper der Mutter gestützt. Die Mutter macht dann Zischgeräusche, die das Kind bald mit der Betätigung der Blase in Verbindung bringt. Dieser Vorgang wiederholt sich häufig, sowohl tags als in der Nacht. Wenn das Kind auf die Zischlaute mit Wasserlassen reagiert, wird es durch Leckerbissen oder Liebkosungen belohnt.«[37]

Diese Methoden der Herausbildung bedingter Reflexe sind sicherlich erfolgreich, nur wird es den meisten Eltern im Zeitalter der Wegwerfwindeln an Zeit, Geduld und Konsequenz fehlen, sie erfolgreich anzuwenden. Allerdings muß man sich darüber klar sein, daß das ständige Windeltragen die kindliche Sexualität erheblich einschränkt. Die meisten werden ruhig abwarten, bis das Kind bereit ist, bewußt zu lernen, sauber zu sein. Dabei handelt es sich genaugenommen um ein Umlernen: Gerade wenn das Kind sich daran gewöhnt hat, daß seine Ausscheidungen von einer Windel aufgefangen werden, soll es sich auf Topf oder Toilette setzen. Wer seinem Kind Gelegenheit gibt (bzw. geben kann), häufig nackt zu sein, wird es sicherlich leichter haben mit der sogenannten Sauberkeitserziehung. »Sauber« sein bedeutet dann, daß das Kind seinen Körper bewußt erlebt und kennenlernt und in gewissem Umfang beherrscht. Es bedeutet, daß das Kind auch auf diesem Gebiet von passiver zu aktiver Teilnahme übergeht, vom Versorgtwerden zum selbständigen Befriedigen der eigenen Bedürfnisse. Daß man diese Art bewußten Lernens frühestens von anderthalb jährigen Kindern erwarten kann, versteht sich von selbst. Auf den Topf setzen kann man ein Kind also erst, wenn es das selber möchte, wenn ihm das Gefühl, ohne Windel laufen zu können, Spaß macht. Dabei kommt dem Lernen durch Nachmachen eine hervorragende Rolle zu. Was »man« auf der Toilette macht, sollte dem Kind von Anfang an bekannt sein, ohne daß aus diesem normalen Vorgang eine Haupt- und Staatsaktion wird, wie man das häufig bei Eltern erlebt, die meinen, jetzt sei der Zeitpunkt der Sauberkeitserziehung gekommen.

Den Körper mit allen seinen Funktionen lustvoll erleben zu können ist ein Erziehungsziel, das von Geburt an angesteuert werden muß.

Entwickelt sich mein Kind richtig?

Viele Eltern machen sich Sorgen, ob die Entwicklung ihres Kindes normal verläuft, ob es wirklich gesund ist und keine Schäden hat. Besonders wenn man sein Kind mit anderen vergleicht (und das tut ja jeder mehr oder weniger ängstlich), macht man sich Gedanken: Warum lächelt es noch nicht? Wann greift es endlich? Wieso schläft es nachts noch nicht durch? Wie haben es die Eltern nur geschafft, daß sich ihr Baby jetzt schon ständig hochstemmt?

Die meisten Sorgen dieser Art sind unberechtigt. Gerade für Menschen, die wissen, welche Bedeutung die Umwelt für die Entwicklung des Kindes hat, ist es immer wieder verblüffend, festzustellen, wie verschieden Babys von Geburt an sind. Auch bezüglich ihrer Entwicklungsfortschritte.

Anstatt sich von anderen Eltern oder Besserwissern verrückt machen zu lassen, sollte man im Zweifelsfall seinen Kinderarzt um Rat fragen. Vor allem unbedingt die kostenlosen Vorsorgeuntersuchungen durchführen lassen. Leider sind nicht alle Kinderärzte so, wie man sie sich wünscht: ruhig, freundlich, kinderlieb, sachlich, auskunftsfreudig und hilfsbereit. Damit man nicht – nach langer Wartezeit im hektischen Vorzimmer alle Fragen wieder vergißt, die man stellen wollte, empfiehlt sich eine zu Hause angefertigte Liste mit Fragen (vielleicht auch der Erzieherin aus der Krippe) und Nachfragen.

Falls Ihr Kind tatsächlich behindert, geschädigt oder in seiner Entwicklung zurück ist, kann bei rechtzeitiger Erkennung in fast allen Fällen geholfen werden. Spastische Kinder z.B. können zu Krüppeln werden, wenn sie zu Hause versteckt, zu normalen Schulkindern, wenn sie rechtzeitig und durch gezielte Übungen behandelt werden. Obwohl hier nicht so getan werden soll, als wenn alle Krankheiten aus der Welt zu schaffen sind, ist es doch eine Tatsache, daß *jedes* Kind über enorme Entwicklungspotenzen verfügt und daß Eltern hier vor einer großen und großartigen Aufgabe stehen.

Die Bundeszentrale für gesundheitliche Aufklärung, Postfach 930103, 5000 Köln, verteilt (und verschickt) kostenlos ein Faltblatt, das »Entwicklungskalender« betitelt ist. Ihm kann man sehr übersichtlich den Rahmen entnehmen, in dem sich ein Kind entwickeln *muß*, wenn es gesund ist. Wem das nicht genügt, dem seien zwei Taschenbücher empfohlen, denen man leicht Monat für Monat entnehmen kann, was das Kind jetzt lernen muß:

Die ersten 365 Tage im Leben eines Kindes
hrsg. v. Th. Heilbrügge und J. Hermann v. Wimpfen,
München 1973,
Knaur Taschenbuch 8,80 DM

Obwohl es in diesem Buch inhaltlich viel zu kritisieren gibt, dokumentiert es sehr übersichtlich und anschaulich, wie sich gesunde Säuglinge im ersten Lebensjahr entwickeln.

Berry Brazelton
Babys erstes Lebensjahr
3. Auflage, München 1980
dtv 9,80 DM

Der amerikanische Kinderarzt verfolgt die Entwicklung dreier völlig verschiedener Säuglinge von ihrer Geburt bis zu ihrem ersten Geburtstag und gibt dabei den Eltern eine Menge Aufklärung, Anregungen und Hoffnungen. Das alles in einem spannenden, leicht lesbaren Stil.

Babyschwimmen

In allen größeren Städten werden heute Schwimmkurse für Babys angeboten. Wo sie in privaten Schwimmschulen stattfinden, werden die Eltern mächtig zur Kasse gebeten. Ein Kurs von 20 Stunden kostet z.B. in Berlin 280 DM. Billiger sind Kurse in staatlichen Bädern. Wo es keine Kurse gibt, kann eine Elterngruppe mit einigem Druck erreichen, daß welche eingerichtet werden.

Durch Illustrierte gehen begeisternde Fotos von schwimmenden Babys. Die Realität sieht schlichter aus. Was in so einem Kurs gelernt wird, ist einfach der angstfreie Umgang mit dem

Element Wasser. Richtig schwimmen können Babys nicht. Was die Kurse so teuer macht, ist die Menge warmen Wassers, die zur Verfügung gestellt werden muß. Der Schwimmlehrer hat hauptsächlich die Aufgabe, den Vätern und Müttern die beiden Griffe beizubringen, mit denen das Kind im Wasser gehalten wird.

Rückenlage: Eine Hand stützt den Nacken.

Bauchlage: Das Kind wird unter den Achseln gehalten.

Außerdem werden die Eltern ermutigt, ihr Kind im Wasser loszulassen: Es geht dann unter, paddelt mit Armen und Beinen, schließt automatisch den Mund und kommt nach kurzer Zeit wieder an die Wasseroberfläche, wo man es aufnehmen und ihm das Wasser aus der Nase streichen soll. Kinder, die so trainiert wurden, springen später ohne Angst ins Becken, paddeln an Land und wiederholen diese Übung vergnügt.

Sinnvoll ist die Teilnahme an einem solchen Kurs durchaus. Doch sollte man nicht warten, bis das Kind ein halbes Jahr alt ist, weil es dann oft schon ängstlich reagiert. Zwei oder drei Monate alte Babys zeigen dagegen keinerlei Angst. Für sie ist ein Schwimmkurs auch deshalb so gut, weil sie sich im Wasser völlig frei bewegen können, viele Muskeln betätigen müssen und die Atmosphäre der Schwimmhalle bietet ihnen viele neue Anregungen. Wer sich keinen Schwimmkurs leisten kann, sollte das Baby so früh wie möglich mit in die große, volle Badewanne nehmen (ohne Schaum). Die beschriebenen Übungen lassen sich auch dort – vielleicht nicht ganz so vollkommen – durchführen.

Bewegungsspiele

Von Melanie Hartlaub

Bewegung fördert die körperliche und geistige Entwicklung des Kindes. Es lernt dabei seinen Körper kennen und seine Körperteile bewußt zu gebrauchen. Wenn wir das Baby spielerisch zu Bewegungen anregen, beeinflussen wir das Erkennen, das Denken, Fühlen und Wollen. Kinder, die sich früh und selbst bewegen, können früh Selbstbewußtsein und Selbstvertrauen entwickeln.

Schon das kleinste Baby kann viele Dinge selber machen, wenn wir es zulassen und ihm kleine Anregungen geben. Bei unseren Spielen kommt es darauf an, daß das Kind sich *selbst* bewegt und nicht bewegt wird. Beispiel: Wir halten einen aufgeblasenen Wasserball an seine Füße, bald fängt es an zu strampeln und tritt gegen den Wasserball. Das ist angemessener, als die Füße zu packen und das Baby hin- und herzustrampeln.

Eltern lernen, genau zu erkennen, was ihr Baby schon kann und will, indem sie es genau beobachten. Jedes Baby hat sein eigenes Entwicklungstempo und ein Recht darauf, daß dies berücksichtigt wird. Wenn Eltern wissen, in welchem Entwicklungsschritt ihr Baby gerade steckt, können sie ihm mit den Bewegungsspielen gezielte Anregungen geben, damit es mit möglichst geringer Hilfe den nächsten Schritt selbst lernt. Beispiel: Ein auf dem Rücken liegendes Kind hebt den Bauch hoch. Es signalisiert damit: Ich will meine Lage verändern, ich will mich drehen. Wir bieten ihm mit dem Zeigefinger ein wenig Hilfe an damit es sich selbst drehen lernt (vgl. 4–6. Mon.).

Die Bewegungsspiele können bereits mit zwei Wochen alten Säuglingen begonnen werden. Wenn man berücksichtigt was »dran ist« bei seinem Kind. Zwar sind für jedes Alter neue Spiele angegeben, doch können sie die ersten ruhig solange weitermachen, wie sie Ihrem Kind Spaß machen.

Babys haben den größten Spaß an Bewegungen, wenn sie ganz nackt sind. Wir brauchen einen warmen Raum und eine warme Unterlage, am besten auf dem Boden. Solange das Kind nicht krabbelt, kann man ein Liegelindunterlage nehmen und ein paar Stoffwindeln zum Trockenwischen bereit halten. Die Spiele sollten nur in den Wachphasen des Kindes stattfinden. Sie können so oft und solange mit ihrem Kind spielen, wie ihr Kind und Sie Spaß daran haben. Am Anfang wird dies nur ein paar Minuten sein. Zeigt Ihr Kind, daß es nicht mehr will, weil es vielleicht Hunger hat oder müde ist, beenden Sie das Spielen.

Bei manchen Spielen brauchen Sie ein bißchen Geduld, bis Ihr Baby mitspielt. Manche Babys zeigen aber auch, daß sie einzelne Spiele nicht mögen. Dann spielen Sie einfach ein anderes Spiel und probieren Sie es an einem anderen Tag noch einmal. Machen Sie sich immer wieder klar, es handelt sich um Spiele und nicht um ein Trainingsprogramm. Ziel ist es nicht, daß Ihr Kind sich schon möglichst früh drehen und setzen oder krabbeln und laufen kann. Wichtiger ist, eine vielseitige Entwicklung zu fördern und dabei von seinem Kind auszugehen. Jedes Kind hat seine eigenen Entwicklungsschwerpunkte. Manche »faulen« Kinder sind beispielsweise sehr weit in der Lautenentwicklung.

Ein Baby, das zu eigenen Bewegungen angeregt wird, hat Spaß an seiner eigenen »Leistung« und will dafür gelobt werden. Wie stolz ist ein Baby, das sich selbst hochzieht! Und wie können sich die Eltern daran freuen daß ihr Kind das selbst geschafft hat! Zwischen den einzelnen Spielen lassen wir das Kind ausruhen und streicheln es am ganzen Körper.

In diesem Abschnitt behandeln wir nur Spiele, die die Grobmotorik betreffen. Zur Entwicklung der Feinmotorik findet man viele Ideen im Abschnitt »Tätigkeiten, Spiele, Spielzeug« nehmen.

Die hier beschriebenen Bewegungsspiele werden in vielen Städten an Familienbildungsstätten oder Volkshochschulen in ähnlicher Form unter dem Namen Prager-Eltern-Kinder-Programm (PEKIP) angeboten. PEKIP ist in Prag von Dr. Jaroslav Koch für Säuglinge im ersten Lebensjahr entwickelt worden. Hier werden die Spiele in kleinen Gruppen gezeigt, die für Eltern und für die Babys soziale Kontaktmöglichkeiten bieten. Diese Kursangebote sind nicht mit der herkömmlichen Säuglingsgymnastik zu verwechseln.

Bewegungsspiele für die ersten drei Monate

Mit den Augen

Das Baby liegt auf dem Rücken (später auch auf dem Bauch).
Wir bewegen einen farbigen Gegenstand langsam hin und her,
hoch und runter – so weit das Baby mit seinen Augen (später mit
seinem Kopf) mitgeht. Wir können dazu auch unser Gesicht
nehmen.

Mit den Fingern, Händen und Armen

Alle Babys ballen zuerst ihre Hände zu Fäustchen. Wir streicheln die Fäustchen von vorne und hinten, bis sich die Hände
öffnen. Dann legen wir einen Finger, einen Gegenstand oder ein
Stück Stoff hinein. Es kommt darauf an, daß das Kind die Faust
selbst auf- und zumacht.

Wenn das Kind Ihren Zeigefinger fest greift, können Sie es in
der Rückenlage an beiden Händen leicht hin und her bewegen.
Soweit das Kind selbst festhält.

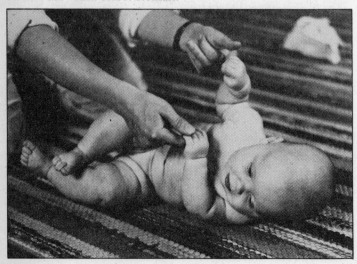

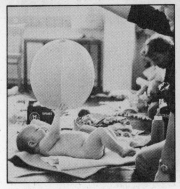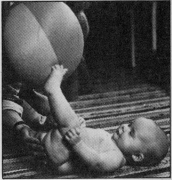

Das erste Greifen ist ein zufälliges Berühren. Wir halten über das Kind einen Wasserball (oder einen festen Luftballon) von 30–40 cm Durchmesser. Zuerst schlägt es zufällig dagegen, später ergreift es ihn mit beiden Händen. Weitere Anregungen für Greifspiele sind im nächsten Abschnitt.

Mit den Füßen und Beinen

Das Baby kann mit den Füßen genauso greifen wie mit den Händen. Wir legen ein Streichholz in seine Fußzehen. Wir streicheln die Sohle auf und ab, die Zehen greifen und öffnen sich.

Mit unserem Zeigefinger oder einem Gegenstand drücken wir leicht gegen die Fußsohlen. Das Kind beginnt, die Beine zu strecken und zu beugen.

Über das auf dem Rücken liegende Kind halten wir einen Wasserball, so daß er die Füße berührt. Am Anfang schieben wir zur Unterstützung eine Hand unter den Po. Wenn wir etwas Geduld haben, beginnt das Kind bald zu strampeln und gegen den Ball zu treten. Später kann man den Ball auch im Zimmer aufhängen und das Kind darunter auf den Boden legen.

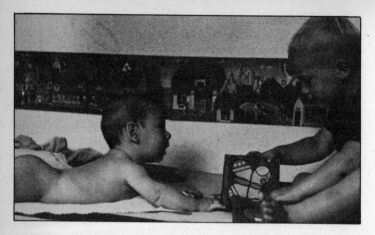

Auf dem Bauch

Von Anfang an sollten wir versuchen, das Kind oft auf den Bauch zu legen. In der Bauchlage ist das Kind am aktivsten. Es lernt, seinen Kopf zu heben, es stärkt seine Rückenmuskulatur. Dabei kann man die Bauchlage attraktiv machen: durch Spielzeug, das Kind muß etwas sehen können. Am besten, man legt sich selbst davor und spielt mit dem Kind.

Tragen

Es gibt viele Möglichkeiten, sein Kind zu tragen. Meist trägt man es an der Schulter und immer an derselben. Wechseln Sie öfters die Schulter, von der gewohnten zur ungewohnten. Dadurch bekommen beide Seiten des Kindes Körperkontakt und beide Seiten werden gleich gefordert. Wenn wir mit der Hand leicht die Schulterblätter des Kindes abstützen, lernt es bald, seinen Kopf selbst zu halten. Wir können das Kind aber auch auf unseren rechten oder linken Unterarm mit dem Gesicht nach vorne setzen und mit der Hand leicht gegen unsere Brust drücken. Dabei sieht das Kind alles aus der gleichen Perspektive wie wir. Wir können uns dabei mit dem Kind hin und herwiegen, ihm verschiedene Sachen oder Geräusche zeigen (eine Uhr, ein Wasserhahn usw.)

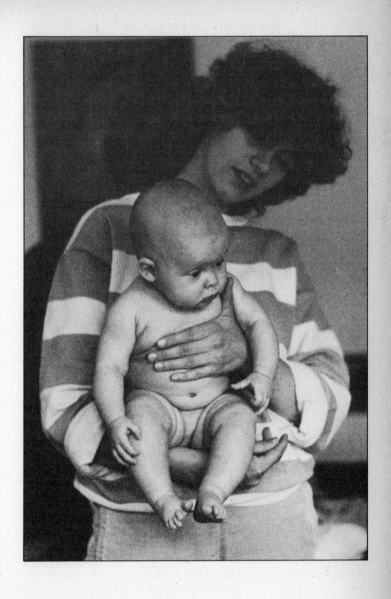

Tätigkeiten, Spiele, Spielzeug

Unter dieser Überschrift sollen die Personen, die sich mit dem Kind beschäftigen, Anregungen erhalten, wie sie die sicherlich knappe Zeit, in der sie sich direkt und intensiv mit dem Kind auseinandersetzen, sinnvoll nutzen, wie sie es fordern und fördern können.

Die aufgelisteten Möglichkeiten sind weder vollständig noch originell. Auf vieles sind Sie schon selbst gekommen, vieles fällt Ihnen noch zusätzlich ein. Alles wurde mit unseren eigenen und anderen Kindern erprobt und hat Spaß gemacht.

Die aufgeführten Tätigkeiten, die Spiele und das Spielzeug verstehen sich als Angebot, das Sie dem Kind machen, nicht als Programm. Sie sollen also keinen Stundenplan einhalten, sondern immer dann mit Ihrem Kind spielen, wenn es wach und aufmerksam ist und wenn Sie gerade Zeit haben. (Später, wenn das Kind größer ist und aufgrund Ihrer Berufstätigkeit in eine Krippe oder Kindergruppe geht, wird das Angebot um solche Beschäftigungen ergänzt, die Sie auch mit einem müden Kind noch durchführen können. Vgl. hierzu spätere Kapitel).

Weil Zwang und Druck jedes Lernen verhindern, sollten Sie das Spiel sofort abbrechen, wenn Ihr Kind keinen Spaß daran hat. Wenn es gerade aufmerksam beschäftigt ist, dürfen Sie es prinzipiell nicht unterbrechen – es sei wegen wirklich dringender Angelegenheiten.

Die Angebote sind so gehalten, daß sie das Kind fordern, d.h. alles, was Sie zum ersten Mal mit ihm spielen, wird es zunächst noch gar nicht können (das gilt natürlich besonders für die nächsten Kapitel). Sie dürfen vormachen und helfen, aber nicht vorsagen, nie für das Kind selbst handeln. Diese Regel sollten Sie – bei aller Ungeduld – beherzigen.

Die Angebote sollten solange gemacht werden, bis das Kind den Spaß daran verliert – also nicht unbedingt nur im beschriebenen Zeitraum. (Fingerspiele haben schon 6 Monate alte Kinder gern und Dreijährige lieben sie auch noch.) Genauso ist es mit dem Spielzeug. Mit einigen Dingen wird das Kind bis ins dritte Lebensjahr und länger spielen (Bausteine, Autos), über andere (Rasseln, Baubecher) wird es nach einiger Zeit hinauswachsen. *Wenn bestimmte Spielsachen uninteressant geworden sind, sollten Sie sie wegstellen oder an andere Familien weitergeben.*

Erster bis dritter Monat

Den ersten Kontakt zur Umwelt nimmt das Neugeborene über die Haut auf. Über die Haut erfährt es die ersten wichtigen Eindrücke: Wärme und Kälte, Weichheit und Härte. Jeder neue Reiz, den das Neugeborene über seine reizaufnehmenden (rezeptorischen) Nerven empfängt und zum Zentralnervensystem weiterleitet, erweitert seinen Erfahrungsschatz. Auf diesen ersten Erfahrungen kann es später aufbauen.

Das Neugeborene kann schon sehen, hören, riechen schmekken und tasten. Wenn es lernen soll, muß man seine Sinne ansprechen. Wenn man ihm im Abstand von ca. 20 cm auffällige Gegenstände zeigt, richtet es seinen Blick darauf. Um sich zu vergewissern, daß das Kind den Gegenstand wirklich fixiert, kann man ihn sehr langsam von einer Seite zur anderen bewegen: Das Baby verfolgt ihn mit den Augen. (Versuchen Sie es mehrmals, es klappt wirklich!) Das Baby reagiert außerdem deutlich sichtbar auf starke Außenreize wie Lichteinwirkung und Geräusche. Entsprechend konzentrieren sich die ersten Spiele mit dem Kind auf das Sehen, das Hören und den Hautkontakt. Dazu gehört auch das Auslösen der Reflexe, die dem Kind nicht unangenehm sind. Sie ermöglichen besonders auch den Vätern, schon in den ersten Wochen intensiven Kontakt zu ihrem Kind herzustellen.[38]

Im zweiten und dritten Monat, wenn das Kind lernt, seinen Kopf längere Zeit allein zu halten, und die Hände öffnet, kann man ihm gezielt weitere Erfahrungen vermitteln: Es kann mehr sehen, länger und interessierter Gegenstände und Menschen betrachten, es beginnt, bei Geräuschen zu lauschen (anstatt nur zusammenzuzucken). Dinge, die man dem Kind in die Hand gibt, lernt es für kurze Zeit festzuhalten und interessiert anzufühlen.

1. Monat

Massieren, den ganzen Körper streicheln, einzelne Finger und Zehen berühren
Reflexe erproben
Vom Bauch auf den Rücken und zurück drehen
Baden (möglichst in einer großen, ganz vollen Badewanne)
Es auf dem Arm herumtragen
Nackt strampeln lassen (Zeitdauer langsam steigern, mit einer Minute beginnen)
Spazierenfahren
Vorsingen und vorsprechen
Auffällige Gegenstände zeigen (z.B. Luftballon, brennende Taschenlampe)
Einer Spieluhr oder anderer Musik zuhören

2. und 3. Monat

(wie oben und)
Die eigenen Hände zeigen (sie werden bald das erste Spielzeug sein)
Spielzeug und leichte Rassel zeigen
Verschiedene geometrische Muster zeigen (z.B. gestreifte Bettwäsche)
Ein Glöckchen ans Bein binden (das klingelt, wenn es strampelt)
Verschiedene Dinge anfühlen lassen (Waschlappen, Taschentuch, Papier, Bauklotz)

Spielzeug

Spieluhr
Mobile
Verschiedene Rasseln (Holz, Plastik)
Greiflinge an einem Band (s. Foto)
Strampelkugeln (s. unten)
Bilder an der Wand und ein Plastikbilderbuch im Bett

Das kann man selbermachen

Mobile

Aus buntem Papier oder Filz einfache Formen (z.B. Fisch, Ente, Schnecke) ausschneiden, an einen dünnen Faden hängen und an Mobilestäben (erhältlich in Bastel- und Handarbeitsläden) befestigen

Greiflinge s. Foto

Längliche Formen aus sehr verschiedenen Stoffen (Kord, Seide, Filz) zuschneiden, nähen und mit Watte füllen. Perlen und eine Glocke an je einem Faden befestigen. Die einzelnen »Würste«, Perlen und Glocke an einer Kordel festmachen und so über das Bett hängen, daß das Kind sie sehen bzw. anfassen kann.

Strampelkugeln

Verschiedene leichte Kugeln (z.B. aus Alufolie geknüllt) an Fäden binden und so über das Bett hängen, daß das Baby sie mit den Füßen wegtreten kann

Knopfband s. Foto auf Seite 101

An ein breites Band werden rechts und links Gummibänder genäht. Auf das Band näht man verschiedenste Knöpfe, einen kleinen Schlüssel, Perlen, eine Glocke u.ä. So ein Band kann man auch gut am Kinderwagen befestigen.

Das kann man leihen oder kaufen

Einen Babystuhl, in dem es erhöht liegt und einen bei der Arbeit beobachten kann

Einen Kängeruhsitz oder Tragetuch

Das zweite Vierteljahr
(4.–6. Monat)

Das zweite Vierteljahr ist die Zeit der ersten Spiele. Das Kind ist jetzt länger wach und abends oft so müde, daß es früh einschläft und durchschläft. Das Kind lernt, laut zu lachen, und beherrscht eine Fülle von Lauten.

● *Geben Sie dem Kind möglichst viele verschiedene Dinge – nacheinander, nicht gleichzeitig –, die es erforschen und begreifen kann. Diese Gegenstände sollen aus verschiedenem Material sein, unterschiedliche Formen, Farben und Größen haben.*

● *Lenken Sie Ihr Kind nie von einer Sache ab, mit der es gerade beschäftigt ist. Schauen Sie stattdessen auf die Uhr und freuen Sie sich, wie lange sich Ihr Kind schon konzentrieren kann.*

● *Spätestens jetzt müssen Sie Kontakt zu anderen Eltern aufnehmen. Ihr Kind sollte sich unbedingt regelmäßig, am besten täglich für einige Stunden, mit anderen Kindern treffen. Die Kinder lernen voneinander und miteinander – auch wenn es noch gar nicht danach aussieht.*

● *Wer wieder arbeiten will, muß sich jetzt unbedingt nach einem Krippenplatz, einer Tagesmutter oder einer anderen Betreuungsmöglichkeit für sein Kind umsehen.*

● *Vermutlich liegt Ihr Kind jetzt nicht mehr gern im Kinderwagen, weil es mehr sehen möchte. Klappen Sie daher so oft wie möglich das Verdeck herunter, damit es Bäume, Flugzeuge und Wolken beobachten kann. Befestigen Sie ein Spielzeug so, daß es danach greifen kann (z. B. ein Knopfband). Die Nikitins haben in diesem Alter schon eine Reckstange am Kinderwagen befestigt – uns ist das allerdings nicht gelungen.*

● *Möglicherweise bekommt Ihr Kind demnächst den ersten Zahn. Vielleicht ist es deshalb manchmal quengelig, sabbert viel und hat ständig seine Finger im Mund. Helfen Sie ihm, diese ersten Zähne gesund zu halten, indem Sie auf gesunde (zuckerarme und vollkornartige) Nahrung achten!*

Der Mensch braucht Menschen
Kontakt zu anderen Kindern und Erwachsenen

»Grundsätzlich raten wir Ihnen, Ihr Kind nicht zu häufig mit fremden Menschen in Berührung zu bringen – schon deshalb nicht, weil es sich dabei infizieren könnte. Übertreiben Sie das aber nicht: drei bis vier Personen, die Eltern eingeschlossen, sollte Ihr Kind schon im ersten Halbjahr kennenlernen, danach, bis zum Ende des ersten Lebensjahres, vielleicht drei bis fünf weitere.«[39]

Würde man diesen Grundsatz des Elternratgebers befolgen, dürfte das Baby gerade seine Großeltern und sonst niemanden kennenlernen. Das wäre doch sehr traurig! Kinderreiche Familien müßten ihre Babys dann völlig isolieren und ihnen erst nach einem Jahr die komplette Familie vorstellen. Babygruppen wären undenkbar.

Aber ist es nicht so, daß häufig wechselnde Bezugspersonen das Baby verunsichern, ja krank machen?

Zweifellos. Wenn ein Kind gerade die Stimme eines bestimmten Menschen kennengelernt, sein Gesicht studiert hat, und dieser jemand verschwindet nach kurzer Zeit wieder, ein neuer Mensch taucht auf, ist nach einer Weile ebenfalls nicht mehr da, und so weiter –, dann wird das kein Kind auf Dauer schadlos überstehen.

Daß ein Kind trotzdem Kontakt zu mehreren Erwachsenen haben soll, heißt etwas ganz anderes: Entweder wächst es mit mehreren Erwachsenen zusammen auf wie in Großfamilien oder Wohngemeinschaften, oder es lebt allein bei seinen Eltern, die jedoch häufig Besuch bekommen, der sich zum Teil auch regelmäßig mit dem Baby beschäftigt.

Daß Kinder, die mit mehreren festen Bezugspersonen aufwachsen, weder gestört noch labil sind und sogar bestimmte psychische Erkrankungen nicht kennen, hat der Psychiater Erich Wulff am Beispiel vietnamesischer Kinder aufgezeigt.[40] Warum ist es nicht gut, wenn Kinder isoliert bei ihren Eltern aufwachsen? Erstens lernen sie zu wenig, denn der Einfallsreichtum und Erfahrungsschatz von zwei Personen ist begrenzter als der von mehreren. Allein schon die Möglichkeit, andere Erwachsene zu betrachten, zu hören und zu beobachten, regt ein Kind an. Zweitens lernen die Kinder so auch anderen Menschen zu trauen, werden kontaktfreudig und weniger ängstlich – vorausgesetzt allerdings, daß sie mit diesen anderen Menschen keine schlechten Erfahrungen machen. Darauf gehen wir später noch ein.

Wenn das Kind auch andere Personen mag, können die Eltern es vorübergehend weggeben und verstärkt ihre eigenen Interessen (die in Übereinstimmung mit dem Kind stehen) wahrnehmen. Die Eltern werden dadurch zufriedener und entspannter, was sich ganz sicher auch positiv auf das Familienleben auswirkt.

Eltern, die mit ihrem Kind allein leben, bekommen früher oder später Aggressionen gegen dieses kleine Wesen, das ihr Leben so erheblich einschränkt. Weil sie sich diese Aggressionen jedoch nicht eingestehen dürfen – schließlich lieben sie ihr Kind –, plagt sie das schlechte Gewissen: So kommt es zu unangemessenen Reaktionen. Wenn es den Eltern nicht gelingt, sich diesen fatalen Kreislauf bewußt zu machen und ihn aufzubrechen, indem sie sich mit ihrem Kind nicht länger in eine Privatsphäre zurückziehen, in die keiner eindringen darf, können Grundlagen psychischer Krankheiten gelegt werden.

Natürlich soll man sein Baby nicht unvorbereitet bei fremden Personen lassen, wenn es Angst davor hat. Dieser Angst kann man aber sehr früh dadurch begegnen, daß man das Kind möglichst oft zu anderen Menschen mitnimmt. Wie erfolgreich solche Lernprozesse sind, zeigt sich immer wieder, wenn man Kinder beobachtet, die ältere Geschwister haben: Sie verhalten sich Fremden gegenüber meist völlig angstfrei und fühlen sich auch ohne ihre Eltern wohl. Je ängstlicher Sie selbst dieser Trennung gegenüberstehen und je stolzer Sie darauf sind, daß Ihr Kind so an Ihnen hängt, desto schwerer wird eine Trennung auch Ihrem Kind fallen.

Wieviele Menschen soll ein Kind denn nun kennenlernen?

Hierauf kann man unmöglich mit einer Zahl antworten. Tatsächlich scheint es dabei unabhängig von der Umgebung große individuelle Unterschiede zu geben: Jedenfalls kenne ich Kinder von Hausfrauen, die ungehemmt zu Freunden gehen, und Krippenkinder berufstätiger Mütter, die ausgesprochen scheu sind. Individuelle Erfahrungen spielen eine große Rolle (z.B. unangenehme ärztliche Untersuchungen, Krankenhausaufenthalte, Krankheiten). Solange das Kind dabei fröhlich ist, kann es so viele Menschen kennenlernen, wie Sie und es selber möchten, und kann sich bei diesen Personen auch entsprechend lange aufhalten oder ausgefahren werden. Sollten aber Schlafstörungen oder ähnliche Alarmzeichen auftreten, müssen Sie zurückhaltender werden.

Prinzipiell gilt, daß man ein Kind nicht zu Dingen zwingen darf, die es nicht verkraftet: Wenn Ihr Kind ängstlich ist, ist das weder ein Grund für Gewissensbisse noch für gewaltsame Aktionen: Trennung – jetzt erst recht! Überlegen Sie, wie Sie schrittweise vorgehen können. Wählen Sie also Menschen, die Ihr Kind mag und lassen Sie es zunächst kurz, dann länger mit ihnen allein.

Besonders wichtig ist der Kontakt zu anderen Kindern. Selbst ängstliche Babys begegnen Kindern – auch unbekannten – ohne Furcht und freuen sich an ihnen. Sie lernen von Älteren und beobachten Gleichaltrige beim Spiel, ahmen sie nach, greifen nach ihnen. Das scheint zunächst nicht sehr viel zu sein.« Sie können noch nichts miteinander anfangen«, mag sich der naive Beobachter denken. Wenn sich aber Kinder regelmäßig treffen, sieht man das Resultat deutlicher: Diese Kinder spielen im Alter von einem Jahr »richtig« zusammen; sie füttern sich gegenseitig, machen Späße, helfen sich, küssen sich. Nur wer nie beobachtet hat, wie herrlich Kinder in diesem Alter zusammen spielen können, wenn sie sich lange kennen, kann schreiben: »Etwa ab eineinhalb Jahren können Sie Ihr Kind ab und zu mit einem oder zwei anderen Kindern spielen lassen« und »Erst während der ersten Schuljahre stabilisiert sich die Einstellung gegenüber anderen Menschen.«[41]

Mit einem Säugling muß man vom ersten Tag an sprechen, damit er im Alter von zwei Jahren selber sprechen kann. Ebenso muß man sein Kind zu kooperativem Verhalten erziehen und ihm so früh wie möglich stabile Kontakte zu anderen Kindern ermöglichen. Wer das unterläßt, braucht sich später nicht zu beklagen: »Mein Kind ist so kontaktscheu« oder »immer hängt er mir am Rockzipfel«. Oft schieben Eltern auf ihr Kind ab, was sie selber versäumt haben.

Die Zähne

Im Manuskript zur ersten Auflage hatte ich ein Kapitel über Zähne vorgesehen. Ich habe es weggelassen, weil ich mit diesem Thema schon zu oft angeeckt bin. Von der Schwiegermutter bis zu guten Freunden gucken mich alle entgeistert an: Meine Kinder sollen ohne Süßigkeiten großwerden – wegen der Zähne.

Nicht nur, daß mir diese Haltung als elitär und kinderfeindlich ausgelegt wird, – ich schneide mir ja auch ins eigene Fleisch: Lutscher helfen einem doch aus den verfahrensten Situationen heraus, und nur wenige Kinder haben so viel Charakter, angesichts einer Tafel Schokolade weiterzuschreien. Und überhaupt! Ist das denn wirklich so schädlich? Kinder brauchen doch Zucker! Und sieh mal, dieses Kind hat niemals Süßigkeiten bekommen und regelmäßig die Zähne geputzt – und trotzdem: Stammkunde beim Zahnarzt!

Ich habe meinen Kindern auch keine Instant-Zucker-Tees gegeben, die noch bis vor kurzem überall angepriesen wurden. Bis dann in der Zeitung stand, daß sämtlicher Kindertee mit Zucker aus dem Verkehr gezogen wird, und daß sich ein Verein von Eltern gegründet hat, deren Kinder ein für immer zerstörtes Gebiß haben, nur weil sie mit Teefläschchen großgeworden sind, – seitdem erging es mir in Diskussionen etwas besser.

Jetzt bin ich gänzlich mutig geworden, weil ich nicht nur gehört habe, daß Zahnärzte zu den Spitzenverdienern der BRD gehören, sondern auch ein Buch gelesen habe, das mir den letzten Schubs gab, die Sache mit den Zähnen grundlegender anzugehen. Horst Speicherts »Gesunde Naschereien« (rororo Elternrat-Taschenbuch) ist mehr als ein Rezeptbuch. Es vermittelt spannend und leicht nachvollziehbar, daß keine Süßigkeiten zu essen und schon die allerersten Zähne zu putzen nicht genügt.

Was die Zähne zerstört, ist nicht nur der Zucker in Süßigkeiten und Nahrung, sondern auch das Mehl vom Typ 405, das übrigens bei Ratten, zum ausschließlichen Verzehr vorgesetzt, tödlich wirkt. Denn Zucker und Mehl in der bei uns handelsüblichen Form sind Gift: Sie greifen die Zähne *von innen* an, indem sie dem Körper wertvolle Mineralien, Enzyme und Vitamine entziehen. Was Eltern von Babys vor allem tun müssen, ist, auf zuckerarme Ernährung zu achten und weißes Mehl durch naturbelassenes, frisch gemahlenes Korn zu ersetzen. Das ist gar nicht so schwer, wenn man mehr Honig statt Raffinadezucker, mehr Vollkornbrot statt Brötchen ißt. Und warum Eltern ihre Kleinen schon mit Butterkeksen vollstopfen, bevor sie diese von selbst verlangen – das ist wirklich nicht einzusehen. Die meisten zahnenden Kinder beißen gern auf Brotkanten herum. Was mich betrifft, habe ich zum letzten Mal über »Körnerfresser« gelacht. Es ist unserer Ignoranz zuzuschreiben, daß sich die Verbraucherzentralen dieses Themas noch zu selten annehmen, daß gesunde Nahrung noch immer zu schwer erhältlich und zu teuer ist. Wir haben allerdings ausgerechnet, daß sich der Aufpreis für diese Dinge durch verringerten Fleisch- und Aufschnittkonsum ausgleichen läßt.

Empfehlen würde ich allen Eltern, ihre Verwandtschaft rechtzeitig aufzuklären und sich auch nicht zu scheuen, gesundheitsschädigende Geschenke zurückzuweisen. Denn weder Oma noch der Kaufmann an der Ecke kommen dann in drei Jahren mit zum Zahnarzt – das müssen Sie und Ihr Kind allein aushalten.

Sie fangen bald wieder an zu arbeiten – was ist jetzt zu beachten?

Über die verschiedenen Möglichkeiten, sein Kind während der Arbeitszeit betreuen zu lassen, wurde schon im ersten Kapitel gesprochen. Am Beispiel Tagesmutter und Krippe – stellvertretend für die Betreuung bei einzelnen Personen bzw. in einer Kindergruppe – wollen wir sehen, welche Probleme auftreten können und was zu beachten ist.

Tagesmütter

Wie findet man eine Tagesmutter? Eigentlich müßte Ihr zuständiges Jugendamt eine Liste mit Adressen von Tagesmüttern haben, unter denen Sie wählen können. Ich habe so etwas jedoch noch nie gesehen. Wenn Sie nicht Bekannte haben, die diese Aufgabe übernehmen wollen, sollten Sie eine Anzeige aufgeben. Es ist besser, die eigenen Vorstellungen und Angebote ziemlich genau in den Text zu legen und sich bei der Formulierung etwas Mühe zu geben, als einfach nur »suche Tagesmutter . . . « zu schreiben. Übrigens können viele Kinderlose mit diesem Begriff gar nichts anfangen. Suchen Sie also lieber einen »zuverlässigen, fröhlichen und aufgeschlossenen Menschen« und formulieren Sie auch, was der mit den Kindern machen soll: »spazierengehen, spielen, lernen, turnen, wickeln.«

Wie entscheidet man sich für die richtige Tagesmutter? Natürlich kann man sich nach einem ersten Besuch kein umfassendes Urteil über eine Tagesmutter erlauben. Man sollte sich jedoch einige Kriterien überlegen, die unbedingt, andere, die möglichst erfüllt sein sollten. Ihre Entscheidung müssen Sie selbst treffen, ich möchte nur einige Anhaltspunkte geben:

Wie würden Sie den Erziehungsstil der Tagesmutter einschätzen? Vergleichen Sie ihn mit Ihrem eigenen!

Was geht Ihnen selbst, was geht der Tagesmutter vor: Sauberkeit und Hygiene oder Lernen und Entdecken?

Hat die Tagesmutter Erfahrung mit Kindern dieses Alters?

Kann sie sich vorstellen, daß man auch Babys schon sinnvoll beschäftigen kann?

Ist sie bereit, sich weiterzubilden und Erfahrungen auszutauschen? Hat sie Kontakt zu anderen Tagesmüttern? (Das wäre gut!)

Welche Vorstellungen hat die Tagesmutter zur Sauberkeits- und Sexualerziehung?

Wie steht sie zum Problem Füttern nach Zeit oder nach Bedarf?

Ist sie für gesunde Ernährung oder bereit, auf Ihre Anregungen zu diesem Punkt einzugehen?

Welche Tischsitten verlangt die Tagesmutter von ihren eigenen Kindern? Können Sie die akzeptieren?

Ich meine, daß Sie in möglichst vielen Punkten mit Ihrer Tagesmutter übereinstimmen sollten, damit Ihr Kind einheitlich erzogen wird. Sie sollten allerdings nicht den Anspruch haben, daß die Tagesmutter genauso zu sein hat, wie Sie selber sind. Im Gegenteil! Vielleicht hat die Tagesmutter gerade den Humor, der Ihnen selber fehlt, vielleicht hat sie gerade den Realitätssinn, den Sie bei sich so vermissen, vielleicht ist sie sehr sportlich oder kann gut singen . . . Eine Tagesmutter kann lernen. Aber es wäre wohl zuviel verlangt, wenn sie, um Ihrem Kind angemessen begegnen zu können, eine neue Person werden muß.

Und noch etwas: Es gibt Menschen, die meinen, daß es gerade gut ist, wenn das Kind durch die Tagesmutter einen anderen Erziehungsstil kennenlernt. Schließlich komme es ja auch irgendwann mal in die Schule und da gehe es ja auch anders zu als zu Hause. Ich finde dieses Argument in Bezug auf Tagesmütter nicht richtig: deswegen nicht, weil das Kind noch zu klein ist, um solche Unterschiede offen mit seinen Eltern besprechen zu können und weil es sich hier um eine Erziehung handelt, die der der Eltern sehr ähnelt (Familiensituation). Wenn die Erzieherin in der Krippe einen anderen Erziehungsstil hat, wird dieser immer noch durch die Kindergruppe, die ja miterzieht, beeinflußt.

Ihr Kind soll eine andere Person kennenlernen und liebgewinnen, aber nicht durch ungewohntes Verhalten dieser Person verunsichert werden.

Wo soll die Betreuung stattfinden? Tagesmütter sind nicht mit Kindermädchen zu verwechseln. Jedenfalls ist das Modell so gedacht, daß die Pflegekinder in die Wohnung der Tagesmutter gebracht werden. Sie soll dort wie eine Mutter mit den Kindern leben, d.h. auch ihrer Hausarbeit nachgehen. Daraus ergibt sich für Ihr Kind der Vorteil, nicht nur einen neuen Menschen, sondern eine neue Atmosphäre kennenzulernen. Nachteile können darin liegen, daß die Tagesmutter in einem verkehrsreichen Stadtteil lebt (keine nahe Grünanlage), eine schlechte Wohnung hat oder verkehrsmäßig schwer zu erreichen ist.

Kommt die Tagesmutter zu Ihnen, ist das zwar für Sie zeitsparend und insofern bequem, als Sie nicht bei Wind und Wetter und in Hauptverkehrszeiten mit einem Baby herumfahren müssen, Sie brauchen Ihr Kind morgens auch nicht zu wecken und an- und auszuziehen. Andererseits isolieren Sie aber Ihr Kind und seine Tagesmutter so auch stärker.

In Berlin (West) und den Bundesländern, in denen Tagesmütter finanziert werden, muß das Kind in der Wohnung der Tagesmutter betreut werden, wenn diese von staatlicher Seite bezahlt werden soll.

Krippen

Es wurde schon darauf hingewiesen, daß Krippen ein idealer Aufenthaltsort für Kleinkinder sein könnten, wenn sie großzügig gebaut, ausgestattet und personell besetzt wären. Nirgends sonst kann gewährleistet werden, daß Kinder in einer Gruppe von eigens dafür qualifizierten Menschen betreut werden, sich in Räumen aufhalten, die ihrem Bedürfnis nach Bewegung und Entdeckung gerecht werden. In den Gewerkschaften ÖTV und GEW organisierte Erzieher fordern: nicht mehr als 6 Kinder in der Liegekrippe, 8 in der Laufkrippe. Jede Gruppe sollte zwei

Erzieher haben sowie eine Vertretungskraft. Die Vor- und Nachbereitungszeit sollten dienstplanmäßig abgesichert sein. Sie treten ein für mehr und größere Gruppenräume und ausreichend Spielmaterial für die Kinder. Für diese Forderungen wurde im Dezember 1980 in Berlin (West) gestreikt.

Daran sollten Sie denken, wenn Sie sich auf die Suche nach einer geeigneten Kindergruppe machen. Ideale Krippen gibt es derzeit nicht. Um so mehr kommt es darauf an, daß sich Eltern mit den Forderungen der Erzieher solidarisieren: Wenn es auch keine idealen Krippen gibt, so gibt es doch vielerorts engagierte und mutige Erzieher und Elternvertreter, die sich nicht alles bieten lassen.

Vielleicht sind Sie erstmal froh, daß Sie überhaupt einen Krippenplatz gefunden haben. Wenn Sie aber mit vielen Dingen in dieser Krippe nicht einverstanden sind, dann sollten Sie sich jetzt schon überlegen, was sie dagegen tun können: beim ersten Elternabend, beim nächsten Gespräch mit der Erzieherin.

Sie sollten sich also schon jetzt in Ihrer zukünftigen Krippe melden, die Bedingungen und die zukünftige Bezugsperson Ihres Kindes kennenlernen. Vielleicht gelingt es Ihnen auch, mit Eltern über die Situation in der Krippe zu sprechen und darüber, wie man die Verhältnisse mitbestimmen und verändern kann.

Erkundigen Sie sich auch nach Möglichkeiten der Eingewöhnung. Ich halte es für richtig, etwa eine Woche vor Ablauf des verlängerten Mutterschutzurlaubs mit dem Kind in die Krippe zu gehen, um es zunächst kurz, dann aber auch für einige Stunden allein dazulassen.

Sie sollten sich auch informieren, welches Angebot den Babys der Liegekrippe gemacht wird. In einer guten Krippe müßten die Erzieherinnen Wochenpläne erstellen und sie den Eltern erläutern. Wichtig zu wissen wäre auch, wann und wie die Babys gefüttert werden, wie die Schlafenszeiten sind und ob es Platz für die Berücksichtigung individueller kindlicher Bedürfnisse gibt.

Wie Sie die knappe Zeit, die Sie nach der Arbeit mit Ihrem Kind verbringen, optimal nutzen können, soll im nächsten Kapitel besprochen werden.

Spracherwerb

Sprechen lernt ein Kind vom ersten Tag an: indem es auf die Geräusche, besonders die Stimmen seiner Umgebung horcht und sich selbst äußert. Zunächst durch Schreien: während Hunger- und Schmerzensschreie heftig klingen und nicht nachlassen, hört sich das Weinen vor Müdigkeit gedehnter und klagender an. Bei Zufriedenheit stößt schon das nur wenige Tage alte Kind zufriedene Grunzlaute aus, sagt a, ä, hä oder ähä. Um sein Kind in der sprachlichen Entwicklung anzuregen, sollte man viel mit ihm sprechen und es überallhin mitnehmen, wo gesprochen wird. Mit drei Monaten unterscheiden sich Kinder aus anregungsarmer Umgebung schon deutlich von solchen, mit denen viel gesprochen wird. Normal entwickelte Kinder rollen am Ende des ersten Vierteljahres r-Laute, was sich wie Gurren oder Gurgeln anhört. Sie äußern auch Kehllaute wie e-che oder ek-che, wenn sie zufrieden sind. Manchmal kann man auch schon Silbenkombinationen wie ej-ej, ö-we o.ä. hören.

Im vierten Monat lacht das Kind laut. Typisch werden jetzt sogenannte »Blasreibelaute«: Das Baby preßt die Luft zwischen den geschlossenen Lippen: w, f, s (genauer: das englische th).

Im 6. Monat werden Silben rhythmisch aneinandergereiht: gegege, dadada, memememem.

Das Kind entwickelt diese Fähigkeiten durch Nachahmung. Positive Reaktionen der Umwelt spornen sein Geplapper an, z.B. wenn Kinder oder Erwachsene sein Geplapper nachmachen. Kinder tauber Eltern z.B. schränkten ihre Stimmübungen bald ein. »Ohne eine entsprechende Ermutigung schien das Baby das Interesse an den Stimmübungen zu verlieren. Ein paar Monate später nahm es einen neuen Anlauf, und jetzt imitierte es die monotonen Nasallaute, in denen die tauben Eltern sprachen. Unter normalen Bedingungen imitieren die Eltern das Baby, das Baby merkt es, ahmt sich selbst nach, die Wiederholung macht ihm Spaß, und der Lernkreis verstärkt sich.«[42]

Einzelkind oder Geschwister?

Vielleicht haben Sie schon immer genaue Vorstellungen davon gehabt, wieviele Kinder Sie sich wünschen. Vielleicht sind Ihre Vorstellungen inzwischen umgestoßen, weil das Leben mit einem Kind für Sie so anstrengend ist, daß Sie sich schon auf die Zeit freuen, wenn Sie keine Windeln mehr wechseln müssen und sich endlich mit Ihrem Kind auch unterhalten können. Vielleicht wollten Sie auch nur ein Kind, haben aber so angenehme Erfahrungen gemacht, daß Sie an mehr Kinder denken.

Einzelkinder sind – so wird vielfach behauptet – verzogen, unfähig, sich sozial zu verhalten, unselbständig. Aber auch: besonders intelligent, verständig, »anständig«. Warum? Einzelkinder haben ihre Eltern, ihre Spielsachen, ihren Platz, ihre Ruhe – ganz für sich allein. Kann man es ihnen da übelnehmen, wenn sie Schwierigkeiten mit der Trennung von den Eltern, mit dem Abgeben und Teilen haben?

In Schulklassen lerne ich aber immer wieder auch andere Einzelkinder kennen: Sie geben ab, sie petzen nicht, sie können gut mit anderen Kindern zusammenarbeiten. Wie sich Einzelkinder verhalten, ist offenbar eine Frage der Erziehung.

Die Gründe, für nur ein Kind zu entscheiden, liegen auf der Hand: Kinder sind teuer, sie brauchen Platz und intensive Zuwendung. Ich halte es für demagogisch, wenn führende Politiker die geringe Geburtenrate beklagen und dies auf die Bequemlichkeit der Eltern abschieben, die sich nur ein Kind wünschen. Wenn es billige, große Wohnungen gäbe, wenn Eltern mit mehreren Kindern entscheidende Vergünstigungen hätten, wenn berufstätige Mütter ihre Kinder besser versorgt wüßten – dann würden ganz sicher auch mehr Eltern mehrere Kinder bekommen.

Weil es aber nicht so ist, sind grundsätzliche Überlegungen angebracht: Wer meint, nicht mehr als ein Kind verkraften zu können, der sollte sich davon nicht abbringen lassen, nur weil es eventuell »egoistisch« oder einsam werden könnte. Eltern von

Einzelkindern müssen sich aber dessen bewußt sein, daß sie nicht die einzigen Partner ihres Kindes bleiben dürfen. Deshalb sollten sie ihr Kind auf jeden Fall in eine Kindergruppe geben – möglichst nicht zu einer Tagesmutter. In der Gruppe kann das Kind lernen, sich nicht nur mit Erwachsenen, sondern auch mit Kindern auseinanderzusetzen. Das ist schwer, denn Kinder sind nicht so vernünftig wie Erwachsene, sie argumentieren nicht, sie handeln. Und diese Handlungen sind für ein anderes Kind oft nicht gleich zu begreifen, fremd, gemein. Andere Kinder korrigieren aber auch nicht, man kann sich leicht an ihnen messen, ist nicht ständig der kleine Unterlegene.

Ideal wäre, wenn mehrere Einzelkindereltern in engen Kontakt treten, sich z.B. die Kinder am Wochenende mal abnehmen oder zusammen verreisen. Denn was nützt die beste Kindergruppe am Wochenende und in den Ferien?

Zu mehreren Kindern sollte man sich also nicht überreden lassen. Wenn ich trotzdem entschieden für mehrere Kinder bin, dann allein aufgrund meiner guten Erfahrungen – die sich ganz sicher nicht übertragen lassen. Ich bin selber mit fünf Geschwistern aufgewachsen und möchte weder meine aufregenden

Kindheitserinnerungen noch die Geborgenheit, die mir meine Geschwister noch heute vermitteln (obwohl wir uns selten sehen), missen.[43]

Als mein ältester Sohn noch sehr klein war, mochte ich gar nicht an ein zweites Baby denken, weil ich mich voll ausgelastet fühlte mit Beruf und Kind. Von anderen Verpflichtungen und Interessen ganz zu schweigen. Als er aber selbständig wurde, laufen und sprechen lernte, hatte ich das Bedürfnis, Erfahrungen neu anzuwenden, Erlebnisse noch einmal zu erleben, kurz: ein sehr emotionales Bedürfnis nach noch einem Kind. Das Leben mit zwei Kindern ist anstrengender, aber auch viel schöner. Je dichter der Altersabstand ist, desto anstrengender sind die ersten Jahre: zwei Kinder wickeln, zwei Kinder anziehen (z.B. bei Frost!), zwei Kinder weinen hören – womöglich zwei Kinder, die nachts nicht durchschlafen – das nervt. Andererseits gibt es bei einem nicht so großen Altersabstand mehr Möglichkeiten für gemeinsame Spiele, gemeinsame Unternehmungen.

Das zweite Kind kann man außerdem ganz anders genießen: Man hat weniger Sorgen und steht negativen Erfahrungen viel gelassener gegenüber, weil man ihre Begrenztheit schon kennt. Wenn man mit dem älteren Kind spielt, macht das viel mehr Spaß, weil das kleinere schon zugucken kann, sich mitfreut und lernt. Bald fängt auch das ältere Kind an, mit dem Baby zu spielen und bei seiner Versorgung mitzuhelfen. Es entwickelt sich ein Zusammengehörigkeitsgefühl und die Möglichkeit der Sorge umeinander. Dafür braucht man bei der Erziehung in Kindergruppen manchmal Jahre.

Bewegungsspiele für das zweite Vierteljahr

Auf dem Wasserball rollen

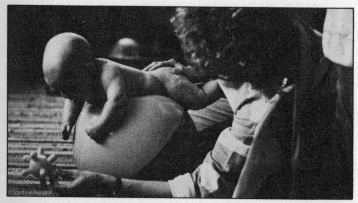

Wir legen das Kind auf einen Wasserball so, daß es den Ball mit dem Brustkorb berührt und mit dem Kopf über den Ball hinaussieht. Die Arme sollten sich nach vorne strecken. Die Füße stemmen sich gegen die Unterlage. Wir halten das Kind mit beiden Händen von hinten um den Leib und bewegen es etwas hin und her, vor und zurück. Vor das Kind legen wir ein Spielzeug. Das Kind beginnt bald, sich abzustoßen, auf dem Ball zu rollen und nach dem Spielzeug zu greifen.

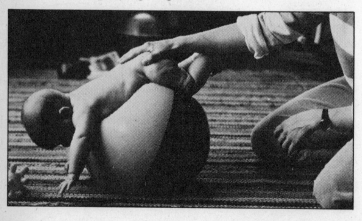

Drehen

Wenn das Kind auf dem Rücken liegt und seinen Bauch hoch-
schiebt, ist es soweit, daß es sich drehen will. Dabei helfen wir
ihm ein wenig, indem wir ihm den Zeigefinger in seine Hand legen und es in die Seitenlage ziehen. Wenn das Kind sich selbst
festhält, locken wir es mit einem Spielzeug soweit, daß es sich in
die Bauchlage dreht. Dabei führen wir seine Hand über seinen
Kopf nach vorne. Wenn das Kind auf dem Bauch liegt, müssen
wir anfangs oft den anderen Arm befreien. Auf diese Weise lernt
das Kind, sich nach beiden Seiten zu drehen.

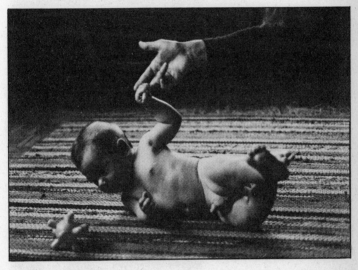

Auf dem Bauch

Jetzt kann das Baby schon viel mehr auf dem Bauch machen. Es
hebt den Kopf höher und stützt sich besser ab. Wir spielen das
Nachguckspiel in der Bauchlage und vergrößern den Weg des
Spielzeugs nach beiden Seiten und nach oben. Wenn das Baby
nach einem Gegenstand greifen kann, bieten wir ihm ein Spielzeug in der Bauchlage an, indem wir dies etwas hoch halten. Dabei muß das Kind einen Arm heben und mit dem anderen sein
Gewicht halten.

Sich Hochziehen

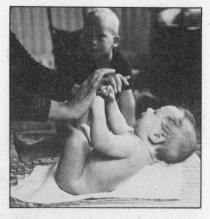

Wir geben wieder in jede Hand einen Zeigefinger und versuchen vorsichtig, das Kind zur Sitzhaltung hochzuziehen. Aber nur soweit, wie das Kind aktiv mitmacht. Unser Daumen greift nicht die Hand des Kindes und zieht nicht mit. Am Anfang halten wir unsere Daumen bereit, falls das Kind losläßt. Nur wenn das Kind aktiv mitmacht, selbst greift und seinen Kopf mithält, ist es für dieses Spiel reif. Wenn das Kind sich hochgezogen hat, legen wir es sofort wieder hin. Entscheidend ist das aktive Hochziehen des Kindes, schädlich jedes zu frühe Sitzen.

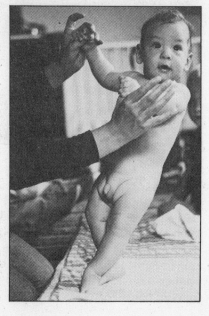

Dieses Spiel können Sie etwa im dritten Monat beginnen. Es ist ganz normal, wenn zwischen dem dritten und vierten Monat, manchmal auch etwas später, das feste Zugreifen nachläßt (der angeborene Greifreflex hört auf). Dann bieten Sie ihre Zeigefinger trotzdem immer wieder an und ziehen nur soweit, wie das Kind mitmacht. Bald wird das Kind wieder aktiv greifen und sich selber hochziehen.

Wenn wir merken, daß sich das Kind mit den Beinen dabei abstemmt, kann es sich zum Stehen hochziehen. Danach legen wir es gleich wieder hin. Wichtig ist das sich selbst Hochziehen – ungesund das Stehen!

Heben

Fassen Sie Ihr Kind mit beiden Händen fest um den Leib (nicht direkt unter den Achseln) und heben Sie es vor sich in die Luft, so daß Ihr Baby Sie ansehen kann. Heben Sie es hoch und runter (Flieger), drehen Sie es nach beiden Seiten, nach vorne und nach hinten. Es gibt viele Möglichkeiten, die Sie ausprobieren können. Wichtig ist, daß Sie alle Bewegungen möglichst langsam machen, damit Ihr Kind sein Gleichgewicht in den verschiedenen Lagen gut ausbalancieren kann. Sie können immer so weit drehen und beugen, wie ihr Kind mitmacht und sich dabei im ganzen Rücken durchstreckt. Läßt Ihr Kind sich hängen, verringern Sie den Beugungsgrad etwas.

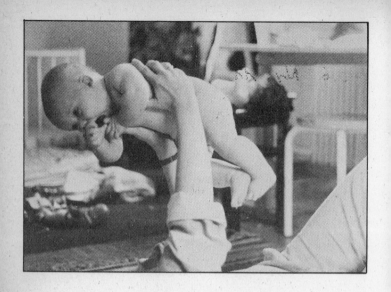

Tragen

Beim Herumtragen hält das Kind jetzt schon ganz sicher seinen Kopf und man kann alle möglichen Tragehaltungen ausprobieren, die für beide bequem sind. Alles Tragen am Körper der Eltern ist für das Kind eine aktive Bewegung, da es die Bewegung der Eltern mitmachen und ausgleichen muß. Gut ist das Tragetuch, man muß es nur fest binden. Darin kann man ein Kind viel länger tragen als in Känguruhsitzen, Easy Rider usw. Im Tragetuch verteilt sich das Gewicht zwischen Hüfte und Schulter, man kann dabei einkaufen, Hausarbeit machen oder, wenn das Kind einschlafen will, auch ein Buch lesen. Eine weitere aktive Tragehaltung: Das Kind liegt auf dem Bauch auf unserem Arm. Wir tragen es wie eine Teppichrolle zwischen Arm und Hüfte. Die Hand stützt den Brustkorb. Dabei kann das Kind gut nach unten und nach vorne sehen und streckt sich ganz durch.

Tätigkeiten, Spiele, Spielzeug

In diesen Wochen lernt das Kind – zuerst ungeschickt langsam, dann immer zielsicherer – mit der ganzen Handfläche nach Gegenständen zu greifen, die es interessieren. Auf dieses Interesse, Dinge anzufassen, lange zu betrachten, zu drehen, zu wenden und in den Mund zu stecken muß daher immer eingegangen werden.

Wichtig ist, daß sich das Kind für *alles* interessiert: für Zeitungspapier und Joghurtbecher genauso wie für einzelne Bausteine oder Gummitiere. In der Liste unten habe ich nur solche Gegenstände aufgeführt, auf die vielleicht nicht jeder sofort kommt – sie ließen sich durch tausend andere ergänzen.

Die Haut spielt für die Wahrnehmung jetzt nicht mehr die Hauptrolle: Das Baby kann sich schon viele Minuten lang auf optische und akustische Reize konzentrieren. Sein Wohlbefinden drückt es durch Vor-sich-hin-plappern und Juchzen aus. Deshalb sollte man viel mit ihm sprechen, seine Artikulation ernst nehmen und es durch Späße zum Lachen bringen. Bis zu seinem ersten Geburtstag wird es so häufig lachen wie später nie mehr in seinem Leben. Das sollten Sie nutzen!

Tätigkeiten

Mit Erbsen, Linsen o.ä. gefüllte Säckchen anfühlen lassen
Gefüllte und ungefüllte Plastiktüten (durchsichtig) anfühlen lassen
Farbiges Wasser (mit Ausziehtusche gefärbt) in Fläschchen geben und dem Kind zum Schütteln geben
In Gläser und Schachteln gefüllte Dinge klappern lassen (Geräuschdosen)
Verschiedene Materialien (Papiersorten, Metall, Watte, Sand u.a.) anfühlen
Auf Gegenstände schlagen (z.B. mit einem Klöppel auf einen klingenden Stab – zunächst mit Ihrer Hilfe)
Mit den eigenen Füßen spielen
Nuckelflasche allein halten
Aus der Tasse trinken (ab 5. Monat versuchen)
Einen weichen Ball auf das Kind zurollen
Seifenblasen beobachten
In der Hopsschaukel hüpfen (ab 6. Monat)

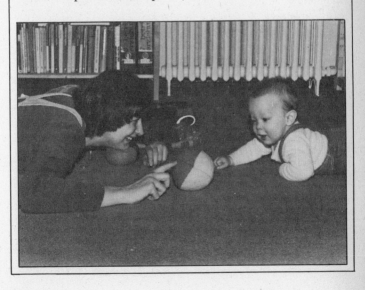

Spiele

Fingerspiele, die das Kind zum Lachen bringen (ausprobieren)
Lustige Silbenkombinationen vorsprechen
Spiellieder vorsingen (ausprobieren, welche ihm Spaß machen)

Spielzeug, das man kaufen kann

Bälle
Luftballons (mit Perlen, Glöckchen oder etwas Wasser füllen!)
Stoffpuppe
Ein Tier aus Plüsch
Klingende Stäbe (Orff-Instrumente)
Perlen (große Holzperlen in verschiedenen Formen)
Bausteine
Hopsschaukel
Taschenlampe
Turnstange über dem Bett befestigen
Glöckchen, die man an verschiedene Fäden hängt
Ein Stehaufmännchen mit Musik
Spiegel
Holzgreiflinge
Löffel

Spielzeug, das man selbermachen kann

Geräuschdosen

Beliebige, aber für das Kind in einer Hand zu haltende Dosen mit verschiedenem Material füllen, das klingt: Erbsen, Linsen, Reiskörner, Glöckchen u.ä. Beim Basteln können ältere Kinder mithelfen. Geeignet sind z.B. Klorollen, die man unten und oben mit Butterbrotpapier straff zuklebt (wie eine Membran). Vorher die Bohnen etc. einfüllen. Außenrum Geschenk- oder Schrankpapier kleben.

Farbwasserfläschchen

Kleine, handliche Fläschchen mit farbigem Wasser und ggf. mit Nagellack oder Klebstoff ganz fest verschließen.

Gefüllte Säckchen

Säckchen aus dünnem Stoff nähen und mit verschiedenem Material (Erbsen, Watte, Sand) füllen

Knopfpuppe (s. Foto S. 101)

Eine Puppe oder einfach eine ovale Form aus Stoff nähen, mit verschiedenen Knöpfen (als Augen, Nase etc.) besetzen und mit Zauberwatte (die ist waschbar, erhältlich in Bettenabteilungen von Kaufhäusern) ausstopfen

Bänderspiel

Aus Draht oder Holz einen Reifen anfertigen (es kann auch ein Plastikarmreif sein). An diesen lauter verschiedene Bänder knoten (Wäscheleine aus Plastik, Geschenkband, Bindfaden, Samtband). Den Reifen so aufhängen, daß das Baby die Bänder anfassen und in den Mund stecken kann (auf Farbechtheit achten!)

Das zweite Halbjahr
(7.–12. Monat)

*Jetzt macht sich das Kind selbständig, indem es robben und krab-
beln lernt. Es erlebt, daß es die Dinge erreichen kann, die es untersuchen möchte, und macht ausgiebig Gebrauch davon. Es er-
forscht die Gegenstände nicht nur durch Anfassen und in den
Mund stecken, sondern schlägt auch darauf, dreht und wendet
sie, steckt die Finger in kleine Öffnungen.*

*Zwischen dem 10. und 18. Monat können Kinder ungeheuer
viel lernen, wenn sie ihre Umgebung ungehindert erforschen
dürfen. Untersuchungen haben ergeben, daß Kinder, die durch
Laufställe, zu viele Verbote oder Überängstlichkeit der Eltern an
Entdeckungsreisen gehindert werden, in ihrer geistigen Entwicklung zurückbleiben, d.h. zwischen dem 10. und 18. Lebensmonat
treten schon erhebliche umweltbedingte Entwicklungsunter-
schiede auf. Nutzen Sie diese entscheidende Zeit, indem Sie in Ihrer Wohnung eine Atmosphäre der Entdeckerfreude schaffen!*

● *Stellen Sie Bilderbücher, Schautafeln, Sportgeräte, Werkzeug, Baumaterial u.ä. bereit, damit das Kind diese Dinge, wenn
es beginnt, sich dafür zu interessieren, schon vorfindet.*

● *Geben Sie Ihrem Kind Kartons, Kisten oder Schubläden, die es
öffnen darf, um darin zu wühlen und sie auszuräumen. Legen Sie
lauter verschiedene Dinge hinein: weiche, harte, eckige, spitze –
auch verschiedene Sorten Papier. Während das Kind mit Kisten und
Kasten befaßt ist, können Sie mal wieder in Ruhe lesen.*

● *Das Kind spricht jetzt in Silben und aneinandergereihten Silben. Am Ende dieses Halbjahres kann es wahrscheinlich schon
einige einfache Worte sagen und viele Worte verstehen.*

● *Geben Sie Ihrem Kind alle Möglichkeit, seinen Forscherdrang zu
befriedigen. Beteiligen Sie es an allem, was Sie selber erledigen.*

● *Haben Sie nicht zuviel Angst vor Schmutz, mit dem das Kind
unvermeidlich in Berührung gerät. Viel schlimmer wäre, wenn es
vor lauter Verboten sein Wissensdurst abstumpfen würde.*

● *Schnallen Sie Ihr Kind nicht fest, sondern zeigen Sie ihm, wo
es hinunterfallen und sich wehtun kann. Bringen Sie ihm bei,
immer rückwärts mit den Beinen zuerst von einem Stuhl, Sofa
o.ä. herunterzuklettern. Lassen Sie es kontrollierte Erfahrungen
machen, die z.T. schmerzhaft sein werden und daraus lernen –
anstatt zu verbieten.*

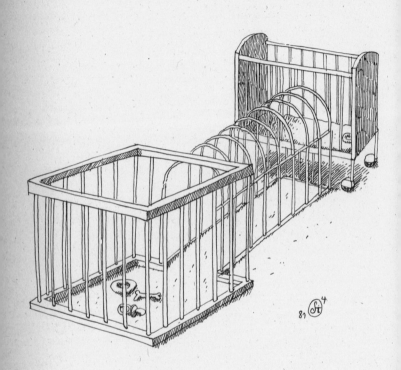

Hilfe – Gefahr

Irgendwann zwischen dem achten und zehnten Monat fangen fast alle Kinder an, sich selbständig zu machen: Sie robben, krabbeln oder laufen sogar schon. Auch wer noch nicht laufen kann, fängt an sich aufzurichten die Zeit des Schränkeausräumens beginnt. Hinzukommt, daß nach wie vor alles von der Hand in den Mund wandert, denn das Kind benötigt auch den Mund, um Erfahrungen über die Beschaffenheit von Gegenständen einzuholen. »Eine schreckliche Zeit«, stöhnen die einen, »wahrer Forschergeist«, freuen sich die anderen.

Wenn man ältere Kinder sieht, die »artig« dasitzen und nichts mit sich anzufangen wissen, dann fragt man sich, wann ihnen die Neugier ausgetrieben wurde, wann sie gezwungen wurden, ihre natürlichen Entdeckerfreuden aufzugeben. Sieben Monate alte Kinder wollen alles genau wissen: Sie halten Gegenstände nicht einfach in der Hand, sondern drehen und wenden sie, schlagen darauf, wechseln von einer Hand in die andere: sie interessieren sich für alles, was sie bekommen – und was sie nicht bekommen, nehmen sie sich, sobald sie es erreichen können. Das kann gefährlich werden.

Auf die Tatsache reagieren die Eltern unterschiedlich: Die einen räumen jetzt die Wohnung um, alles Gefährliche und Zerbrechliche wird außer Reichweite gestellt. Andere verbieten alles, was gefährlich werden oder zerbrechen könnte – schlimmstenfalls sogar mit Schlägen auf die Finger. Und dann gibt es noch den Laufstall. Obwohl niemand ernsthaft glauben kann, daß es pädagogisch sinnvoll sei, ein Kind stundenlang darin einzusperren, geschieht das in der Praxis doch sehr häufig. Viele finden den Laufstall mindestens für Notfälle gut, wenn man z.B. mal schnell zur Tür muß oder gerade keine Zeit hat; das Kind könne darin auch gut üben, sich hochzuziehen.

Ich bin trotzdem entschieden gegen Laufställe, auch nicht als Notlösung. Mir ist es ehrlich gesagt lieber, mein Kind klemmt sich den Finger oder zerbricht einen Teller, als daß es eingesperrt wird auf einen Quadratmeter Fläche. Es ist übrigens sehr unwahrscheinlich, daß es sich gerade dann klemmt, wenn ich zur Tür muß. Außerdem kann ich es ja leicht mitnehmen. Aber bei dem Klemmen lernt es noch was.

Und nun zur Wohnung: Umräumen ist sicherlich besser als schlagen – aber wir meinen, daß es dazwischen noch einen Weg gibt: Räumen Sie nur unwiderbringlich wertvolle und sehr gefährliche, d.h. Krankheit oder Tod verursachende Gegenstände weg. Normale Blumenvasen, Geschirr, Bücher, Schallplatten können ruhig auf ihrem Platz stehen bleiben. Wenn sich das Kind nun auf die Entdeckungsreise begibt, beobachten Sie es. Angenommen, es stürzt sich wirklich auf Ihr Bücherregal und es gelingt ihm, einen Band herauszuziehen (was nur geht, wenn die Bücher locker stehen), erklären Sie ihm: »Das ist ein Buch, darin liest man«. Machen Sie vor, wie man liest, und gehen Sie dabei betont vorsichtig mit den Seiten um. Ich weiß nicht, wozu Ihr Kind jetzt Lust hat: Es ist jedenfalls nicht naturgegeben, daß es sich nun daran macht, die Seiten zu zerfetzen. Sollte es dennoch einen Ansatz dazu machen, nehmen Sie ihm das Buch mit einem entschiedenen »nein« weg. »Bücher darf man nicht zerreißen. Die liest man.« Sollte Ihr Kind auch darauf nicht reagieren (was nicht anzunehmen ist) nehmen Sie seine Hand vom Buch weg und sagen ihm: »Nein, du kannst noch nicht damit umgehen!« Jetzt darf es keine Bücher mehr nehmen und muß vom Regal weggetragen werden. Es darf eine Zeitung zerreißen oder ein Bilderbuch aus Pappe angucken.

Wenn es am nächsten Tag wieder damit anfängt, müssen Sie alles noch einmal erklären. Ein langwieriger Prozeß? Ja – aber wie lernt das Kind sonst, mit einem Buch richtig umzugehen? Nach unseren Erfahrungen lernen Kinder so sehr schnell – zumal Bücher auch nicht so interessant sind, wenn sie keine Bilder haben.

Und was ist mit Schallplatten? Die sind so empfindlich, daß Kinder dieses Alters sie besser nicht anfassen. Sagen Sie dem Kind also: »Nein, nicht anfassen!« Sie können sich mit dem Kind vor die Plattensammlung setzen und ihm augenfällig demonstrieren, wie pfleglich man mit Schallplatten umgeht, indem sie gleich zusammen eine hören. Später, wenn das Kind Ihre Worte

schon genau versteht, können Sie ihm in einem feierlichen Akt mal erlauben, eine Schallplatte herauszuziehen, also auszusuchen, und die dann gemeinsam hören.

Porzellan, wenn es nicht gerade echt Meißner ist, geht wenn Sie einen Teppichboden haben, nicht so schnell kaputt. Zeigen Sie dem Kind, wie vorsichtig man Teller übereinanderstellt, und lassen Sie es das ruhig nachmachen. Sollte es wider Erwarten sehr grob damit sein, müssen Sie ihm wieder erklären: »Nein, das kannst du noch nicht!« und seine Hand zurücknehmen.

Ich finde es wichtig, daß Kinder dieses Alters schon mal einen zerbrechlichen Teller und ein Buch in der Hand hatten, aber Sie sollten in Ihre Regale auch einige interessante Gegenstände stellen: eine leere Bierflasche mit einer Perle drin, eine Packung Taschentücher, ein paar Steine vom letzten Urlaub, Obst, Löffel, Gabeln, Garnrollen, Pinsel in einem Holzbecher . . . Schallplatten sind langweilig dagegen.

Bei gefährlichen Dingen ist es besser und langfristig sicherer, mit dem Kind gemeinsam Gefahren kennenzulernen, es erfahren zu lassen, wie bestimmte Dinge wirken, auch, wenn das mit leichtem, vorübergehendem Schmerz verbunden ist. Wer so verfährt kann sicher sein, daß sein Kind auch in seiner Abwesenheit kein Waschpulver ißt oder Vasen zertrümmert oder Nadeln verschluckt.

Zeigen Sie Ihrem Kind Ihre Steck- oder Nähnadeln, am besten, wenn Sie sie gerade benutzen. Sagen Sie ihm, daß die Nadel piekt, und beweisen Sie das, indem Sie es ein bißchen in den Finger pieken. Wenn es die Nadel in den Mund stecken will, sagen Sie: »Nein, die piekt«, halten sie fest und stechen Sie ein wenig in den Mund, wo sie tatsächlich ein bißchen piekt.

Um zu vermeiden, daß ständig Blumenvasen in die Brüche gehen oder daß sich das Kind an heißem Kaffee verbrüht, stellen Sie entsprechende Gefäße (Vase oder Kanne) mit kaltem Wasser auf. Ihr Kind wird sich einmal kalt überschütten – aber in Zukunft sehr vorsichtig sein. Warnen Sie Ihr Kind mit »nein, das ist heiß« oder »Vorsicht, das geht kaputt« und lassen Sie es fühlen, wieso diese Warnung berechtigt ist. Um zu vermeiden, daß ihre Kinder kleine Gegenstände verschlucken, hatten die Eltern Nikitin diese mit Zitronensaft oder Pfeffer eingerieben. Wir versuchten das einmal bei Murmeln, das Ergebnis war aber, daß unser Sohn die mit Zitronensaft besonders gern mochte. Wir haben ihm die geliebten Murmeln dann trotzdem zum Spielen gegeben, und er hat sie nicht verschluckt – wohl zufällig. Auf jeden Fall sollte man jede Hektik vermeiden, wenn das Kind etwas Kleines im Mund hat, denn normalerweise schluckt es Dinge nicht, es will sie nur lutschen. Daß man eine Pfeffermühle jedoch besser nicht anfaßt und Seife auch nicht gut schmeckt – das kann man unter Aufsicht leicht demonstrieren und nachhaltig lehren.

Genauso ist es mit den ersten selbständigen »Turnübungen«. Wer sein Kind immer auffängt, wenn es sich von einer 15 cm hohen Matratze kullern läßt, wird nicht erreichen, daß es vorsichtig ist. Hat es sich aber hier einmal leicht den Kopf gestoßen und ist entsprechend belehrt worden, paßt es beim nächsten Mal bei der Matratze und auch beim höheren Sofa auf.

Prinzipiell sollte man das Kind nur Dinge tun lassen, die es selbständig kann: also nicht auf hohe Stühle heben, wenn es allein weder rauf noch runter kommt, geschweige denn weiß, wann Stühle umkippen.

Es läßt sich allerdings nicht verheimlichen, daß Kinder mit unterschiedlichem Temperament auch unterschiedlich auf Gefahren reagieren. Manche stoßen sich zehnmal den Kopf, andere nur einmal. Trotzdem wäre es völlig falsch, zu glauben, durch ständiges Auffangen oder Festhalten könne man sein Kind vor Schaden behüten: das Gegenteil ist der Fall. Oft sieht man temperamentvolle Kleine, die sich geradezu einen Jux daraus machen, in Gegenwart ihrer überängstlichen Mutter aus furchterregenden Höhen abwärts zu schmeißen – wohl wissend, daß diese in letzter Minute herbeieilt, um das Kind in ihre sicheren Arme zu schließen.

Zum Schluß eine Bemerkung zum Zeitaufwand: Sie sind schließlich berufstätig und haben noch eine Menge Verpflichtungen – und dann ständig das Kind im Auge behalten, dauernd erklären, eingreifen, argumentieren? Ich bin der Meinung, daß es zu diesen Lernprozessen keine Alternative gibt. Sie liegen in Ihrem beiderseitigen Interesse. Sie wollen doch, daß Ihr Kind lernt, mit Ihren Sachen richtig umzugehen, und überhaupt eine Menge lernt. Weil Ihr Kind nicht gern allein ist, wird es seine Studien ohnehin immer in dem Raum ausführen, in dem Sie sich gerade aufhalten. Sie können währenddessen ruhig weiterlesen, schreiben, essen, Wäsche bügeln oder was Sie gerade tun. Natürlich werden Sie Ihre Arbeit hin und wieder unterbrechen müssen, natürlich werden Sie manchmal die Nerven verlieren ... ganz sicher wird sich diese Methode aber in einigen Jahren bezahlt machen: Dann kann Ihr Kind den Tisch decken, ohne daß jedesmal etwas herunterfällt, dann können Sie ihm auch wertvolle Bildbände zum Angucken geben, weil es richtig umblättern kann, dann kann es eine Menge Geräte allein handhaben und wird Sie nicht ständig um Hilfe bitten müssen.

Erlaubt – Verboten
Über die Schwierigkeiten im Umgang mit Autorität

Spätestens jetzt muß man sich darüber klar werden, was das Kind darf und was nicht. Hier müssen alle an der Erziehung teilnehmenden Personen einheitlich und konsequent handeln – was sich logisch anhört, in der Praxis jedoch sehr schwer zu verwirklichen ist. Jeder sollte genau prüfen, aus welchem Grund er bestimmte Dinge verbieten will: Weil sie gefährlich sind? Weil sie kostbar sind? Oder weil man keine Lust hat, hinterher alles wieder aufzuräumen? Wer zuviel verbietet, wird nicht nur das Kind frustrieren, sondern auch sich selbst. Es ist nämlich äußerst mühsam, konsequent darauf zu achten, daß die Verbote eingehalten werden. Tut man das nicht, sind nicht nur diese, sondern auch alle folgenden Verbote zwecklos: Das Kind »folgt« nicht, wie man sagt.

Natürlich muß man allen Kindern, auch denen, die noch nicht sprechen können, erklären, warum sie bestimmte Dinge nicht tun dürfen. So können sich die Eltern selbst kontrollieren (Gibt es wirklich einleuchtende Gründe für dieses Verbot?), gleichzeitig bekommt das Kind zumindest eine Ahnung davon, daß Verbote eine Ursache haben. »Nein, meinen Fotoapparat darfst du nicht anfassen, der geht kaputt.« »Nein, du darfst nicht an die Zuckerdose. Zucker macht Löcher in die Zähne.«

Wer alles mögliche grundlos verbietet, braucht sich nicht zu wundern, wenn sich das Kind bei nächster Gelegenheit heimlich darüber hinwegsetzt. Wenige, wohl begründete Verbote dagegen werden befolgt.

Eltern, die davon ausgehen, daß Ihr Kind keine gegen sie gerichteten Interessen verfolgt, werden keine engstirnigen Verbote aussprechen. Es wäre z. B. ein sehr kurzfristiges Interesse, einem Kind zu verbieten, Schubladen auszuräumen, nur weil man sie hinterher allein wieder einräumen muß. Für das kindliche Lernen ist diese Erfahrung wichtig, und es liegt auch im Interesse der Eltern, daß es lernt und selbständig wird.

Macht sich das Kind aber daran, eine Tüte Erbsen auszustreuen – zweifellos auch eine wichtige Erfahrung –, so steht dieses kurzfristige Interesse in keinem Verhältnis, zu den hinterher anfallenden Aufräumarbeiten. Die Eltern brauchen ihre Zeit für wichtigere Dinge. Das Kind kann die Erbsen besser in einen Topf schütten oder beim nächsten Spaziergang für die Vögel im Park ausstreuen.

In diesem Zusammenhang sei auf den Begriff der Autorität eingegangen. Von konservativen Kreisen wird der Verlust der Autorität als Zeiterscheinung beklagt: Allerorten werden Eltern, Lehrer und alte Menschen von Kindern und Jugendlichen »fertig« gemacht.

Viele mögen sich nicht mehr zum Begriff der Autorität bekennen: Sie haben genug von erlernter Angst, nicht einsehbaren Befehlen, blindem Gehorsam, Unterdrückung der Persönlichkeit in Bezug auf Erkenntnis, Interessenfindung und Sexualität.

Das überkommene Wertsystem wankt. Unsicherheit breitet sich aus. Über das, was richtig und wahr ist, gibt es die unterschiedlichsten Auffassungen. In einer »pluralistischen Gesellschaft« werden viele Wahrheiten angeboten: Jeder darf sich bedienen. Während Zeitungen Lügen in Millionenauflage drucken dürfen, werden Kinder noch für Lügen geohrfeigt.

Wo Millionen von Menschen durch mangelnde Bildung, Arbeitslosigkeit und Drogen ihrer Hoffnungen beraubt werden, haben es Werte wie Lerneifer, Fleiß und Disziplin schwer. Wo Menschen Menschen ausbeuten, bleiben Mitmenschlichkeit, Achtung, Rücksichtnahme leere Formeln. Autorität – ein schlechter Witz.

Wenn aber Menschen beginnen, die Ursachen dieses »Sittenverfalls« zu durchschauen, wenn sie begreifen, daß das System der Ausbeutung ersetzbar ist durch ein System kollektiver Selbstbestimmung, wenn sie aktiv teilnehmen an der Veränderung der Lebensumstände, wenn sie ein gemeinsames Ziel verfolgen, das in der Abschaffung der Klassengegensätze besteht, um an ihre Stelle eine Gesellschaft zu setzen, in der die freie Entwicklung eines jeden die Bedingungen für die freie Entwicklung aller ist, dann stellt sich auch die Frage der Autorität neu.

Die Autorität liegt in den Eltern selbst, in ihrem Verhalten, ihrem Denken, ihrer Arbeit, ihren Gewohnheiten, ihren Gefühlen und Hoffnungen. Sie haben Autorität, weil sie bewußt leben und ihrem Kind zu Bewußtsein verhelfen, weil sie diese Gesellschaft durchschauen und ihren Kindern erklären, weil sie gemeinsame Interessen verfolgen und gemeinsame Ziele ansteuern, die vermittelbar sein müssen.

Makarenko schreibt dazu: »Darum kann man die Fragen der Autorität, die der Freiheit und der Disziplin im Familienkollektiv niemals durch künstlich erdachte Verfahren, Mittel und Methoden entscheiden. Der Erziehungsprozeß ist ein langwieriger Prozeß, und seine Details werden durch den allgemeinen Ton, der in der Familie herrscht, gelöst. Der allgemeine Ton aber kann nicht willkürlich erdacht und künstlich aufrechterhalten werden. Der allgemeine Ton, liebe Eltern, wird durch Ihr eigenes Leben, und Ihr eigenes Verhalten geschaffen.«[44] Von den Eltern forderte er »das volle, bewußte, sittliche Leben eines Bürgers des Sowjetlandes (zu) führen«.[45]

Solche Menschen sind wir nicht – daher auch unsere Bedenken in der Handhabung der Autorität: Können wir unseren Kindern verbieten, was wir uns selber gestatten? Kann man von einem Kind fordern, was wir uns selbst nicht abverlangen? Ist es nicht gerade das alltägliche Verhalten, das viele Menschen, die für richtige Ziele eintreten, ihren Kindern gegenüber so unglaubwürdig macht? Solange wir selber so unvollkommen sind, muß es gestattet sein, unsere Autorität in Frage zu stellen, unsere Anweisungen zu hinterfragen.

Deshalb finde ich es z.B. im Gegensatz zu Makarenko richtig, wenn Kinder ihre Eltern beim Vornamen nennen können. Wer erzieht wen? Natürlich sind es die Eltern, die bewußten Einfluß auf ihre Kinder ausüben müssen, die dafür Sorge tragen, daß sie zu Mitstreitern für gemeinsame Interessen werden, die ihnen Wissen und Fähigkeiten vermitteln – aber wir lernen auch viel von unseren Kindern, sie kontrollieren uns und stellen uns in Frage. Das Schwierigste an der Erziehung ist die Selbsterziehung der Eltern. Wir sollten unsere und die Unvollkommenheit unserer Kinder zugeben – uns aber nicht damit abfinden.

Strafen und belohnen?

Ist man sich auch über die Verurteilung der Prügelstrafe in aufgeklärten Kreisen einig, wird trotzdem noch massenhaft an der Erziehung durch Strafen festgehalten. Zwar sind es meist ältere Kinder die mit »Stubenarrest«, »Taschengeldentzug« und »Fernsehverbot« als noch relativ harmlosen Strafen geknechtet werden, doch auch vor den Jüngsten macht diese Unterdrückungspädagogik nicht halt. Vom weitverbreiteten Klaps bis zum nicht weniger schlimmen Zimmerverweis reicht die Palette, mit der schon Kleinkinder traktiert werden: »Ich red nicht mehr mit dir«, oder: »Ohne Essen ins Bett!«

Ich lehne Strafen entschieden ab. Warum? Wenn wir davon ausgehen, daß wir mit unseren Kindern gemeinsame Interessen haben, können wir unsere Übermacht nicht durch Demütigung demonstrieren. Natürlich müssen wir bestimmte Dinge verbieten, und nicht jedesmal wird ein so kleines Kind das Verbot einsehen. Wir bestrafen es aber nicht, wenn es das Verbot nicht befolgt. Das heißt nicht, daß wir Fehlverhalten dulden. Bücher werden nicht zerrissen, und anderen Kindern kann man nicht in den Haaren ziehen! Wenn das trotzdem geschieht, müssen wir das Kind gewaltsam davon abbringen und ihm noch einmal sagen, warum das nicht geht.

Was wir wollen, ist, daß das Kind lernt. Es soll von sich aus einsehen, daß man einen Teller nicht absichtlich fallenlassen, ein Buch nicht zerreißen darf. Weil es selber den Teller und das Buch gebrauchen soll. Wenn es etwas falsch macht, dann muß es die Konsequenz dieser falschen Handlung erfahren: Ein absichtlich zerstörtes Spielzeug ist zerstört, man kann nicht mehr damit spielen. Wenn man die heiße Teekanne trotz »nein« anfaßt, verbrennt man sich. Solange die Kinder noch so klein sind, daß sie die Folgen ihrer Handlungen nicht absehen können, muß man sie mit einem »nein« von der falschen oder verbotenen Handlung abbringen, z.B. indem man sie wegträgt oder ihnen das verbotene Ding aus der Hand nimmt, nicht als Strafe, sondern als

Schutz, *nicht mit einem bösen Gesicht, sondern mit einem fürsorglichen.*

Und Belohnungen? Als Umkehrung der Strafe dienen sie dem gleichen Ziel: Das Verhalten des Kindes wird gesteuert, es tut Dinge, über die sich der Erwachsene freut. Aber warum? Weil eine Belohnung wartet. Auf die Spitze getrieben entwickelt sich so ein Lohnsystem im Familienkreis: Für Leistung gibt es Gegenleistung. Beziehungen untereinander werden nicht von Gemeinsamkeit sondern von Zuckerbrot und Peitsche bestimmt. Anstelle von Einsicht, gegenseitiger Hilfe und Verständnis treten Handelsbeziehungen: »Du hast heute so schön gespielt – ich kaufe dir ein neues Auto.« Kinder sind unsere Partner – aber nicht unsere Geschäftspartner!

Wir stellen Anforderungen an sie und an uns – aber ohne Quittung und Abrechnung, sondern auf der Grundlage unserer gemeinsamen Interessen. Wir kaufen ein Spielzeug, wenn es gebraucht wird, und Geld dafür da ist, wir freuen uns über alles Gelungene, und wir haben uns lieb – unabhängig von dem jeweiligen Verhalten.

Ablenken als Erziehungsmethode?

Während größere Kinder bestraft werden, wenn sie etwas Verbotenes tun, gibt es für Kleine eine sehr beliebte andere Methode, sie von verbotenen oder unerwünschten Handlungen abzuhalten: das Ablenken. Das Kind hat sich einen Handfeger geholt, der schmutzig ist. Oma naht, nimmt ihn weg, und schnell wird der Hampelmann gezeigt, mit dem es den Handfeger vergessen soll. Oder: das Kind versucht, Perlen auf eine Stricknadel zu stecken – das gelingt nicht. Es wirft beides hin und brüllt. Schnell gibt die Mutter ihm ein anderes Spielzeug.

Leider wird so systematisch verhindert, daß das Kind Ausdauer und Konzentration entwickelt. Wenn es beschäftigt ist, darf man wirklich nur eingreifen, um Gefahr abzuwenden.

Wie oft drängen Mütter oder Väter ihre Kinder: »So, jetzt laß das mal, wir müssen weiter«. »Jetzt hast du genug damit gespielt, komm!« »Jetzt machen wir mal Schluß.« Mit solchen Redensarten verdirbt man so viel. Wer es wirklich eilig hat, muß verhindern, daß das Kind überhaupt mit einer Beschäftigung beginnt, z.B. indem er es von vornherein in eine Karre o.ä. setzt und ihm erklärt, daß man jetzt ganz schnell zu XY muß, weil . . . Wenn das Kind aber vor einer Pfütze hocken bleibt und sich die tollsten Spiele ausdenkt, vom Fingerwaschen über Steine schmeißen, mit Ästen rühren etc., dann sollte man sich geduldig daneben hocken und auf die Uhr gucken – aber nur, um zu beobachten, wie lange sich ein so kleines Kind schon konzentrieren kann. Das ist – zugegebenermaßen – nicht immer leicht, macht sich aber später hundertfach bezahlt.

Wenn einem Kind Dinge mißlingen, muß man es ermutigen, es weiter zu versuchen, egal ob es weint oder nicht. Natürlich soll man ein Kind trösten: »Das ist wirklich ärgerlich, daß dir die Perle immer wieder herunterfällt«, – es aber nicht ablenken.

Etwas ganz anderes ist es, wenn man das Kind von einem Schmerz ablenken muß. Aus dem Fenster zu gucken: »Sieh mal, da parkt ein rotes Auto!« wirkt meist Wunder.

Selbständigkeit

Ein selbständiges Kind – wer wollte das nicht! Selbständige Kinder werden von einem gewissen Alter an bewundert – daß unselbständige von ihren Eltern produziert werden, wird meist verschwiegen.

Um den ersten Geburtstag herum fangen viele Kinder an, einen den Erwachsenen oft lästigen Willen zu zeigen: Sie möchten Dinge allein tun, die bisher Erwachsene für sie getan haben. Nun gilt es, Geduld zu wahren: Natürlich wird es eine Riesenschweinerei, wenn das Kind zum ersten Mal allein mit dem Löffel ißt. Aber nur, wer es so probieren, lernen durfte, kann es bald. Natürlich dauert es ewig, wenn das Kleine zum ersten Mal versucht, seine Schuhe allein auszuziehen – aber es ist der einzige Weg, es zu lernen.

Wenn das Kind den Wunsch äußert, etwas allein zu tun (das wird verstärkt um das zweite Lebensjahr der Fall sein) sollte man es unbedingt lassen. Kleine Hilfestellungen, z.B. der Hinweis, an welchem Band man ziehen muß, damit sich die Schleife löst, sind nützlich: aber nicht eingreifen, nicht für das Kind handeln! Wenn es gar nicht gelingt, mag es einen Wutanfall bekommen. Der ist berechtigt, man muß Verständnis dafür zeigen.

Selbständig wird ein Kind auch, indem es lernt, kleine Aufträge zu erledigen, die es schon versteht: Hol deinen Löffel, bring mir dein Bilderbuch . . . Hat das Kind bestimmte Dinge gelernt, muß man es diese Dinge unbedingt auch selbständig tun lassen – es sei denn, es ist krank oder sehr müde: Wer allein essen kann, muß nicht mehr gefüttert werden, wer allein die Treppe hochkrabbeln kann, wird nicht mehr getragen.

Essen und Trinken

Essen und Trinken sind ein Vergnügen, kein Zwang. Ein gesundes Kind verhungert nicht, auch wenn es phasenweise wenig zu sich nimmt. Ein Kind weiß zunächst noch sehr genau, wann es satt ist. Im Gegensatz zu vielen Erwachsenen lehnt es dann sogar seine Lieblingsspeisen ab. Es ist daher völlig falsch, ein Kind zum Essen oder Aufessen zu zwingen oder es mit allen möglichen Tricks zum Weiteressen zu bewegen: Entweder wird das Kind dick, was nicht nur ein psychologisches und medizinisches Problem ist, denn durch seine Trägheit lernt es auch weniger, weil alles Lernen in diesem Alter mit körperlicher Aktivität verbunden ist. Oder es verweigert immer mehr und verliert die Lust am Essen, weil das ständig mit Zwang verbunden ist.

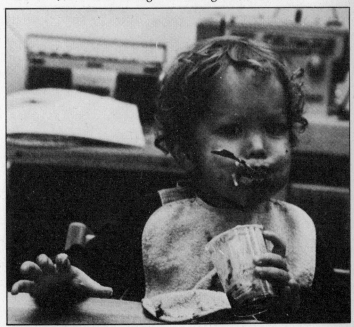

Daß Kinder auch gesunde Sachen wie Obst und Gemüse essen, ist in diesem Alter eine Frage des Vorbildes. Bis auf wenige Ausnahmen wollen Kinder das essen, was die Eltern auch essen bzw. was sie von zu Hause her kennen und gewöhnt sind. Abneigungen gegen bestimmte Speisen sollte man auf jeden Fall akzeptieren, sie scheinen manchmal angeboren zu sein oder treten nur vorübergehend auf.

Im Zusammenhang mit dem Essen taucht immer wieder die Frage auf: Darf ein Kind mit seinem Essen spielen? Natürlich ist Essen kein Spielzeug. Aber Kinder spielen bekanntlich nicht nur mit Dingen, die eigens von Erwachsenen für sie zum Spielen vorgesehen sind. Wenn das Kind lernt, selbständig zu essen, dann fällt auch mal was daneben, dann werden auch die Finger benutzt, um das Essen in seiner Konsistenz zu erforschen, es zu begreifen. Früher wurde alles mit den Fingern gegessen. Besteck war unbekannt. Heute überkommt manchen der Ekel, wenn ein Kind mühsam versucht, sich den Gewohnheiten des 20. Jahrhunderts in Westeuropa anzupassen und einen Löffel zu benutzen. Wer sein Kind so kleckern sieht, lobt es am besten für jeden Löffel, der sein Ziel erreichte. Vielleicht hat Ihr Kind auch ein Lieblingsgericht: Davon möchte es bestimmt soviel wie möglich essen und gibt sich größte Mühe.

Wenn Kinder anfangen – und das ist wirklich selten der Fall – mit dem Essen herumzuschmeißen oder es absichtlich zu verschmieren, sind sie offensichtlich satt. Dann wird der Teller gegen ein Spielzeug oder Buch ausgetauscht.

Überprüfen sollten Vater und Mutter auch, wie sie selber mit dem Essen umgehen: Man kann einem Kleinkind keine Vorträge über den Wert und die Kostbarkeit des Essens halten, wenn man nach dem Essen die Reste in den Mülleimer schmeißt – vor den Augen des entsetzten Kindes.

Und Trinken? Wann sollte ein Kind allein aus der Tasse trinken? Sobald es das selber möchte. Man gießt zunächst ganz wenig ein und übt vielleicht erstmal in der Badewanne oder im Sandkasten. Wenn es gelernt hat allein zu trinken, soll man ihm trotzdem seine Nuckelflasche noch so lange lassen, bis es sie nicht mehr will. Kleine Kinder haben – in Extremfällen bis ins

Schulalter, und was ist eigentlich dabei? – ein Saugbedürfnis: Nimmt man ihnen die Flasche gewaltsam oder mit psychischem Druck (Du bist zu groß dafür!) weg, fangen sie an, alles mögliche in den Mund zu stecken oder fühlen sich unglücklich. Geben Sie ihm also Tasse oder Flasche, wann immer das Kind es wünscht.

Beide Eltern arbeiten wieder

Wie können Sie die knappe gemeinsame Zeit mit ihrem Kind am besten nutzen?

Ein wichtiges Argument für die positiven Auswirkungen von Fremdbetreuung bzw. Erziehung in Kindergruppen sind die Kibbuz-Kinder in Israel. Bruno Bettelheim hat sie »Kinder der Zukunft« genannt. Diese Kinder wachsen von Geburt an in ihrer Gruppe auf und sind sogar nachts nicht bei ihren Eltern, sondern im Kinderhaus. Aber: ihre Mütter sind stets erreichbar, wenn sie gebraucht werden (sie haben ein Walkie-Talkie, mit dem sie gerufen werden können – sie arbeiten ja auch auf dem Gelände des Kibbuz). Für 2–3 Babys steht eine Betreuungsperson zur Verfügung. Jeden Tag nach dem Mittagsschlaf gehen die Kinder zu ihren Eltern, und diese sind dann ganz für sie da: Vier Stunden lang dauert diese »heilige Zeit« (genauer: bis zum Schlafengehen) und in dieser Zeit brauchen die Eltern nicht einzukaufen, zu kochen, zu waschen . . .

Ich vermute, daß bei uns weder eine normale Hausfrau noch berufstätige Eltern täglich vier Stunden ganz für ihr Kind da sein können. Trotzdem habe ich dieses Beispiel aufgeführt, weil ich es wichtig finde, festzuhalten, daß Kinder und Eltern solche gemeinsamen Stunden brauchen: um voneinander zu lernen, um sich füreinander zu sorgen, um miteinander zu leben.

Mit dem Aufstehen geht es schon los: Wenn beide Eltern sehr früh raus müssen, entwickelt sich oft schon morgens eine bedrückende Hektik. Sie ließe sich dadurch vermeiden, daß man noch früher aufsteht – wenigstens an einigen Tagen. Vielleicht geht es auch, daß ein Elternteil früher, der andere später arbeiten geht (gleitende Arbeitszeit). Jedenfalls ist es für ein Kind sehr angenehm, morgens in Ruhe – verbunden mit einem Lied oder Spiel oder Spaß – frisch angezogen zu werden und vielleicht gleich ein bißchen zu turnen. Dann könnten Sie mit einem ruhigen Frühstück beginnen: Das Kind sitzt dabei zuerst in seinem

Baby-Stuhl, später in einem Hochstuhl, und bekommt eine interessante Aufgabe: z.B. Erbsen oder Reiskörner in eine Flasche zu füllen, Ringe auf einen Stab zu stecken. Morgens ist das Kind nämlich noch frisch und hat meist Lust zu solchen anstrengenden Tätigkeiten. Vielleicht sollten Sie nicht die ganze Zeit Zeitung lesen, sondern sich mit Ihrem Kind unterhalten, auch wenn es noch nicht richtig antworten kann. Danach können Sie das Kind in Ruhe anziehen, wobei Sie möglicherweise Lust bekommen, das Lied: »Jetzt zieht Hampelmann, jetzt zieht Hampelmann, seine Jacke an, seine Jacke an . . .« zu singen. Auf dem Weg zur Tagesmutter oder Krippe sollten Sie dem Kind allerlei erklären, viel mit ihm sprechen, auch wenn das morgens oft schwerfällt. Reden Sie mit ihm über alles, was es zu sehen, zu hören, vielleicht zu riechen gibt. Wenn es älter ist (ab ca. 9 Monate), können Sie die Zeit auch nutzen, um ihm einfache Fragen zu stellen, die es mit Zeigen, Gesten und später mit Ja und Nein beantworten kann. Wo ist die Ampel? Siehst du die Sonne? Schläft dieser Hund?

Je unzufriedener Sie mit der Kinderbetreuung sind bzw. je unwohler sich Ihr Kind dort fühlt, desto früher sollten Sie es auch wieder abholen – z.B. gleich nach dem Mittagsschlaf. Natürlich geht das nicht in jedem Fall. Die kurze Zeit, die Ihr Kind nach dem Abholen noch munter ist, sollten Sie entweder im Freien (z.B. in einem Park) oder zu Hause verbringen. Das heißt, es wäre gut, wenn Sie Ihre Einkäufe wenigstens an einigen Tagen schon erledigt haben, bevor das Kind abgeholt wird. Denn Einkaufen ist in diesem Alter nicht unbedingt ein Vergnügen für das Kind. Im Park kann es krabbeln und mit den Dingen spielen, die es findet bzw. die Sie ihm zeigen: Stöcke, Blätter, Früchte, Gänseblumen, Schotter, Kies, Pfützenwasser . . .

Wenn Sie gleich nach Hause gehen, können Sie sich vielleicht zuerst mit Ihrem Kind beschäftigen, z.B. indem Sie ihm einige Aufgaben stellen oder etwas mit ihm üben (s. Tätigkeiten, Spiele, Spielzeug), und sich danach gemeinsam mit dem Kind an die Hausarbeit machen. Dabei sitzt oder liegt das Kind in Ihrer Nähe, bekommt ein Stück Kartoffel, wenn Sie gerade Kartoffeln schälen, ein Blatt Salat, eine Eierschale, die Abwaschbürste, einen Topfkratzer . . . Später räumt es den Topfschrank aus, hantiert mit dem Handfeger, benutzt den Rührbesen.

Es wäre schön, wenn Sie noch gemeinsam mit dem Kind essen könnten, bevor es so müde ist, daß das Essen für alle Beteiligten ein Frust wird.

Wenn Ihr Kind dann langsam müde wird, können Sie vielleicht noch ein bißchen zusammen turnen, vielleicht gemeinsam baden, ein Buch angucken, nach Musik tanzen – oder und dieser Tagesausklang ist für Krippenkinder zu empfehlen: sie gehen einfach noch einmal gemeinsam spazieren. Dabei kann das Kind schon seinen Schlafanzug anhaben. Neben vitaminreicher Nahrung ist frische Luft der beste Schutz vor Infektionskrankheiten, die ja leider Kinder in größeren Gruppen in der ersten Zeit ständig befallen. In seiner Karre schläft das Kind problemlos ein und läßt sich hinterher auch schlafend hochtragen. Den Eltern gibt ein solcher Spaziergang Gelegenheit, sich zu erholen und Zeit zum Gespräch zu finden.

Jedenfalls wäre es für Eltern und Kind schön, wenn der Tag einen harmonischen Abschluß fände – sei es nun mit einer Bade-, Turn- und Schmusestunde oder einem Spaziergang oder was Ihnen selbst noch einfällt.

Was können Sie tun, wenn Sie den Eindruck haben, daß Ihr Kind in Ihrer Abwesenheit mehr aufbewahrt als gefördert wird?

Zunächst müssen Sie mit der Erzieherin oder Tagesmutter sprechen bzw. den nächsten Elternabend abwarten. Hier sollten Sie freundlich, aber bestimmt – und möglichst, nachdem Sie sich vorher mit anderen Eltern verständigt haben – Ihre Meinung bzw. Ihre Wünsche vortragen. Z.B., daß die Erzieherin einen Wochenplan aufstellt, der Ihnen bekanntgemacht wird, damit Sie zu Hause mit dem Kind die Dinge üben können, die es auch in der Krippe lernt: z.B. versteckte Sachen finden, allein aus der Tasse trinken etc. Sie können anregen, daß die Kinder für eine kurze Zeit mit älteren Krippenkindern zusammenkommen (und so voneinander lernen), daß sie gezielt verschiedene Materialien kennenlernen etc. Vielleicht können Sie darauf hinweisen, daß es in anderen Kindertagesstätten bestimmte Angebote gibt.[46]

Wenn Sie etwas zu bemängeln haben, sollten Sie sehr entschieden auftreten und sich nicht einschüchtern lassen, aber auch niemanden diskriminieren (die Arbeitsbedingungen der Erzieher sind bekanntlich alles andere als ideal) oder arrogant erscheinen. Iris Mann hat für Eltern von Schulkindern eine »Leitkarte für den Elternabend« entwickelt[47], die man für Kindertagesstätten so abändern könnte:

Leitkarte für einen Elternabend
(als Karte bei sich zu tragen)

● Ein Vater/Mutter spricht über ihre Probleme (Berufstätigkeit, Zeitnot), und die Probleme der Kinder (Erzieherin hat wenig Zeit, Kinder wollen bestimmte Dinge erfahren, haben aber keine Gelegenheit dazu)
● Ein Vater/Mutter stellt dar, wie sie sich den optimalen Tagesablauf in einer Kita vorstellt.
● Die Erzieherin bekommt die Möglichkeit zur Stellungnahme. Diese wird von den Eltern protokolliert und diskutiert.
● Die Eltern stellen dar, welche Möglichkeiten sie sehen, die Erzieherin zu unterstützen.

Das Wochenende

Wenn Sie gerade Ihre Berufstätigkeit wieder aufgenommen haben, wird Sie das Wochenende vor eine neue Situation stellen. Jetzt haben Sie Ihr Kind plötzlich vierundzwanzig Stunden für sich allein. Das ist gar nicht so einfach – und auch gar nicht so erstrebenswert. Nehmen Sie sich deshalb am Wochenende immer etwas Besonderes vor: Besuchen Sie Freunde oder laden Sie welche ein, fahren Sie ins Grüne oder in eine Stadt, wenn Sie auf dem Land leben. Wenn beide Eltern wenig Zeit haben, können Sie sich auch halbtags in der Kinderbetreuung abwechseln, denn einige Stunden Zeit sollten Sie sich am Wochenende schon für Ihr Kind nehmen. Sie können mit ihm turnen, mit viel Schaum baden, gemeinsam Musik machen, mit Filzstiften malen, Aufgaben lösen und Verstecken spielen.

Bewegungsspiele im zweiten Halbjahr

Im zweiten Halbjahr lernt das Kind wichtige Fertigkeiten, an denen man oft mißt, „wie weit sein Kind ist": Krabbeln, Sitzen und manchmal auch schon das Laufen. Der Zeitpunkt ist sehr verschieden. Eltern brauchen hier keinen „falschen" Ehrgeiz zu entwickeln. Ein Kind, das sich immer frei bewegen kann, vollzieht die einzelnen Entwicklungsschritte für diese Fertigkeiten zu dem für ihn richtigen Zeitpunkt.

Krabbeln

Das Krabbeln ist ein wichtiger Entwicklungsschritt. Das Kind gebraucht dabei seinen ganzen Körper und lernt das Zusammenspiel der verschiedenen Körperteile. Durch das Krabbeln erschließt sich das Kind seine Umwelt neu. Es entdeckt viele Dinge, die es plötzlich selbst erreichen kann. Es kann zu jemand hin-, aber auch von jemandem wegkrabbeln.

Vorbereitung zum Krabbeln

Die beste Vorbereitung für das Krabbeln ist die Bauchlage. Wenn wir mit den Händen gegen die nackten Füße einen Druck ausüben, fängt das Kind oft an, sich nach vorne zu stoßen. Dabei können wir es mit seinem Spielzeug locken.

Damit das Kind lernt, sich auf den Knien und Armen abzu-
stützen, legen wir es über unsere Beine, wenn wir auf dem Boden
sitzen. Wir schieben das Kind ein Stück nach vorne und lassen es
nach einem Spielzeug greifen. Dabei muß es sich abstützen. Das
gleiche geht auch, wenn das Kind kniet und das Spielzeug auf unseren Beinen liegt. Wir können das Kind auch auf unseren Bauch
legen und an uns hinauf- und hinunterkrabbeln lassen. Dabei unterstützen wir es etwas, indem wir gegen die Füße drücken.

Krabbelspiele

Kinder, die krabbeln können, wollen Hindernisse überwinden. Das können wir richtig üben, indem wir die in jeder Wohnung vorhandenen »Hindernisse« nutzen und selber welche bauen: eine Stufe hinauf- und hinunterkommen, über eine gerollte Decke klettern, über einen Pappkarton, unter einem Stuhl oder einem Tisch hindurchkrabbeln, über verschiedene Untergründe (glatte, rauhe, weiche, feste usw.), auf unebenen Flächen im Garten oder im Wald krabbeln usw. Wir können das Kind eine Leiter hochkrabbeln lassen, die am Anfang am besten etwas schräg steht. Dabei muß man natürlich besonders aufpassen, vor allem beim Herunterkommen des Kindes. Spaß macht es auch, wenn man selber mitkrabbelt und Fang- oder Suchspiele macht.

Am schwierigsten ist das Herunterkommen von allen Höhen, die erklommen sind. Wir zeigen dem Kind, daß es rückwärts krabbeln muß, indem wir es sanft drehen und einen leichten Druck auf seine Schulter beim Runterkommen ausüben. Es dauert oft etwas länger, bis ein Kind das beherrscht. Die Mühe lohnt sich aber, da man keine Angst mehr zu haben braucht, wenn das Kind irgendwo hochklettert. Heben Sie Ihr Kind nie irgendwo drauf, wenn es nicht selbst hochkommt. Nur so kann es ein Verhältnis zu seinen eigenen Fähigkeiten gewinnen und Gefahren abschätzen lernen.

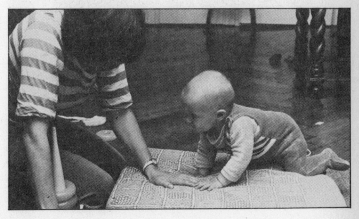

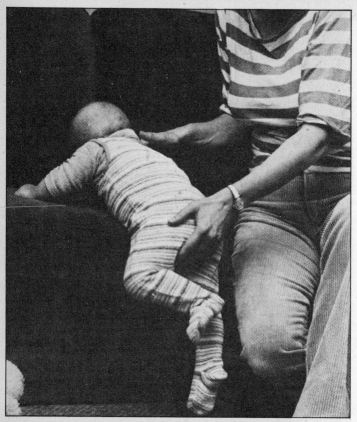

160

Sitzen

Das Sitzen entdeckt ein Kind! Man sollte ein Kind niemals hinsetzen, wenn es sich noch nicht selbst aufsetzen kann. Das passiert aber meist erst, wenn das Kind anfängt zu krabbeln, da es sich von der knieenden Haltung seitwärts aufsetzt. Zu frühes Sitzen, oft abgestützt durch ein Kissen oder eine Wippe, später aber auch für kurze Zeit ohne Unterstützung, ist sehr schädlich für die Wirbelsäule. Ein Kind, das erst dann sitzen darf, wenn es sich allein aufsetzen kann, muß man nicht abstützen. Wenn es umfällt, fängt es sich selbst ab oder rollt auf den Boden. Wenn Sie so vorgehen, müssen Sie sich allerdings auf viele erstaunte Ausrufe gefaßt machen: ,,Ihr Kind sitzt ja noch nicht!" Das macht aber gar nichts, auch wenn nach den meisten Lehrbüchern ein Kind schon viel früher sitzen muß.

Laufen

Zieht sich ein Kind an Möbeln hoch, fängt es bald an, ein paar Schritte seitwärts entlang der Möbel zu machen. Das können wir durch Locken mit Spielzeug fördern. Manchmal dauert diese Phase sehr lange, das Krabbeln bleibt die Hauptfortbewegungsart. Darüber sollten wir uns freuen und keine Lauflerngeräte (Gehfrei) zur Hilfe nehmen. Diese verhindern geradezu die beiden wichtigsten Dinge beim Laufenlernen: das eigene Gewicht auf den Beinen zu tragen, das Gleichgewicht zu halten und zu verlagern.

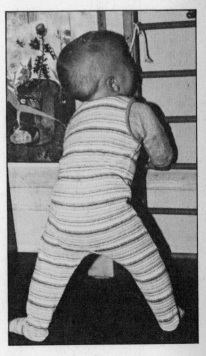

Ballkicken

Das Kind steht an einem Möbel. Wir halten ihm von der Seite einen Wasserball an seinen Fuß, so daß es dagegen stoßen kann. Dabei muß es mit dem anderen Bein sein Gewicht halten. Dasselbe machen wir von der anderen Seite.

An der Hand laufen

Ein Kind lernt erst seitwärts laufen, so wie es am Tisch entlang läuft. Das kann man auch mit Hilfe der Hand machen. Wenn es anfängt, nach vorne zu gehen, sollte man die Unterstützung durch die eigene Hand geringhalten und immer weiter verringern. Das Kind kann sich dann selbst an einem Finger festhalten. Später reichen ihm die Hosenbeine der Erwachsenen zum Festhalten.

Wenn das Kind sicher allein laufen kann (oft erst im zweiten Lebensjahr), gilt das Gleiche wie beim Krabbeln. Zeigen Sie Ihrem Kind, wie es mit Schwierigkeiten fertigwird, und geben Sie ihm die Möglichkeit, unter verschiedenen Bedingungen, auf verschiedenen Untergründen zu laufen. Dabei sollte das Kind so viel wie möglich barfuß oder in Strümpfen laufen. Schuhe braucht es nur auf der Straße.

Je selbständiger sich das Kind im zweiten Halbjahr fortbewegt, desto mehr Spiele sucht es sich selbst und entdeckt Neues. Vorausgesetzt, wir engen es in seinem Bewegungsdrang nicht ein und unterstützen seine scheinbar kleinen, in Wirklichkeit aber riesigen Lernschritte. Versuchen Sie öfters, Ihre Wohnung aus der Perspektive des Kindes zu erforschen! Dann entdecken auch Sie neue »Schwierigkeiten« beim Krabbeln und Laufen, die sich als Spiel lohnen. Dabei lernt man selbst mit seinem Kind.

Tätigkeiten, Spiele, Spielzeug

In diesem halben Jahr lernt das Kind, seine Hände vielfältig zu gebrauchen, sich fortzubewegen und aufzurichten. Es lernt, Sprache zu verstehen, Gesten nachzuahmen und einfache Aufgaben zu lösen. Es lernt, Gegenstände willkürlich fallenzulassen, entwickelt räumliches Vorstellungsvermögen und kann in Gefäße hineinfassen. Es fängt an, Gegenstände wegzuwerfen und gezielt zu suchen. Es kann seine Hände so gut koordinieren, daß es z.B. zwei Löffel aneinanderschlagen kann. Das Kind interessiert sich für seine gesamte gegenständliche Umwelt und muß viel Gelegenheit bekommen, diese kennenzulernen.

Tätigkeiten

Schränke und Schubladen ausräumen
Haushaltsgegenstände wie Wäscheklammern, Bürsten, Flaschendeckel, Schachteln, Lappen, Pfannen . . . untersuchen
Gegenstände von einer Hand zur anderen austauschen (Sie können dem Kind dabei helfen, indem Sie seine linke Hand auf das Spielzeug legen, das es in der rechten hält)
Körner in einer Flasche beobachten, herausschütten
Einen Becher umdrehen bzw. über einen Gegenstand stülpen
Kleine Gegenstände aus einem Becher entnehmen
Kleine Krümel aufheben (Sie können das üben, indem Sie seinen Zeigefinger und Daumen auf den Krümel legen)
Gegenstände an einem Band heranziehen
Gegenstände auf Anweisung herbeiholen
Bilder (ein Gegenstand pro Seite) angucken
Körperteile mit dem Kind benennen, später zeigen lassen
Zwei Bausteine (möglichst unlackierte) übereinanderlegen
Auf eine Trommel schlagen
Ein Xylophon oder Glockenspiel anschlagen

Geräusche nachahmen: Wecker (ticktack) – bellender Hund – fahrendes Auto u.a.

Licht an und ausschalten (Schalter bedienen)

Wecker klingeln lassen und stoppen

Mit Filzstiften kritzeln

Erfragte Gegenstände zeigen (Wo ist das Licht?)

Mit Gefäßen in der Badewanne spielen (Wasser umschütten etc.)

Ein Spielzeug von der Treppenstufe herunterholen

Spiegelbild beobachten (cremen Sie das Kind vor dem Spiegel ein z.B. indem Sie einen Tupfer auf die Nase setzen, setzen Sie ihm einen Hut auf etc.)

Gegenstände geben und nehmen und dabei bitte und danke sagen.

Fragen mit ja oder nein (Kopfnicken und Schütteln) beantworten

Gesten nachahmen: kratzen, trommeln, öffnen und schließen der Hand, Zeigefinger krümmen, Mund auf und zumachen, blinzeln, Kinn anfassen, Kerze ausblasen, Kuß geben, Nase kraus ziehen, winken, in die Hände klatschen

Ringe auf einen Stab stecken

Bälle durch einen Ring stecken

Lastwagen be- und entladen

Aufziehspielzeug beobachten

Formen in eine Formsortierbox einsortieren

Allein essen und trinken (zuerst aus der Hand, dann vom Löffel)

Aufgaben lösen

Einen versteckten Gegenstand z.B. unter einem Topf oder hinter dem Rücken oder unter einem Tuch wiederfinden.

Das Kind hält in jeder Hand einen Gegenstand und bekommt einen dritten gereicht. Wie verhält es sich? Legt es einen Gegenstand ab?

Spiele

Kuckuck
Sich gegenseitig mit einem Tuch bedecken, dann plötzlich das Tuch herunterziehen, so daß man wieder »da« ist

Verstecken
Sich selber hinter Möbeln verstecken und suchen lassen

Finger-, Knie- und Nachmachspiele

Chef-Spiele
(In größerer Runde nach dem Essen zu spielen)[48] Alle am Tisch Sitzenden machen das nach, was das Kind vormacht, z.B. mit den Fingern auf den Tisch tippen, Hände auf die Haare legen, die Hand öffnen und schließen, an die Nase fassen etc.

Murmeln
Bälle oder Murmeln so rollen, daß sie in ein gekennzeichnetes Gebiet (mit Bausteinen abgesteckt oder ein Tuch, das ausgebreitet liegt) gelangen

Fingerspiele (Das ist der Daumen, der schüttelt die Pflaumen . . .)

Jetzt zieht Hampelmann . . .

Herr Prinz und Herr Panz u.ä.

Geht ein Mann die Treppe rauf

Spielzeug, das man kaufen kann

Murmeln
Kugel-Bank (Kugeln, die man mit einem Hammer in Löcher hineinklopfen kann)
Werkbank
Lego (große Steine)
Holzbausteine

Baubecher
Mundharmonika
Trillerpfeife
Ringpyramide
Magnettafel bzw. ein Eisenblech d.m. an der Wand befestigt
Malstifte (Wachsstifte, Filzstifte, Bleistifte)
Fingerfarben
Diverses Papier
Sortierbox
Lastauto
Murmelbahn
Aufziehspielzeug
Vorhängeschloß mit Schlüsseln

Spielzeug, das man selber machen kann

Licht- und Klingelspiel

Auf einem Holzbrett diverse bunte Glühbirnen an Schalter und Batterien anschließen. Eine Türklingel ebenfalls mit Schalter und Batterie verbinden. Ein Riesenspaß – auch wenn das Kind zunächst die Schalter noch nicht allein bedienen kann.

Von Eins bis Anderthalb

Im Mittelpunkt der Tätigkeiten des Kindes steht das Laufen- und Kletternlernen. Sicherlich will es auch malen, kneten, bauen und mit einem Laufrad fahren. Es entwickelt Vorstellungen und lernt erste Wörter, versteht sehr viel mehr.

Das Kind fängt an, seinen Willen zu zeigen – das ist oft anstrengend für Bezugsperson und Kind.

Gern ahmt es Tätigkeiten und Handlungen der Erwachsenen nach – natürlich noch sehr unvollkommen. Es fängt an, mit anderen Kindern zu kooperieren, vorausgesetzt, es hatte Gelegenheit, das zu üben.

● *Lassen Sie Ihr Kind all das allein machen, was es schon allein kann: essen, trinken, die Treppe hochkrabbeln, sich einen Löffel nehmen.*

● *Besorgen Sie Bilderbücher und nehmen Sie sich Zeit, sie gemeinsam mit Ihrem Kind anzuguckem: Sie müssen ihm alles erklären.*

● *Drängeln Sie auf Spaziergängen nicht – Kinder brauchen Zeit. Wenn Sie keine Lust haben, lassen Sie es lieber gleich in der Karre sitzen und fahren so schnell, daß es erst gar nicht auf die Idee kommt, auszusteigen.*

● *Machen Sie Ihrem Kind nie leere Versprechungen – auch wenn Sie glauben, es erinnerte sich nicht mehr daran.*

● *Gewöhnen Sie sich spätestens jetzt an, nur die Dinge in Gegenwart Ihres Kindes auszusprechen, die es auch wirklich hören soll. In diesem Alter verstehen Kinder sehr viel mehr, als die meisten Erwachsenen ahnen. Mißverständnisse und Gekränktsein oder Angst sind die Folge, denn die Kinder können weder nachfragen noch sich sprachlich rechtfertigen.*

● *Statt spazierenzugehen werden Sie jetzt öfter »spazierenstehen«: Während Ihr Kind in jedem Dreck ein Abenteuer wittert, langweilt sich die Bezugsperson oft fürchterlich vor Pfützen, Treppen, Ameisenhaufen. Aus eigener Erfahrung mit derartiger Langeweile empfehle ich wärmstens, nie ohne ein Taschenbuch in der Manteltasche spazierenzugehen. Während mein Sohn seinen Forschungsdrang an Pflastersteinen auslieβ, habe ich daneben gestanden und ganze Romane verschlungen.*

Spiel mit Gleichaltrigen

Für jeden deutlich sichtbar fangen Kinder dieses Alters an, aufeinander zuzugehen, sich anzufassen, sich Gegenstände gegenseitig wegzunehmen, wiederzugeben, sich zu füttern, nachzuahmen und zum Lachen zu bringen.

Friedlich spielende Kinder sind der Wunschtraum aller Erzieher und Eltern – ob es dazu kommt, hängt allerdings wesentlich von ihnen ab. Zunächst wird sich der häusliche Umgangston auf die Beziehungen zu Gleichaltrigen auswirken. Wer es gewohnt ist, Befehle zu empfangen, wird andere Kinder kommandieren wollen, wer geschlagen wird, schlägt andere. An den Haaren ziehen, hauen, schubsen lernen Kinder dieses Alters aber auch irgendwann auf dem Spielplatz oder in der Krippe kennen. Wie verhält man sich als Erwachsener, wenn man Kinder sieht, die sich gegenseitig Spielzeug aus der Hand reißen und sich – wenn das nicht gelingt – in die Haare greifen? Etwas wegzunehmen ist für ein Kind dieses Alters eine völlig normale Handlung. Es kann nicht darum bitten und denkt sich nichts dabei, außer, daß es jetzt mit diesem Gegenstand spielen will. Soll man die Kinder also gewähren lassen und sich nicht einmischen? Oder sofort hinzuspringen und die Kinder trennen?

Erziehen heißt bewußt Einfluß nehmen, erklären, veranschaulichen: Man darf die beiden in ihrem Streit sehr unglücklichen Kinder also nicht ihrem Schicksal überlassen. Als Erwachsener alles sofort zu regeln, wäre allerdings genauso falsch – denn keiner würde dabei lernen. Einfluß zu nehmen heißt, das Kind auf das Verhalten, auf die Gefühle und Empfindungen des anderen aufmerksam zu machen, es zum Beobachten des anderen anzuregen. »Sieh mal, das Kind weint, es möchte so gern deinen Bagger haben.« »Schau, wie wütend es ist, weil du ihm die Schippe weggenommen hast.« »Jetzt kann keiner von euch mehr spielen, weil ihr so wütend seid.« »Gib ihm doch dein Förmchen. Du kannst dafür seins nehmen. Sieh mal, wie gern er es haben möchte.« Solche Sätze helfen natürlich nicht immer, und schon gar nicht sofort. Nach und nach lernen Kinder jedoch, sich in andere hineinzuversetzen und Rücksicht zu nehmen.

Dazu gehört auch, daß man ihr eigenes Spielzeug, bevor Kinder den Unterschied zwischen mein und dein begriffen haben, nicht engstirnig als solches kennzeichnet und nicht ständig die Besitzverhältnisse betont. Beim gemeinsamen Spiel sollte grundsätzlich jedem das gehören, womit er gerade befaßt ist – egal ob es seins ist oder nicht. Ohne ein entstandenes Spiel durch Worte zu unterbrechen, sollte man seine positiven Beobachtungen den Kindern doch mitteilen. »Schön, daß du Tom hilfst, den Eimer vollzuschaufeln. Wie schnell ihr das zusammen schafft.« »Gut daß du Marie dein Auto gegeben hast, sie freut sich jetzt richtig.« Ist ein Spiel erstmal in Gang gekommen, beobachtet man es besser von weitem. Jede Einmischung unterbricht das Spiel und die Selbstständigkeit.

Schmerzen

Sobald die Kinder laufen können, fallen sie auch, stoßen sich die Knie auf, werden geschubst, geschlagen, getreten, fallen von Stühlen, die Treppe runter, stoßen sich den Kopf, klemmen sich . . . das alles tut weh. »Aua« wird zum feststehenden Begriff.

Schmerzen sind nicht wegzuleugnen, – man sollte sie Kindern aber auch nicht einreden. Wenn ein Kind hinfällt, sollte man nicht gleich hinspringen und es aufheben und bedauern, bevor es überhaupt Schmerz empfindet. Schmerzen sind zu einem großen Teil psychologisch begründet. Das kann man gerade bei Kindern gut beobachten: Das Kind, das bei seiner Mutter laut schreit und sich tröstend aufnehmen läßt, steht bei einer anderen Bezugsperson, die seinem Schmerz gelassener gegenübertritt, von allein wieder auf ohne zu weinen.

Wenn Trost wirklich nötig ist, hilft Bedauern wenig. Sätze wie: »Du hast dir sehr weh getan – aber das geht vorbei« oder »Schade daß dein Kopf gegen den Tisch gestoßen ist – der tut jetzt so weh«, zeigen eine Richtung, die auf das Vorübergehende des Schmerzes hinweist und seine Ursachen erklären hilft. Das hilft gleichzeitig, Angst zu überwinden, weil man ihre Ursachen durchschauen lernt.

In diesem Zusammenhang sollte man das Kind auch über Arztbesuche richtig aufklären. Impfen z.B. tut weh. Was soll ein Kind von seiner Mutter denken, die ihm erklärt: »Jetzt macht der Doktor was ganz Feines – das tut gar nicht weh«? Kinder müssen lernen, mit Schmerzen fertig zu werden: »Der Arzt piekt dich jetzt, das tut zuerst weh. Er muß dich pieken, damit du nicht krank wirst.« Am besten, man spielt das Ganze zu Hause mal durch, dann wird die Puppe geimpft oder der Papa.

Trotz

Früher oder später entdecken Sie – hoffentlich mit einem Lächeln – bei Ihrem Kind einen bis dahin nicht gekannten Widerspruchsgeist. Plötzlich will es nicht mehr das, was Sie wollen, schreit »nein«, wirft sich zu Boden, trampelt. Man fragt sich natürlich, was man bis hierher alles falsch gemacht hat in der Erziehung. Eben wollte das Kind noch spazieren gehen, jetzt weigert es sich aber, Schuhe anzuziehen, und bekommt einen Tobsuchtsanfall, wenn Sie es dazu zwingen wollen.

Was ist geschehen? Viele sprechen vom sogenannten Trotzalter, das im dritten Lebensjahr seinen Höhepunkt erreicht. Kinder in diesem Alter lernen, daß sie selbst jemand sind, entdecken, daß sie einen Willen haben, und können ihn mit Worten – zumindest mit »nein« – ausdrücken. Sie machen die wunderbare Entdeckung, daß Menschen mit ihrem Willen etwas verändern können, und üben sich darin. Die Trotzphase ist unter gegenwärtigen gesellschaftlichen Bedingungen (Vater und Mutter arbeiten an einem unbekannten Ort, ihre Arbeit ist nicht durchschaubar, das Kind wird »kindspezifisch« betreut u. v. m.) schwer oder gar nicht vermeidbar. Wissen sollte jedoch jeder Vater und jede Mutter, daß diese Phase nicht naturgegeben und menschenspezifisch ist. Ich erwähnte eingangs schon, daß z. B. Yequana-Kinder Trotz nicht kennen. Ich glaube, daß allein dies zu wissen schon weiterhilft: insofern, als wir weder im Kind noch in den Eltern den Schuldigen suchen. Diese Einstellung hilft vielleicht öfter, die Nerven zu bewahren und gemeinsam einen Ausweg zu finden. Wer sich darüber freut, daß sein Kind in der Lage ist, einem Erwachsenen zu trotzen, wird mit dieser »Phase« wesentlich besser zurechtkommen als Eltern, die »hart durchgreifen« wollen. Auch werden Kinder, die in einer Kindergruppe spielen und lernen, weniger Schwierigkeiten haben als solche, die mit ihren Eltern allein leben.

Natürlich können einen die Ideen und Reaktionen des Kindes oft zur Verzweiflung bringen, nur darf man dem Kind nie böse sein oder es gar bestrafen. Schließlich hat es selbst es auch nicht gerade leicht, mit dem eigenen Willen umzugehen. Ist man wirklich mit den Nerven fertig, weil das Kind sich mal wieder »unmöglich« aufführt, geht man am besten leise aus dem Zimmer und atmet tief durch. Mit Schimpfen, Schlägen oder falschen Worten erreicht man das Gegenteil von dem, was man möchte: Das Kind wird noch »trotziger«, zieht sich zurück, fühlt sich mit Recht gedemütigt und gekränkt und verschließt sich schließlich vor seinen Eltern. Seien Sie also so geduldig, wie es Ihnen möglich ist.

Ich finde Rausgehen besser als Schlagen. Aber hierzu schrieb mir eine Leserin, daß sie als Kind das Rausgehen als besonders schlimm empfunden habe. Ich finde es auch schlimm, konnte aber nicht anders. Barbara Sichtermann schreibt dazu im Kapitel »Zweikampf«: »Ruth will sich nicht wickeln lassen. Sie schmeißt sich auf den Boden und brüllt. Sie boxt. Sie entwindet sich deinem Zugriff – sie will mit dir kämpfen. Ja, sie will es wirklich. Sie will gar nicht in Ruhe gelassen werden. Sie sucht Händel. Was geschieht nun, wenn du dich einfach zurückziehst und, ganz Geduld und Gelassenheit, wartest, bis der Anfall vorübergeht? Soweit Ruth eine körperliche Auseinandersetzung mit dir – wenn auch wohl nicht bewußt – sucht, muß sie enttäuscht sein. Ihre agressiven Impulse müssen zerschellen an so viel Überlegenheit. Du kannst sie doch an den Füßen packen, herumdrehen, beschimpfen, loslassen, eine Windel nach ihr werfen, stampfend im Zimmer auf und abgehen, ohne deinerseits in blinde Rage zu geraten, aber auch ohne diese Szene zu spielen. Du kannst den Kampf mit ihr aufnehmen, ernst, erregt, aber doch stets auf Waffengleichheit und so auf mannnigfache Vorgaben für sie bedacht, kannst agressiv erwidern, ohne die Schwelle zu überschreiten, jenseits derer du sie in Angst versetzen würdest.«[49] Ich wäre darauf nicht gekommen, aber es leuchtet mir ein, daß es notwendig sein kann, seine eigenen Aggressionen nicht zu unterdrücken, sondern – auch vor dem Kind – abzureagieren.

Oft kann man aber vermeiden, daß es überhaupt so weit kommt:

Ihr Kind hat die Hose »voll«, sie wollen es umziehen. Als Sie ihm näher kommen und sagen: »Komm, ich zieh Dir jetzt eine trockene Hose an«, schreit es: »Nein«. Lassen Sie es ruhig naß, wenn es nicht gerade einen zwingenden Grund gibt, es jetzt zu wickeln. Sagen Sie ihm, daß es von allein kommen soll, wenn es eine neue Hose möchte oder versuchen Sie es unauffällig nach einer halben Stunde noch einmal.

Leider wird es sich in einigen Fällen nicht vermeiden lassen, Gewalt anzuwenden (z.B. wenn Sie wirklich weg müssen und es draußen so kalt ist, daß das Kind angezogen sein muß) – es sollte aber auch ein wirklicher Notfall bleiben, denn es ist eine Tortur für beide Parteien und keine Lösung des Problems. Unbedingt ist man dem Kind dann eine Erklärung schuldig: »Ich muß dir jetzt eine neue Windel anziehen, weil . . .«

Welche Dinge muß man denn nun unbedingt gegen den Willen des Kindes durchsetzen? Überlegen Sie sich das am besten schon vor der Trotzsituation. Sie und Ihr Kind müssen gesund bleiben (Sie müssen ihm also unter bestimmten Umständen etwas anziehen und, z.B. wenn es wund ist, die Windel wechseln). Sie müssen außerdem bestimmte Termine wahrnehmen, Pflichten erfüllen. Darauf kann man das Kind vorbereiten: Wenn es weiß, daß Sie um 8 Uhr im Büro sein müssen und es vorher in die Krippe gebracht wird, kann es nicht um 7.30 Uhr noch im Hemd rumlaufen. Wenn Sie es jetzt gewaltsam anziehen müssen, weiß es schon vorher, daß dies eine unausbleibliche Folge ist. Sie können aber auch die Schuhe anziehen, Ihren Mantel nehmen und zur Tür gehen – wahrscheinlich möchte das Kind jetzt auch dringend angezogen werden. Wenn nicht, können Sie ankündigen, daß Sie jetzt noch eine Zeitung kaufen oder mal sehen, wie das Wetter ist, und die Wohnung verlassen. Wenn Sie nach kurzer Zeit zurückkommen, wird das Kind sicherlich auch schreien, sich aber anziehen lassen. Ich finde es besser, daß das Kind die Folgen eines Willens spürt und dadurch lernt, ihn richtig einzusetzen, als es gewaltsam zu bezwingen. »Trotz«, dieses Erproben der Tatsache, daß man plötzlich etwas anderes wollen kann als die Erwachsenen, sollte man nicht mit Unbescheidenheit und Quengelei verwechseln. Will das Kind z.B. unbedingt jetzt auf der Stelle

KINDERN
IST ALLES
VERBOTEN
DER
EIGENTÜMER
†

ein Eis und man lehnt das ab, weil es gleich Abendbrot gibt, dann hat das nichts mit Trotz zu tun. Das Kind ist natürlich ärgerlich und schreit – die Mutter hat aber einen guten Grund für ihre Meinung und bleibt dabei: ein sehr unwesentliches kindliches Bedürfnis wird nicht befriedigt.

Wenn aber ein Kind die Schuhe nicht anziehen will, obwohl es eigentlich raus möchte, und sich dabei in eine Situation hineinsteigert, die es eigentlich gar nicht will, dann hat es nichts mit dem zweifellos falschen Weg des geringsten Widerstandes zu tun, wenn man dem Kind jetzt mit etwas Feingefühl hilft, aus der Situation herauszukommen, z.B. indem man sagt: »Gut, ziehen wir nicht diese, sondern die Gummistiefel an.« Sehr treffend beschreiben Mitarbeiter des Arbeitskreises Neue Erziehung, Berlin, die Situation:

»Man gießt zum Beispiel dem Kind Milch ein – es schiebt die Tasse weg, es will Saft. Nun gut, man selbst trinkt schließlich auch das, worauf man Appetit hat – also bleibt man freundlich und holt den Orangensaft. Aber nein, das Kind will keinen gelben Saft, es will roten! Entweder, es ist tatsächlich roter Saft im Haus, dann kann man das Spiel noch mitspielen und den Saft austauschen. Oder man hat keinen roten Saft, dann teilt man das dem Kind mit. Vermutlich aber wird die Angelegenheit in beiden Fällen noch nicht abgeschlossen sein! Im ersteren Fall wird das Kind feststellen, daß der rote Saft nicht schmeckt, im anderen Fall wird es nicht aufhören, auf den Saft, den Sie gerade nicht da haben, zu bestehen. Wenn Sie jetzt nicht alle Reste Ihres Humors zusammenkratzen, wird es schwierig! Sie werden vielleicht anfangen, herumzuschimpfen, das Kind wird losheulen, und die Situation ist vollkommen verfahren. Aber vielleicht schaffen Sie es, das Kind einfach auf den Arm zu nehmen und zärtlich zu sagen: »Aber Schätzchen, wir werden uns doch nicht wegen des Saftes aufregen! Wir essen jetzt einfach einen Apfel, und dann sehen wir uns noch ein Buch an, ja?«

An diesem Punkt hat das Kind eine Chance, aus der Sackgasse seines Trotzes herauszukommen. Man hat ihm einen neuen Vorschlag gemacht, mit dem es sein »Gesicht wahren« kann. Seine Verkrampfung löst sich.

Am nächsten Tag gibt es wieder eine neue Trotzsituation. Da will es seine Bausteine nicht von Papas Stuhl nehmen und seine Schuhe nicht in das Regal stellen und sich nicht waschen lassen. Glauben Sie uns bitte: Sie vergeben sich nichts, wenn Sie in all diesen Situationen großzügig und nachgiebig verfahren!

Sie verziehen das Kind nicht, wenn Sie etwa sagen: »Gut, lassen wir die Bausteine liegen, hoffentlich setzt Papa sich nicht darauf und macht sie kaputt.« Oder: »Schön, dann machen wir keine große Wäsche, nur den allerschlimmsten Schmutz müssen wir abkriegen!«

Das Kind – wir können es uns gar nicht oft genug klarmachen – will ja nicht böse sein und will uns auch nicht bewußt ärgern. Es muß sich einfach mit der Entwicklung eines eigenen Willens auseinandersetzen, denn es braucht die Erfahrung, daß man mit seinem Willen etwas verändern kann.

Natürlich beherrscht es die Form noch nicht, in der man Wünsche äußert und Veränderungen durchsetzt. Es kann noch nicht verbindlich reden oder gar argumentieren. Es kann nur »nein!« sagen und »Will nicht«. So müssen Sie ihm helfen, daß es nach und nach lernt, seinen Willen vernünftig einzusetzen und seine Wünsche zu begründen.

Oft werden Sie an der Grenze Ihrer Geduld sein; aber dann halten Sie sich bitte immer eines vor Augen: Ihr Kind soll sich doch später einmal durchsetzen, nicht wahr? In der Schule, am Arbeitsplatz, in der Gesellschaft. Es soll nicht alles hinnehmen, sich nicht alles gefallen lassen! Das wird es aber nur können, wenn es von klein auf geübt hat, sich gegen Widerstände durchzusetzen. Und bei wem sollte es üben, wenn nicht bei Ihnen?![50]

Eigene, recht anstrengende Erfahrungen auswertend, möchte ich zusammenfassen: dem Kind in diesem Alter möglichst oft Entscheidungsfragen stellen, wenn eigene Entscheidungen möglich sind: z.B. die Wahl zwischen diesem und jenem Pullover, diesem oder jenem Weg auf dem Spaziergang. In den Dingen, die wirklich nur die Eltern entscheiden können, nicht fragen, sondern handeln und unnachgiebig sein. Das schließt Einfühlsamkeit nicht aus. Gewalt ist nur im Notfall anzuwenden. Befehle sind zu vermeiden. Wenn das Kind schon einen Wutanfall hat, gilt, was ich jedem Erwachsenen auch raten würde: Zeit zum Durchatmen geben, es in Ruhe lassen – ohne daß es sich verlassen fühlen muß.

Bezeichnenderweise kommt es zu Trotzreaktionen nur zwischen Kindern und Erwachsenen, und zwar nur Erwachsenen, die dem Kind sehr nahe stehen. Deshalb ist es gerade in dieser Entwicklungsphase wichtig, daß Kinder auch fremdbetreut werden, d.h. lernen, sich mit anderen Erwachsenen, vor allem aber mit Kindern auseinanderzusetzen.

Was heißt hier verwöhnen – oder: wie lernt ein Kind Rücksichtnahme?

Ein häufiger Vorwurf, der in der BRD Müttern gemacht wird, ist, daß sie ihr Kind verwöhnen. Nun ist Verwöhnen kein wissenschaftlicher Begriff – jeder versteht etwas anderes darunter. Jedenfalls ist ein Verhalten damit gemeint, das das Kind tyrannisch, unbescheiden und rücksichtslos macht.

Die einen meinen, man solle das Kind nicht zu häufig auf den Arm nehmen, weil es dann immer auf den Arm wolle, und vor allen Dingen nicht zu sich ins Bett nehmen – dann habe man keine Nacht mehr Ruhe.

Andere raten, nicht zu viel Eis oder Geschenke zu kaufen – dadurch wird das Kind maßlos und undankbar.

Wieder andere verstehen unter Verwöhnen, das Kind in Abhängigkeit halten, indem man es ständig umsorgt und ihm jede Anstrengung geistiger und körperlicher Art abnimmt.

Muß oder darf man auf die Wünsche des Kindes eingehen? Wie lernt es, nicht nur zu fordern, sondern selber zu geben? Rücksicht zu üben?

Gerade bei Kindern zwischen 1 1/2 und 2 1/2 Jahren fragen sich viele Eltern, ob sie nicht etwas falsch gemacht haben, wenn ihr Kind am Frühstückstisch solange »Saft« brüllt, bis es ihn hat oder ständig an den Eltern zieht, daß sie dies oder jenes mit ihm tun sollen. Kinder, die noch nicht sprechen können, haben eine Vorliebe »da-da« oder so ähnlich zu rufen, so lange auf bestimmte Gegenstände zu zeigen, bis sie ihnen jemand gibt oder sagt, wie sie heißen – andernfalls lautes Gebrüll. Beobachten wir das Kind und fragen, was es beabsichtigt. Wenn es mit da-da nach Gegenständen fragt, die es untersuchen will und erklärt haben möchte und wir ihm diese Gegenstände geben und mit Namen benennen, erklären, wozu sie gebraucht werden, lernt das Kind dadurch, seine Umwelt zu verstehen, sammelt Erfahrungen, die es nicht anders sammeln kann, lernt sprechen. Dies kann also kein Nachteil sein, im Gegenteil: Je mehr das Kind weiß und kann, desto schneller lernt es auch, sich selbständig zu beschäftigen. Aber ohne die Anregungen, Erklärungen und Hilfestellungen der Erwachsenen kann kein Kind lernen, und ein Kind, das nicht lernt, kann auch nicht spielen.

Und wenn es ständig nach Süßigkeiten bettelt? Woher kennt es Süßigkeiten, muß man sich fragen. Warum verlangt es so danach? Will es essen, um beachtet zu werden, um sich zu befriedigen, weil Essen-geben die einzige Art der Zuwendung durch die Mutter ist? Und hat die Mutter vielleicht für sich selber Zigaretten, Wein oder sonstwas gekauft, aber fünfzig Pfennig für ein Eis sind ihr zuviel?

Und was ist, wenn die Eltern am Frühstückstisch sitzen, ihr Kind aber darauf besteht, daß jetzt mit ihm gespielt wird? Dann erklärt man ihm in Ruhe, daß man jetzt zuende essen will. Dabei kann man dem Kind anbieten (und vormachen ist besser als reden), am Tisch mit kleinen Gegenständen zu spielen oder sich ein Buch anzugucken, das es kennt (andere müßte man erklären). Wenn es das beim ersten Mal nicht begreift, ist das verständlich. Es wird vielleicht ärgerlich sein, muß aber lernen, bestimmte Rechte der Eltern zu akzeptieren. Dies wird ihm leicht fallen, wenn Vater oder Mutter nach dem Frühstück ohne Bitten und Betteln tatsächlich Zeit zum Spielen haben: Kinder, mit denen selten oder nie gespielt wird, quengeln zu Recht – bis sie eines Tages aufgeben, resignieren, verzweifeln, abstumpfen.

Kann man ein Kind mit Spielzeug verwöhnen? Hier sollten die Eltern mal *ehrlich* sein. Reicht das Geld, oder reicht es nicht? Wenn nicht, kann man das auch sehr kleinen Kindern schon erklären. Sie erleben, daß die Eltern lange über Geld für Anschaffungen nachdenken müssen, erfahren möglicherweise, wie die Eltern Dinge selber herstellen oder gebrauchte besorgen, kurz: sie erleben Sparsamkeit konkret und werden daher auch eher bereit sein, dieses Verhalten zu akzeptieren. Auf der anderen Seite gibt es aber Familien, in denen sich die Eltern einigen Luxus erlauben, das Kind aber um Geld für einen Zeichenblock betteln muß. Wenn solche Eltern den Kauf eines sinnvollen Spielzeuges für ein Kleinkind ablehnen, finde ich das nicht akzeptabel: Hier wird Sparsamkeit künstlich erzeugt, die Eltern wirken unaufrichtig. Gutes Spielzeug ist kein Luxus, sondern notwendig für die Entwicklung und Förderung eines Kindes. Zwar ist zu fordern, daß gutes Spielzeug durch staatliche Zuschüsse billiger wird, solange das aber nicht der Fall ist, gibt es zum Kauf (auch gebrauchten Spielzeugs) keine Alternative. Schön, wenn sich mehrere Verwandte zum Schenken zusammentun – aber nicht nur zu Weihnachten!

Verwöhnen kann man ein Kind allerdings, indem man ihm ohne Nachdenken alles kauft, was es gerade sieht und haben möchte. Das hat dann mit Spielzeug nichts mehr zu tun, sondern ist eine Ersatzbefriedigung, so wie manche Kinder mit Schokolade und Süßigkeiten vollgestopft werden, damit sie »Ruhe geben«.

Und der Schlaf im Elternbett? Einmal – immer? Nach allen Erfahrungen möchte jedes Kind eines Tages ganz allein schlafen. Die ganze Nacht lang. Es vorher dazu zu zwingen, ist viel anstrengender als das gemütliche Zusammensein im großen Bett. Wovor haben wir da eigentlich Angst? Vor unseren eigenen Gefühlen dem Kind gegenüber? Wenn ein Kind nachts weint, hat es Angst und keine tyrannischen Ansprüche. Es hat ein Recht auf Trost, denn es kann seine Angst noch nicht rational überwinden. Angst überwinden kann ein Kind dieses Alters nur mit Hilfe der Eltern, durch ihre Anwesenheit, die Geborgenheit ihrer Arme. Natürlich kann man auch neben dem Kinderbett stehen bleiben, bis es wieder schläft, es dort auf den Arm nehmen – aber das ist doch ein bißchen ungemütlich.

Menschen sind keine Tiere – trotzdem ist mir immer sehr unwohl, wenn ich sehe, wie zärtlich eine Katze ihre Jungen leckt, wie sie herbeieilt, wenn sie schreien, wieviele Stunden sie bei ihnen verbringt, mit ihnen spielt, ihnen Dinge beibringt, die sie im Leben brauchen, während unsere Säuglinge schon von Geburt an separat in hygienischen Betten liegen, schreien müssen, obwohl es nachgewiesenermaßen doch nicht die Lungen kräftigt. Man fragt sich, welche Umstände Frauen dazu treiben, ihre Kinder zu vernachlässigen, zu prügeln und zu mißhandeln. Welche Zustände herrschen in einem Land, in dem man sich über das Verwöhnen von Kindern größte Sorgen macht?

Wie kommt es zu jenen Erscheinungen, die wir in Großstädten beobachten: Jugendliche stehen im Bus vor gebrechlichen Omas nicht auf, pöbeln, schlagen Schwächere, lachen über Kranke, lassen ihre eigenen Eltern im Stich. Rücksicht nehmen? Nie gehört. Verwöhnte Generation? Kinder von Eltern, die zuviel auf ihre Kinder eingingen? Ganz sicher nicht. Das Vorbild der Eltern ist für Kinder entscheidend. Wer nie Rücksichtnahme erlebt hat, kann auch nicht rücksichtsvoll sein. Wessen Eltern nie Zeit zum Spielen oder Reden hatten, der wird auch keine Zeit für seine Eltern haben. »Aber wir haben doch alles getan« heißt es so oft.

Was denn? Für Essen und Trinken gesorgt – ja. Aber auch gespielt, angeregt, gefordert, gefördert, erklärt? *Sich für Fehler entschuldigt?* Verhalten durchschaubar gemacht? Immer gezeigt, daß man zu ihm, dem Kind hält – mit seinen Problemen?

Haben diese Eltern ihren Kindern die Möglichkeit gegeben, Hilfsbereitschaft zu lernen, indem sie in der Familie Hilfsbereitschaft erlebten? Vater hilft Mutter? Mutter hilft Oma, Oma hilft dem Kind, und es selber kann auch schon helfen und seine Hilfe wird anerkannt, auch wenn es nur den Eierlöffel auf den Tisch legt?

Rücksichtslose Tyrannen entstehen, wenn Eltern an ihre Kinder und an sich selber keine Anforderungen stellen. Sie stellen keine Anforderungen, weil sie selber kein Ziel haben, keine Hoffnung und keinen Einfluß auf ihre Lebensumstände. Wenn die Beziehungen zwischen den Menschen in unserer Gesellschaft erkaltet, verhärtet sind, muß man sich nicht wundern, daß Jugendliche randalieren, mit Ketten um sich schlagen oder einfach »nur« gleichgültig sind. Und die Beziehungen zwischen den Menschen sind so, weil Profit, weil Geld mehr zählt als Menschlichkeit, Entgegenkommen, Hilfsbereitschaft. Das ist keine Phrase, sondern eine Tatsache, die jedes Schulkind nachvollziehen kann: Sind nicht für die Rüstung immer Milliarden da, während eine Schule noch nicht mal die Mittel zur Renovierung genehmigt bekommt? Und die Vorteile in dieser Gesellschaft genießt nicht der Kranke, Behinderte oder Hilflose, sondern der Spitzenverdiener und Parasit.

Wo Eltern das durchschauen, werden sie lernen, ihren Kindern menschlich zu begegnen, Anforderungen an sie zu stellen wie an sich selber für das gemeinsame Ziel gesellschaftlicher Veränderung. Sie werden ihre Wut an den Schuldigen anstatt den Unschuldigen auslassen. Sie werden ihren Kindern ihr Verhalten erklären, ihnen helfen, sie verstehen und damit schon vorwegnehmen, was sich erst in einer menschlichen Gesellschaft voll verwirklichen läßt.

Harald Duwe, Mann und Kind, Farblithografie, 1973

Bilderbücher

Warum Bilderbücher? Erfahrungen sammelt das Kind zunächst mit seinen Sinnen: Es fühlt die Wärme und Weichheit des menschlichen Körpers, es hört Geräusche, Töne und Klänge, die in seiner Umwelt erzeugt werden, es sieht Formen, Farben und Bewegungen. Während es lutscht, tastet und greift, lernt es die Eigenschaften der Gegenstände kennen: Die Rassel ist hart und klappert, der Ball weich und rund, der Teddy flauschig. . . Indem das Kind handelt, entdeckt es Zusammenhänge: Wenn die Rassel bewegt wird, rasselt sie, wenn man den Ball anstößt, rollt er . . . Wenn es dem Kind gelingt, sich an einmal gemachte Erfahrungen zu erinnern, gewinnt es Vorstellungen. Indem Vorstellungen mit Worten verbunden werden, bilden sich erste sprachliche Begriffe. Durch Bilder bietet sich dem Kind eine neue Möglichkeit, sich mit seiner Umwelt auseinander zu setzen. Es lernt, daß man die ihm vertrauten Gegenstände und Personen mit Bildern und Worten abbilden, beschreiben kann.

Bilder ermöglichen, an gemachte Erfahrungen immer wieder anzuknüpfen und gleichzeitig Neues zu entdecken. Bilderbücher helfen, bekannte Dinge wiederzuerkennen und die Vorstellungen und Begriffe der Umwelt zu festigen. Sie ermöglichen, daß das Kind mit einem Erwachsenen auch über Dinge sprechen kann, die nicht unmittelbar vorhanden sind.

Ob Kinder Spaß am Lesen haben, entscheidet sich nicht erst in der Schule. Durch das Beispiel der Eltern (Lesen sie selber? Besitzen sie Bücher? Holen sie sich Rat aus Büchern?) und das Kennenlernen eigener Bücher werden Gewohnheiten und Einstellungen geprägt, die auch das spätere Leben bestimmen. Erste Bücher helfen, die Umwelt kennen- und begreifen zu lernen und fördern den Spracherwerb.

Inzwischen sind auch gute Bilderbücher erschwinglich geworden (Taschenbücher oder geheftete Ausgaben). Ein Pappbilderbuch mit festen Seiten ist zwar am Anfang leichter zu handhaben und strapazierfähiger, man kann aber auch einem

Eine kleine, nicht repräsentative Auswahl guter Bilderbücher, von denen keines über 10 DM kostet

Erste Bilderbücher (1 Bild pro Seite)
Spanner, Das Haus fährt mit, Verlag Otto Maier, Ravensburg
Spanner, Mein Spielzeug, und weitere Titel im gleichen Verlag
Greeley, Tiere im Haus, Anette Betz Verlag
Colin McNaughton, Verstecken und Suchen, und weitere Titel des selben Autors im Verlag Sauerländer

Bilderbücher für das zweite Lebensjahr
Die Bilderschule, Carlsen Verlag (eine Art Bilder-Lexikon)
Einkaufen, Verlag Otto Maier, Ravensburg (verschiedene Läden)
Janosch, Rate mal wer suchen muß, Parabel Verlag (Abzählreime)
Eva Scherbarth, Komm heraus und spiel mit uns, und weitere sehr gute Titel der selben Autorin im Verlag Otto Maier, Ravensburg
Marie-José Sacrè, Der Löwenzahn, bohem press bambino, Zürich
Schmidt/Meier, Köpfchen in das Wasser, Schwann Verlag (alles über Enten)
Walter Schöllhammer, Schau was die Leute tun, Verlag Otto Maier, Ravensburg (über Berufe)
Gunilla Wolde, Totte geht raus, und weitere Titel der selben Autorin im Carlson Verlag

Bilderbücher für das dritte Lebensjahr
John Burningham, »Borka«, Erlebnisse einer Wildgans, Verlag Otto Maier, Ravensburg
John Burningham, »Simp«, der Hund, den keiner wollte, Verlag Otto Maier, Ravensburg
Gunilla Bergström, Paß auf Willi Wiberg, und weitere Titel im Oetinger Verlag
Ali Mitgusch, Vom Baum zum Tisch, Sellier Verlag (und über 20 weitere Titel: Vom. . . zum. . .)
Croxford/Dillon, Mein Tierbilderbuch, Verlag Otto Maier, Ravensburg
Margret Rettich, Jan und Julia sind krank, Oetinger Verlag (und viele weitere Titel dieser Reihe)

Die Deutsche Lesegesellschaft e.V., Lauterenstr. 37, 6500 Mainz, gibt Buchempfehlungen kostenlos heraus. Buchempfehlungen speziell zum Thema »Soziales Lernen« gibt »der rote Elefant«, erhältlich über Prolit Buchvertrieb, Postfach 29 69, 6300 Lahn-Giessen.

einjährigen Kind schon zeigen, wie man mit einem Buch richtig umgeht. Übrigens kann man auch in Stadtbüchereien Bilderbücher, oft sogar Spiele ausleihen oder mit Freunden tauschen. Daß man nicht alles kaufen muß, ist eine wichtige Erfahrung, die man seinem Kind nicht vorenthalten sollte.

Während sich schon Babys an Büchern freuen, die pro Seite ein großes Bild enthalten, kann man Einjährigen durchaus kleine Zusammenhänge bieten. Die ersten Bücher sollten Inhalte haben, die das Kind aus seiner Umgebung kennt und wiedererkennen kann. Um Bilderbücher zu betrachten, braucht das Kind unbedingt jemand, der Zeit hat, die Bilder zu erklären, auf Fragen einzugehen (da? heißt soviel wie: erklär mir das!), Begriffe zu nennen und das immer und immer wieder.

Anregungen für einen Tagesverlauf berufstätiger Eltern mit ihrem Kind

Sobald Ihr Kind laufen kann, werden Sie es leichter in Ihren Tagesablauf miteinbeziehen können. Es kann jetzt beim Anziehen mithelfen (vielleicht können Sie einige Turnübungen einschieben), beim Frühstück die Teelöffel decken oder die Frühstücksbretter holen, es ißt schon allein ein Brot oder trinkt ein Fläschchen.

Wenn nach dem Essen noch etwas Zeit bleibt, können Sie ihm entweder ein Spielzeug geben, das von sich aus eine Aufgabenstellung provoziert (z.B. eine Kugelbank, bei der Kugeln durch eine Öffnung geschlagen werden müssen, damit sie unten wieder herausfallen) oder sich selber mit ihm beschäftigen: Am Frühstückstisch kann man auch malen und kneten (Sie malen ab und zu etwas vor, das Kind malt es auf seine Art nach) oder ein Buch angucken – vielleicht von einem Kindergarten oder von einer Straße, über die Sie gleich gemeinsam gehen. Bald kann es auch schon ein sehr einfaches Puzzle zusammensetzen.

Bevor Sie sich auf den Weg zur Krippe, Tagesmutter u.ä. machen, sollten Sie mit dem Kind noch ein bißchen turnen oder es einfangen: Sein Bewegungsdrang ist jetzt sehr groß und auf dem Weg zur Krippe haben Sie sicherlich keine Zeit für Pausen. Sie können aber den Weg nutzen, um Ihrem Kind allerhand zu zeigen und zu erklären: Leuchtreklame, Autobusse, Farben von Autos, verschiedene Menschen . . . An seiner Karre können Sie eine Fahrradklingel oder Hupe anbringen, eine Windmühle oder ein Fähnchen. Trillerpfeifen und Tröten sind sehr beliebt.

Im Sommer wird Ihr Kind nach dem Abholen ganz sicher gern im Sand spielen. Wenn kein Spielplatz in der Nähe ist, haben Sie vielleicht einen geeigneten Balkon oder Hof, auf dem Sie eine Apfelsinenkiste mit Sand aufstellen können (notfalls kann es auch Vogelsand sein – ist natürlich relativ teuer). Zeigen Sie Ihrem Kind, was man mit Sand alles machen kann: mit Wasser mischen, durch die Hände rieseln lassen, mit einem Stock darin rühren oder etwas hineinritzen, Löcher und Berge formen, Zweige einpflanzen . . .

Auch im Winter und an kalten Tagen gibt es draußen viel zu lernen: gefrorenes Wasser, Vögel, die Futter picken, Blätter mit verschiedenen Formen und Farben, Ameisen, Käfer, Schnekken . . .

Vielleicht will Ihr Kind auch schon ein Klettergerät erklimmen. Wenn Sie glauben, es dabei sichern zu müssen, fassen Sie nur leicht seine Füße an, damit es richtig tritt. Heben Sie es auch nicht hinauf, wenn es noch nicht allein hochkommt.

Wenn die Ladenschlußzeit naht, müssen Sie wahrscheinlich noch einkaufen gehen. Nennen Sie dem Kind alle Dinge, die Sie brauchen und lassen Sie es diese Dinge anfassen und festhalten: Indem es die Dinge begreift und kennenlernt, kann es sich auch seine Namen leichter einprägen.

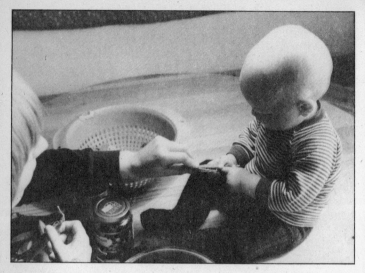

Zu Hause haben Sie vielleicht noch eine Menge Hausarbeit zu erledigen. Ihr Kind kann jetzt schon etwas mithelfen: Es reicht die Wäsche an, die Sie aufhängen müssen, bringt Ihnen Kartoffeln zum Schälen, wirft Abfall in den Mülleimer, wäscht Gemüse. Natürlich unterhalten Sie sich über diese Tätigkeiten mit Ihrem Kind. Beim gemeinsamen Essen benutzt es einen Löffel und ißt allein.

Vielleicht haben Sie nach dem Essen noch Zeit, ein Bilderbuch anzugucken. Falls Sie einen Abendtermin wahrnehmen müssen, können Sie das auch ruhig dem Babysitter überlassen. Besonders schön vor dem Einschlafen sind Lieder – Bilderbücher: Während vorgesungen wird, guckt sich das Kind die Bilder dazu an.

Am Wochenende sollten Sie sich etwas Besonderes vornehmen: Schwimmen gehen, ausgiebig turnen, malen mit Fingerfarbe, Perlen auffädeln u. ä. Wenn Sie nur das eine Kind haben, sollten Sie ein anderes Kind aus der Kindergruppe zu sich einladen und an ihren Aktionen beteiligen. Am nächsten Wochenende kann es dann umgekehrt sein.

Von nun an sollten Sie sich prinzipiell zur Regel machen, die Arbeiten, die man mit Kindern ausführen kann, auch mit ihnen

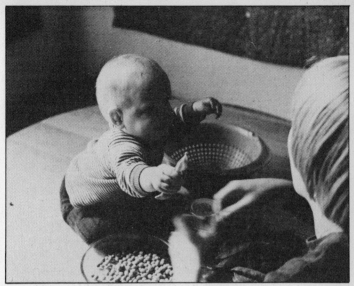

gemeinsam zu erledigen. Das muß für das Kind keine tote Zeit sein, sondern ist Gelegenheit, Vielfältiges zu lernen, wenn Sie es wirklich beteiligen (das braucht natürlich etwas Geduld) und mit ihm darüber sprechen.

Wenn die Kinder dann am Wochenende mittags und abends schlafen, hat man wirklich Zeit für die Dinge, die man schlecht mit Kindern erledigen kann: und das sind gar nicht so viele.

Gymnastik von 1 bis 1 1/2

Wer kann mit den Füßen kleine Gegenstände aufheben?

Wer kann seine Zehen anbeißen?

Das Kind umfaßt einen Besenstiel oder eine Reckstange und hängt daran. Sie können ihm zeigen, wie man dabei die Beine hebt und ein bißchen schaukelt.

Das Kind balanciert über einen Besenstiel, der auf zwei Stühle gelegt wird. Dabei wird das Kind zunächst unter den Armen, später an den Händen festgehalten.

Lassen Sie Ihr Kind von kleinen Schemeln, Mäuerchen, Sandkastenrand, Stühlen u.a. herunterspringen – zunächst mit festhalten, dann allein.

Lassen Sie Ihr Kind die Gangarten verschiedener Tiere nachmachen:

Katze: schleicht leise, beschnuppert Dinge, macht einen Buckel, duckt sich flach auf den Boden, putzt sich mit der Zunge die Pfötchen, rolle sich zum Schlafen zusammen, sitzt auf den Hinterpfoten und stemmt die Vorderpfoten auf den Boden

Vögel: Fliegen: mit ausgestreckten Armen auf und abschwingen

Frosch: hockt lange am Boden und springt dann plötzlich hoch, um eine Fliege zu schnappen

Käfer: liegt auf dem Rücken und zappelt mit den Beinen

Bär: Läuft auf allen Vieren (Hände und Füße), seine Beine wirken steif, er richtet sich auf und klatscht in die Pfoten

Sie und Ihr Kind sitzen barfuß auf dem Fußboden sich gegenüber. Legen Sie Ihre Füße an die des Kindes und versuchen Sie so, radzufahren

Huckepack: Das Kind hält sich allein an Ihren Schultern fest, Sie umfassen seine gespreizten Beine. Dazu kann man singen: Kleiner, kleiner Sack, hucke, huckepack . . .

Stellen Sie sich vor Ihr Kind und fassen es an den Händen. Jetzt soll es an Ihnen hochklettern.

Legen Sie Ihre Hände auf die Ihres Kindes und sagen Sie ihm, es soll Sie wegdrücken.

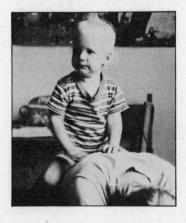

Lassen Sie Ihr Kind auf Ihrem Rücken reiten. Das Pferd kann gehen und galoppieren – der Reiter darf nicht herunterfallen.

Tätigkeiten, Spiele, Spielzeug

Sie werden sicher schon bemerkt haben, daß Ihr Kind jetzt zu logischen und sinnvollen Handlungen fähig ist: Es rennt zum Telefon, wenn es klingelt, es schiebt einen Stuhl heran, wenn es einen hochgelegenen Gegenstand erreichen will. Die Entwicklung des Denkens vollzieht sich durch Handeln: Indem das Kind lernt, Perlen auf eine Nadel zu stecken, entwickelt es nicht nur Fingerfertigkeit, sondern erfährt auch Mengenbegriffe wie »eins« und »viele«.

Die folgenden Anregungen dienen der Entwicklung der Fingerfertigkeit, des Denkens, der Sprachförderung und Begriffsbildung.

Die Teilnahme an Hausarbeit und Pflege des eigenen Körpers fördern nicht nur die Selbständigkeit, Fingerfertigkeit und das Vorstellungsvermögen, sondern geben dem Kind auch viele Anregungen zu selbständigen Spielen.

Manche Tätigkeiten sind von der Fähigkeit, sicher zu laufen, abhängig. Während aber einige Kinder schon mit neun Monaten laufen, schaffen es andere erst mit 14, 15 oder 16 Monaten. Das ist völlig normal. Auf keinen Fall sollte man das Laufenlernen erzwingen wollen: Krabbeln ist sehr gesund und zu frühes Laufen kann sich schlecht auf die Körperhaltung auswirken.

Tätigkeiten

Gemeinsam erforschen, wo man sich überall klemmen kann
Gemeinsam Hausarbeit, Gartenpflege, Autowaschen u.ä. erledigen
Verschiedene Gesten und Tätigkeiten nachahmen
Verschiedene Tiere (Gangart, Geräusche) nachahmen
Streichhölzer anzünden und auspusten
Telefonieren
Aus Knete Würste und Platten formen

Malen mit Filzern, Wachsstiften, Fingerfarbe, Blei- und Buntstiften
Verschiedene Papiersorten als Malunterlage benutzen
Selber Scifenblasen machen
Perlen auffädeln (zuerst auf eine Stricknadel, dann auf einen Faden mit fester Spitze)
Hämmern (Kugeln in die Kugelbank, Nägel in die Werkbank)
Becher verschiedener Größe aufeinander und ineinander stellen
Dinge durch einen Tunnel (Papprohr) schieben
Puzzle mit drei oder vier Teilen zusammensetzen
Kästen und Stühle schieben
Klopapier von der Rolle abwickeln und beobachten
Bälle rollen und werfen, in eine Wanne treffen
Körperteile zeigen und benennen
Gegenständen Bilder zuordnen (z.B. einen Becher und die Abbildung eines Bechers zusammenlegen)
Anweisungen ausführen (zeig Papa mal dein neues Auto)
Bausteine übereinanderstapeln
Bausteine ordnen (zunächst sehr einfache Kriterien: groß/klein)
Lastautos be- und entladen (u.ä.)
Mütze, Handschuhe, Schuhe selber ausziehen
Reißverschluß runter- und hochziehen
Druckknöpfe öffnen
Fegen und auffegen

Spiele

Was fehlt? (von drei Gegenständen einen verstecken)
Einfache Rollenspiele (umrühren, kosten, Geld geben . . .)

Papierspiele
Sich durch gerolltes Papier anschauen, etwas ins Ohr flüstern kullern lassen
Verschiedene Papiersorten zerreißen

Hoch-tief-Spiel

Spielerisch erfahren, was hoch und tief bedeutet: Wir nehmen die Arme ganz hoch – machen uns dann ganz klein. Wir klatschen oben in die Hände, schlagen unten auf den Boden. Was fliegt hoch? Was krabbelt tief unten auf der Erde?

Tanzspiele

Sich zu Musik bewegen, die Bewegung mit Rasseln, Luftballons oder bunten Tüchern unterstützen. Auf Polstern zur Musik hopsen. Mehrere Kinder halten ein Tuch, in das klingende Dinge gelegt werden.
Mehrere Kinder fassen an ein Seil an und tanzen so durch den Raum.

Bänderspiele

Das Kind bekommt einen Stock, an dem ca. 2 m lange Kreppapierbänder befestigt sind, die beim Laufen fliegen

Tastspiele

Auf warmem Teppich und kalten Fliesen barfuß laufen

 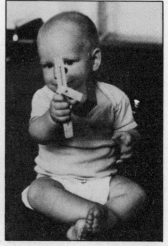

Mit Federn einander kitzeln
Mit den Füßen greifen

Händeturm
Die Hand wird zur Faust geballt und liegt auf dem Tisch. Der Daumen ist senkrecht abgespreizt. Das nächste Kind ergreift den Daumen, spreizt den eigenen Daumen ebenfalls senkrecht ab usw. bis der Händeturm fertig ist.
Zum Vers »Butter, Butter, stampfe« wird auf den Tisch gestampft.

Was fehlt?
Eine große menschliche Figur wird aus Papier ausgeschnitten. Der Erzieher/Elternteil knickt einzelne Körperteile nach hinten ab – was fehlt?

Taschenlampenspiel
Mit der Taschenlampe im dunklen Raum leuchten. Versuchen, den Strahl zu fangen.

Luftballons
Hochwerfen und aufzufangen versuchen

 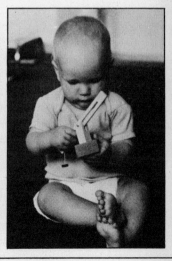

Geräuschesuchen
Auf einem Spaziergang oder im großen Raum nach den Geräuschen suchen, die eine versteckte Person ausführt

Große und kleine Hunde:
Große Hunde bellen tief, kleine Hunde bellen hoch – versuchen, das nachzumachen
Sprechverse aufsagen und ausführen
Lieder singen und sich dazu bewegen

Spielzeug, das man selbermachen kann

Bilderbuch
Aus Illustrierten und Magazinen große abgebildete Gegenstände ausschneiden, auf Papier kleben und in Klarsichthüllen stecken. Das ganze in ein Ringbuch einordnen. Schön sind auch Kunstpostkarten oder Kalenderblätter. Bei Illustriertenbildern Einseitigkeiten vermeiden: nicht nur Mannequins, sondern auch Omas und Frauen bei der Arbeit (findet sich schwer!)

Papphaus
Aus einem großen Karton (Waschmaschine u.ä.) ein Haus bauen, in das Fenster und Tür eingeschnitten werden. Das Dach kann spitz sein. Alles schön bemalen (mit Plaka).

Tastwand
Vielleicht haben Sie im Flur noch Platz. Auf Sperrholz oder Preßspan kleben Sie verschiedene Materialien, so daß sich ein Relief bildet, das man anfühlen kann: z.B. Korken, Nägel, Watte, verschiedene Sorten Sandpapier, Blechdosen u.a.

Musikinstrumente
Viele Materialien klingen, wenn man daran schlägt. Sie können alles an eine Stange (Besenstiel) hängen und gemeinsam musizieren: mit Blumentöpfen, Flaschen (auch mit Wasser gefüllt), Blechen, Holzstäben, Dosen, Glocken.[51]

Spielzeug, das man kaufen kann

Einen Wagen, den das Kind aufrecht schieben kann
Werkbank
Nagelbank (Hammerspiel)
Laufrad
Bausteine (Beim Kauf sollte man sich für ein bestimmtes System entscheiden und von diesem möglichst viel kaufen, dann spielen die Kinder damit bis ins Schulalter. Sehr schön und in den Maßen aufeinander abgestimmt sind Uhl-Bausteine oder Fröbel-Kästen)
Puppe mit Zubehör (selbermachen!)
Liederbuch mit Bildern
Puzzle
Größeres Auto zum Be- und Entladen
Holz- oder Plastiktiere zum Aufstellen (Bauernhof, Zoo)

Von Anderthalb bis Zwei

Fast alle Kinder haben jetzt große Freude am Sprechenlernen. Sie betrachten Bilderbücher, unterhalten sich gern, sprechen einfache Reime nach, singen Lieder oder hören ihnen zu. Wichtig werden jetzt all die Dinge, die das Kind aus seiner Umgebung als wichtig erfährt: Kochen, am Fahrrad basteln, Musik machen, turnen, etwas reparieren, Nägel einschlagen . . . »Arbeiten« wird zum Lieblingsspiel. Die Kinder lernen, was die Eltern ihnen vormachen und vorleben.

● *Spätestens jetzt beginnt die Spielplatzzeit. Oder gibt es in Ihrer Nähe keinen? Dann wird es höchste Zeit, sich dafür einzusetzen (Gartenbauamt/Hausverwaltung bzw. Gemeinderat). Nutzen Sie die Zeit auf dem Spielplatz auch zu Gesprächen mit Erziehern oder Müttern/Vätern – hier erfährt man fast alles Wissenswerte über Probleme und Möglichkeiten der Kinderbetreuung, erhält Anregungen für Spiele, Tips, Kontakte . . .*

● *Wenn Sie bisher noch nicht wieder gearbeitet haben, jetzt aber eine Wiederaufnahme der Berufstätigkeit planen, blättern Sie bitte noch einmal zurück auf S. 112.*

● *Wenn es in Ihrer Nähe keine Krippe oder Kindergruppe gibt, sollten Sie überlegen, ob Sie nicht mit mehreren Gleichgesinnten eine Initiative starten können. Gerade jetzt sind die Kinder in einem Alter, in dem sie andere dringend brauchen, und wenn Sie selber bis jetzt zu Hause waren, sehnen Sie sich wahrscheinlich nach Arbeit außerhalb der Wohnung.*

● *Zeigen Sie Ihrem Kind immer, daß Sie es als vollwertigen Menschen ernst nehmen. Sprechen Sie nicht in einer Babysprache mit ihm und erledigen Sie nicht Dinge für es, die es schon allein kann.*

● *Sprechen Sie mit dem Kind über alles, was es berührt. Akzeptieren Sie seine Angst vor bestimmten Dingen – aber erklären Sie die Ursachen. Sprechen Sie auch über Ihre Sorgen mit dem Kind, soweit Sie vermittelbar sind: Wenn Sie müde sind oder Kopfschmerzen haben, kann das Ihr Kind schon gut verstehen. Es kann Sie streicheln und auch für einige Zeit in Ruhe lassen. Ihr Kind muß lernen, daß Sie auch Ansprüche und Rechte haben. Fürsorglichkeit beruht auf Gegenseitigkeit.*

● *Vermeiden Sie jede Form der gewaltsamen Auseinandersetzung mit Ihrem Kind, z.B. wenn Sie ihm die Hose ausziehen oder es ins Bett bringen wollen. Ihr Kind versteht Ihre Worte und kann auch schon selber sprechen – zeigen Sie ihm, daß Sie diese Form der Auseinandersetzung ernst nehmen.*

● *Keine Angst, daß sich Ihr Kind zum Tyrannen entwickelt, wenn es Ansprüche stellt, auf die Sie eingehen. Es lernt – und dazu braucht es jemanden, der Zeit hat.*

● *Wenn Sie Ihr Kind überall »mithelfen« lassen und dabei mit ihm sprechen, müssen Sie auch nicht befürchten, daß Sie »zu nichts« mehr kommen.*

● *Lassen Sie sich ruhig auch mal was von Ihrem Kind diktieren: wolang der Spaziergang führen soll, was es zu essen gibt, welchen Pullover es anzieht.*

Das Beispiel der Eltern

Ob es uns nun lieb ist oder nicht: unsere Kinder beobachten uns, übernehmen unsere Verhaltensweisen, lernen durch unser Beispiel. Die Mutter wundert sich, warum ihre Tochter mit anderthalb Jahren schon so pingelig ist, daß sie sich jedes Sandkörnchen sofort abwischen läßt und Fingerfarbe nicht anfassen mag. – Sie selber faßt Schmutziges mit spitzen Fingern an, benutzt Gummihandschuhe und rümpft die Nase bei vollen Windeln.

Familie Nikitin antwortet auf die Frage, wie sie ihre Kinder zur Sorge umeinander erzogen habe: »Damit die Kinder zu aufmerksamen und fürsorglichen Menschen heranwachsen, sind wenigstens drei Bedingungen erforderlich. Erstens müssen die Erwachsenen selbst sich stets füreinander sorgen und zwar nicht nur zum Schein, sondern ernsthaft, zweitens darf man von Anfang an den Wunsch des Kindes zu helfen nicht zurückweisen, sondern muß seine Fürsorge, auch wenn sie ungeschickt zum Ausdruck gebracht wird, immer mit Dankbarkeit annehmen . . . und drittens muß man sich zusammen mit dem Kind um jemand sorgen, für einen anderen etwas tun . . .«[52]

Vielleicht wohnt ja auch in Ihrem Haus eine alte Oma, der man Kohlen hochtragen oder ein gemeinsam gebackenes Stück Kuchen bringen kann. Vielleicht sorgen Sie gemeinsam für ein kleineres Kind oder bereiten seiner müde nach Hause kommenden Mutter eine Überraschung.

Die Verteilung der Rollen in der Familie wird sehr früh durchschaut. Leider ist es auch heute noch fast überall so, daß Vater die Regale anschraubt und Mutter den Abwasch bewältigt. So etwas prägt sich ein. Wenn nicht darüber gesprochen wird, wird der kleine Junge – bald größer geworden – Hausarbeit ablehnen und stattdessen Nägel einschlagen. Der Vater kann aber auch seiner Tochter erklären, daß sie all das lernen darf, was ihre Mutter bei ihren Eltern noch nicht lernen konnte: Löcher bohren, Nägel einschlagen, Radios reparieren. Die Mutter wird ihren Söhnen kochen und bügeln beibringen oder Puppen anziehen, und sie werden diese Tätigkeiten genauso selbstverständlich ausführen wie sie.

Wenn die Hausarbeit gerecht aufgeteilt ist, wenn *feste Verantwortlichkeiten* bestehen, die auf Selbstbestimmung und Einsicht gegründet sind, werden auch schon ganz kleine Kinder von ihren Eltern abgucken, wie man einander hilft, Arbeit aufteilt und bewältigt. Ein fester Tagesablauf und verbindliche Regelungen helfen, Kinder in ihre Aufgaben hineinwachsen zu lassen.

Genauso ist es mit Musikalität oder Sportlichkeit. Klavierunterricht macht ein Kind noch nicht musikalisch, aber wenn zu Hause viel Musik gemacht wird, macht auch das kleine Kind selbstverständlich mit. »Nun turn mal schön« bewirkt gar nichts – vorturnen ungeheuer viel.

Zärtlichkeit und freundlicher Umgangston wird genauso abgeguckt wie Beleidigtsein und Schimpfen. Ungefähr mit 2 Jahren fangen Kinder an, mit ihren Puppen oder Tieren bestimmte Familiensituationen nachzuspielen. Den Spiegel, den sie den Eltern dabei vorhalten, sollte man sehr genau betrachten.

Sprechen lernen – Sprache verstehen

Mit eineinhalb Jahren können fast alle Kinder sicher laufen. Wenn dieser Prozeß abgeschlossen ist, macht es gewöhnlich große Fortschritte in der Sprachentwicklung. Man sollte sich einmal klarmachen, was Kinder leisten, wenn sie sprechen lernen:

1. Sie müssen aus dem Redefluß, den sie hören, bestimmte Lautkomplexe (Wörter) ausgliedern.

2. Jedes Wort muß auf seine Bestandteile untersucht werden, ähnliche Lautkombinationen müssen unterschieden werden, z.B. Hand-Hund.

3. Das Wort muß verstanden, d.h. auf ein Merkmal, eine Handlung oder einen Zusammenhang bezogen werden.

4. Gleichartige Gegenstände müssen verallgemeinert und mit einem bestimmten Wort benannt werden (Taube, Spatz, Möwe: Vögel).

5. Ein ganzer Satz, eine Gruppe von Wörtern, die durch bestimmte grammatische Beziehungen verbunden sind, muß verstanden werden.

6. Die Aussprache muß erlernt werden.

7. Die Fähigkeit, in jedem Fall die benötigten Worte zu finden und so zum Ausdruck zu bringen, daß andere sie verstehen, muß erworben werden.

Weil Sprache durch Nachahmung – am besten in Zusammenhang mit Handlungen – erworben wird, ist klar, daß Erwachsene, die langsam und deutlich mit ihrem Kind sprechen, den Spracherwerb erheblich beeinflussen können. Am besten, indem sie all ihr Tun sprachlich kommentieren: »Ich nehme jetzt den Wasserkessel, fülle Wasser hinein . . .«

Mit eineinhalb Jahren können fast alle Kinder schon ein paar Worte sprechen, haben jedoch Schwierigkeiten mit bestimmten Buchstaben (Sprachfehler sind bis zu 4 Jahren normal) und verwenden eine »Babysprache«, sagen z.B. Wau-Wau statt Hund, auch wenn die Eltern dieses Tier stets als Hund bezeichnen. Verstehen können die Kinder weit mehr – z. B. so komplizierte Zusammenhänge wie: »Zeig der Oma mal dein Buch.«

Alles, was in Gegenwart des Kindes besprochen wird, sollte deshalb genau überlegt sein – auch in diesem Alter sind Kinder schon verletzbar oder verstehen Dinge falsch.

Einige Autoren empfehlen den Eltern, die Kindern möglichst bald eine deutliche Aussprache beibringen wollen, so zu tun, als ob sie nichts verstünden.[53] Solche Hinweise kann man nur als seelische Grausamkeit bezeichnen, abgesehen davon, daß ein solches Verhalten nicht nur unehrlich, sondern auch wirkungslos in Bezug auf das Sprechenlernen ist. Ständig angewandt führt es sicher zu Resignation und Angst.

Beim Sprechenlernen unterstützt man ein Kind am besten dadurch, daß man viel mit ihm tut und (be)spricht: »Wir gehen jetzt einkaufen. Du kannst das Netz holen . . .« Auch Dinge, von denen man glaubt, daß das Kind sie noch nicht versteht, kann man ihm mitteilen: »Ich muß jetzt im Kindergarten anrufen und fragen, wann ich das Formular abgeben muß . . .« Worte des Kindes sollte man in richtiger Aussprache wiederholen und, wenn Sätze gemeint sind, ergänzen: »Papa!« – »Ja, da kommt Papa!« »Da, wau, wau«. – »Richtig, da läuft ein großer schwarzer Hund.« Nie sollte man ein Kind verbessern: »Das heißt nicht wau-wau, sondern Hund«, weil es dadurch entmutigt wird. Umgekehrt darf man auch nie in einer Baby-Sprache mit ihm reden – »ata ata gehen« oder so –, die man vielleicht süß findet, mit der man sein Kind jedoch für dumm verkauft.

Wer hin und wieder von einer Wortschöpfung seines Kindes begeistert ist, sollte das ruhig mal durch Benutzen zum Ausdruck bringen. Wir haben mal »Nötel« für Nuckel gesagt, bis uns das Kind eines Tages strahlend »Nuckel« vorsprach. Oft übernehmen Kinder auch von ihren Freunden Ausdrücke, die ihnen Spaß machen: Das eine kann schon richtig Apfel sagen, das andere sagt »Äppel«. Plötzlich sprechen beide von »Äppel« und lachen dabei – das ist kein Rückfall, sondern durchaus eine Form von Humor und Selbstbewußtsein.

So zum Sprechen angeleitet, macht es dem Kind sichtlich Spaß, jeden Tag neue Wörter nachzusprechen und andere zu be-

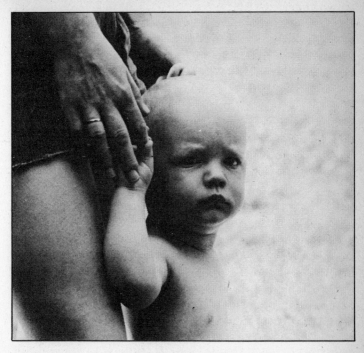

halten. Dabei treten oft erstaunliche Gedächtnisleistungen zutage: Dinge, die nur einmal benannt wurden, werden plötzlich verstanden, Wörter, die man vor Wochen benutzte, plötzlich angewandt, besonders, wenn es sich dabei um so begeisternde Dinge wie »Knete« oder »Tuschkasten« handelt.

Irgendwann bringt das Kind auch zum Erstaunen seiner Umwelt mit Worten zum Ausdruck, daß es Angst hat.

Ohne hier zum »Training« anregen zu wollen, sei darauf hingewiesen, daß zunächst über die Hälfte des Wortschatzes aus Hauptwörtern (Nomen, Substantiven), besteht, ein Viertel aus Tuwörtern (Verben) und ca. 10 % aus Wiewörtern (Adjektiven). Wenn einem das klar ist, kann man morgens im Bett z.B. am Wochenende mal spielen, was alles laufen kann: Kann ein Tisch laufen? Nein. – Kann ein Hund laufen? Oder: Was man alles essen kann, was alles fliegen oder schwimmen oder kriechen kann.

Vor dem Einschlafen ist oft die Aufzählung sinnvoll, wer alles schläft und wo. Der Vogel schläft auf dem Baum . . . Zur Unterscheidung von Adjektiven hilft es, das Kind wählen zu lassen: Willst du lieber mit dem dicken oder dem dünnen Stift schreiben? Willst du den roten oder den gestreiften Pullover anziehen? Willst du warmen oder kalten Tee trinken?

Auf Spaziergängen, im täglichen Umgang mit Gegenständen, beim Arbeiten, ist es leicht, auf Eigenschaften der Dinge hinzuweisen: Merkst du, die Zitrone schmeckt sauer! Sieh mal, so ein langhaariger großer Hund. Wie schnell du laufen kannst! Wir steigen jetzt in den großen gelben Bus ein. Auch Präpositionen lassen sich so vermitteln: Wo ist denn der Ball? Ach, er ist in dein Bett gefallen? Nein, er liegt nicht im Bett, unter dem Bett, hier!

Wenn der kindliche Wortschatz mehr als 70 Wörter umfaßt, wendet es sich grammatischen Strukturen zu. Dabei macht es Spaß, Satzmuster zu wiederholen, egal, ob das Kind dabei nur zuhören oder mitsprechen will: Papa geht ins Bett. – Nils geht ins Bett. – Oma geht ins Bett. – Die Katze geht nicht ins Bett, die schläft auf der Decke.

In diesem Alter lieben Kinder Bilderbücher besonders: Hier können sie nachfragen, wie die Dinge heißen, ohne dabei auf den nächsten Spaziergang oder Wohnungsrundgang warten zu müssen. Geduld und Zeit ist alles, was Eltern dabei brauchen, wenn ihr Kind immer wieder auf Bilder zeigt und fragt »da?« »Das ist ein Fisch, der schwimmt im Wasser«. Bald können die Eltern selber anfangen, Fragen zu stellen. Wo ist denn der Fisch? Was ist denn das?

Die Bilderbücher können jetzt viele Einzelheiten enthalten, große Bilder, auf denen es viel zu entdecken gibt. Manche mögen vielleicht auch schon sehr einfache Texte vorgelesen bekommen – wichtiger ist aber jetzt noch das persönliche Eingehen auf die Fragen und Erklärungswünsche des Kindes.

Auch Zeitungen, Prospekte und Spielkarten (Quartett, Memory, Bilderlotto, Bild-Domino) eignen sich bestens zum gemeinsamen Betrachten und Besprechen. Die Karten haben den Vorteil, daß man sie nach bestimmten Merkmalen sortieren und zuordnen kann, an Bildern oder Postern lassen sich Zusammehänge klarmachen.

Spaß macht auch, sich ein Spielzeug genau vorzunehmen und darüber zu sprechen: Aus welchen Teilen besteht es? Was kann man alles damit machen? Wer hat es hergestellt? Wie kam es ins Kinderzimmer? Dabei fällt es einem manchmal selber schwer, einzelne Teile oder Gegenstände richtig zu benennen. Dann sollte man die Mühe nicht scheuen, gemeinsam mit dem Kind in einem Bilderlexikon (z.B. Duden, Bilderwörterbuch der deutschen Sprache) nachzuschauen.

In kleinen Rollenspielen lernt das Kind, gebräuchliche Floskeln: Guten Tag, haben Sie Brot? Danke-Bitte-Auf Wiedersehen.

Reime, Fingerspiele, Gedichte, Verse machen großen Spaß, besonders wenn sie mit Aktivität verbunden sind. Kennt das Kind sie gut, soll es auch mal bei Vater »Kommt ein Mann die Treppe rauf . . .« machen – natürlich ohne seine Freude daran durch Sprachkorrekturen zu vermindern. Wer übrigens solche Verse vergessen hat, kann sie mit dem Kind gemeinsam neu lernen (aufschreiben und deutlich sichtbar aufhängen).

Das ist der Daumen,
der schüttelt die Pflaumen,
der sammelt sie auf,
der trägt sie nach 'Haus'
und dieser Kleine,
der ißt sie alle 'ganz alleine.

Daumen anfassen, danach alle weiteren Finger entsprechend den Textzeilen.

Hier hast du einen Taler,
geh auf den Markt,
kauf dir eine Kuh
und ein Kälbchen dazu,
das Kälbchen hat ein Schwänzchen,
macht dideldideldänzchen.

In die geöffnete Kinderhand geben. Bei jeder weiteren Zeile Handfläche streicheln. Zum Schluß kitzeln.

Kommt ein Mäuschen,
krabbelt ins Häuschen,
will ein Stück Brot, Brot, Brot.

Zeige und Mittelfinger spazieren über die Beine zum Hals und kitzeln da.

Herr Pinz und Herr Panz,
die gehen zum Tanz.
Es gehen zum Tanz
Herr Pinz und Herr Panz.
Erst machen sie so ...
dann so ...
dann so ...
dann hampeln und strampeln
sie lustig und froh.

Das Kind liegt auf dem Rücken und wird an den Füßen gehalten (Pinz und Panz) Bei „Pinz" u. „Panz" jeden Fuß schütteln. Zeile 3 und 4: Beine abwechselnd strecken und anwinkeln ... Bei „so" Beine grätschen und kreuzen. Letzte Zeilen: strampeln

Ich und du
Müllers Kuh
Müllers Esel
der bist du.

Angst

Nicht selten tauchen in diesem Alter Ängst auf, die man als Erwachsener schwer nachvollziehen kann, aber unbedingt ernst nehmen muß. Die Kleine weint plötzlich, weil der Staubsauger an ist, klammert sich fest, wenn das bekannte Müllauto kommt, oder brüllt plötzlich los, weil in der Badewanne ein Plastiktier schwimmt. Andere weigern sich, ein Zimmer zu betreten, weil dort angeblich ein Hund sitzt. Nächtliches Aufschrecken, schweißgebadet, tränenüberströmt, ist keine Seltenheit in diesem Alter.

Die Kinder machen täglich eine Fülle von Erfahrungen, können aber nur sehr begrenzt mit jemandem darüber reden: Sie sehen z.B. daß eine Frau ein Kind schlägt, daß ein Hund wütend bellt, und sind sprachlich noch nicht in der Lage, ihre Fragen zu stellen. Treten solche Ängste auf, wie geringfügig sie uns auch erscheinen mögen, so muß das Kind erstmal beruhigt werden, indem man es in den Arm nimmt und ihm zeigt, daß man es verstehen möchte. Später, wenn sich Gelegenheit zu einem Gespräch in Ruhe ergibt, kann man versuchen, die Ursachen der Angst zu erfragen, Zusammenhänge zu erklären.

Es gibt Kinder, die in diesem Alter nachts regelmäßig aufwachen und weinen. Nach unseren Erfahrungen ist es weit weniger strapaziös, diese Kinder bei sich im Bett schlafen zu lassen, als mehrmals aufzustehen, um sie zu beruhigen. Befürchtungen, daß Kind wolle nun immer im Bett der Eltern schlafen, haben sich als unbegründet herausgestellt. Ganz abgesehen davon, daß in fast allen Naturvölkern die Kinder ganz selbstverständlich mit ihren Eltern zusammen schlafen und dennoch viel früher selbständig sind als die meisten unserer Kinder, haben wir die Erfahrung gemacht, daß nach einer gewissen Zeit bestimmte Ängste verarbeitet sind und das Kind wieder ruhig schläft. Wie lange das dauert, ist völlig verschieden. Fest steht nur, daß elterliche Ungeduld und sogenanntes »hartes Durchgreifen« den Prozeß erheblich verlängern, ja sogar schwere Schäden in Form von Bett-

nässen, übertriebener Ängstlichkeit u.ä. hervorrufen können, wenn das Kind älter ist.

An dieser Stelle mögen einige Eltern einwenden: Wird durch elterliches Entgegenkommen das nächtliche Aufwachen nicht eines Tages zur bloßen Gewohnheit? Das mag richtig sein – aber wie soll man »bloße Gewohnheit« von richtiger Angst unterscheiden? Sind nicht auch unsere eigenen Ängste Gewohnheit und trotzdem real? Gibt es eine Altersgrenze, von der an ein Kind allein mit seinen Ängsten fertig werden muß? Mir fällt eine Antwort auf diese Fragen schwer. Tatsache bleibt, daß Kinder nicht dadurch selbständig werden, daß man sie allein läßt. Kein Mensch lernt schwimmen, wenn man ihn ins Wasser wirft – oder? Lernen vollzieht sich schrittweise.

Vielleicht kann man das Problem verhaltenstherapeutisch lösen. Ich selber bin aber nachts zur Durchführung von Lernprogrammen nicht in der Lage. Deshalb schläft unser Sohn auch oft bei uns im Bett. Ich weiß von mir selber, daß ich es hasse, allein zu schlafen und daß ich auch ohne Kinder nachts regelmäßig aufwache. Zum Problem wird das nur dann, wenn die Schlafenszeit insgesamt zu kurz ist. Ich kenne auch Eltern, die regelmäßig nachts aufgestanden sind und auch die Kinder zu sich geholt haben und sie schlafen jetzt trotzdem problemlos durch. Ich habe dafür keine »erziehungswissenschaftliche« Erklärung.

Auf jeden Fall sollte man die Frage gelassen angehen. Wenn es dazu kommen sollte, daß Kinder ihre Eltern zu Nervenbündeln machen, muß man sicherlich Veränderungen schaffen: Tatsächlich habe ich so etwas aber noch nie gehört – sieht man einmal von Krankheitsphasen, Zahnen u.ä. ab. Schließlich hat ja das Kind selber wie die Eltern auch – ein Interesse an ausreichendem und ungestörtem Schlaf.

Etwas ganz anderes ist die natürliche Angst vor Gefährlichem. Wenn z.B. ein Kind sich weigert, einen großen Hund zu streicheln, sollte man das als vernünftig akzeptieren und ihm sagen, daß einige Hunde aus bestimmten Gründen tatsächlich beißen. Oder wenn es die große Rutsche noch nicht hinaufklettern möchte, dann ist das völlig in Ordnung. Ist es allerdings dort auf der Leiter mal ausgerutscht, sollte man es nicht mit dieser Angst und diesem Mißerfolg nach Hause gehen lassen, sondern die Sache noch einmal erfolgreich wiederholen – durch Aufmunterung und Hilfestellung (z.B. nennen, wo man sich am besten festhält). Andere Ängste lassen sich nicht vermeiden und müssen – so kontrolliert wie möglich – durchgestanden werden: z.B. die Angst vor dem Impfen oder beim Haarewaschen. Hier muß man dem Kind den Vorgang erklären, ihn vielleicht an sich selber vormachen und vor allem dem Kind möglichst viel Gelegenheit zum Mitmachen geben. Es kann sich schon selbst den Kopf naß machen, Schampoon rausdrücken u.ä. Kinder, die panische Angst davor haben, sollten Gelegenheit erhalten, mit Wasser, Seife, Schaumbad und Schampoo zu spielen – mit einem Stuhl am Waschbecken oder in der Badewanne. Auch das hilft nicht bei allen – und denen muß man dann eben wohl oder übel brüllend die Haare waschen.

Arzttermine sollte man als das darstellen, was sie sind: unangenehm, aber notwendig und nützlich. Zu behaupten, daß eine Impfe nicht weh tut, ist schlicht gelogen. Daß dieser Schmerz schnell vergeht und überhaupt nicht schlimm, d.h. nicht gefährlich ist, kann ein kleines Kind schon verstehen. Daß Ärzte dazu da sind, Menschen zu helfen, Krankheiten zu verhindern und zu heilen, sollte man Kindern schon lange vor ihrem ersten Arztbesuch vermitteln.

Ins Bett gehen

In einigen Familien entwickelt sich das abendliche Zubettgehen zu einem mittleren Drama: Das Kind will nicht, stellt ständig neue Forderungen, brüllt – die Eltern sind hektisch, mit ihren Nerven am Ende. Andere machen kurzen Prozeß: Ins Bett, vielleicht noch ein Lied, und Schluß!

Die gängigen Elternratgeber warnen vor übertriebenen Ansprüchen der Kinder. »Bleiben sie nicht unbedingt am Bett sitzen, bis Ihr Kind die Augen schließt – zu leicht bleibt es sonst noch länger wach, um Sie als anregenden Unterhalter weiter dazubehalten«[54] Oder »In diesem Alter denkt es sich vor dem Schlafengehen allerlei aus, um den Zeitpunkt zum Schlafengehen hinauszuzögern. Sie sollten ihm (etwa zehn Minuten vorher) sagen, daß es nun gleich Zeit ist, ins Bett zu gehen. Sie sollten zusammen die Spielsachen aufräumen und es für das Zubettgehen fertig machen. Es soll gewaschen werden und seine Mahlzeit erhalten, aufs Töpfchen gesetzt und gewickelt werden. Erzählen Sie ihm noch eine kurze Geschichte, liebkosen es und legen es ins Bett. Wenn es dann noch Wünsche hat – noch etwas trinken, noch einmal aufs Töpfchen oder noch einen Kuß haben möchte –, reagieren Sie darauf nicht; es versteht dann bald, daß Sie nun nicht mehr auf seine Wünsche eingehen.«[55]

Wir sind der Meinung, daß ins Bett gehen etwas sehr Schönes, Schlaf etwas sehr Erholsames, Entspannendes ist. Wir fanden es daher nie richtig, den Schlaf als etwas Aufgezwungenes, Diktiertes zu betrachten, und haben Tränen vor dem Einschlafen immer vermieden. Der Abschied vom Tag sollte harmonisch sein.

Nach unseren Beobachtungen schlafen Kinder vor allem aus zwei Gründen nicht ein: entweder, weil ihnen das Bett als Straflager hingestellt wird (Wenn du jetzt nicht aufhörst, mußt du ins Bett), in dem sie ganz allein ausharren müssen (was am Tage in der Regel weder verlangt noch gestattet wird) – oder weil sie noch gar nicht müde sind.

Man darf also nie mit dem Ins-Bett-gehen drohen und muß wissen, daß Kinder in diesem Alter nicht mehr als 12—14 Stunden Schlaf brauchen. Wie bei Erwachsenen, so ist auch bei Kindern das Schlafbedürfnis verschieden, und manche brauchen eben wirklich nur 12 Stunden. Wenn ein Kind morgens um 7 Uhr aufwacht und über Tag zwei Stunden schläft, kann es frühestens um 19 Uhr, meist jedoch erst um 20 oder 21 Uhr wieder müde sein. Wenn das Kind müde ist, reicht normalerweise ein Fläschchen Milch oder Tee, zu dem noch ein Lied gesungen wird – und es schläft. Manche Kinder müssen sich noch die Erlebnisse vom Tage abreden – hier zuzuhören gibt wichtige Hinweise auf die Probleme, die das Kind beschäftigen, Erlebnisse, die es beeindruckt haben. Kinder, die nach dem Fläschchen oder Lied anfangen, wieder aufzustehen und rumzualbern, sind offensichtlich zu früh ins Bett gekommen.

Bei uns hat immer eine einfache Vereinbarung geholfen: Nach dem Fläschchen findet nichts mehr statt – wann es aber mit seinem Fläschchen einschlafen will, bestimmt das Kind selbst. Nach dem Abendessen und Baden kann es noch, solange es will, allein oder mit uns zusammen spielen oder Bücher angucken. Will es dann ins Bett, wird noch einmal rückgefragt: »Willst du nicht noch spielen oder ein Buch angucken?« Aber jetzt ist es oft schon so müde, daß es bettelt, das Licht schnell auszumachen, damit es einschlafen kann.

Aber wenn man es abends eilig hat? Wir meinen, daß Hetze und Schreienlassen die schlechtesten Methoden sind, um abends Zeit zu gewinnen. Zum einen muß man sich darüber klar sein, daß Kinder unsere Zeit brauchen. Dies können eigentlich nur Außenstehende als »Opfer« auffassen: Tatsächlich vermißte man sehr viel, wenn die zärtlichen Ins-Bett-bring-Phasen nicht wären. Wenn aber beide Eltern abends hin und wieder Termine wahrnehmen müssen oder mal wieder weggehen wollen, sollte man das Kind rechtzeitig darüber informieren und eine dem Kind vertraute Person bitten, zu kommen. Später werden die Kinder gern auch bei Freunden übernachten. Kinder, die gewohnt sind, daß sich ihre Eltern zu bestimmten Tageszeiten entfernen, weil sie arbeiten, dann aber wiederkommen und Zeit für sie haben, stört so etwas gar nicht. »Wenn du schläfst, kommen wir wieder und du bekommst noch ein Küßchen. Tschüss.«

Kinder in diesem Alter, egal ob sie schon schlafen oder nicht, allein zu lassen, halten wir für grundfalsch: Jedes Kind träumt und kann davon aufwachen. Dann muß jemand da sein, der ihm erklärt, daß seine Eltern bald wiederkommen und das es nur geträumt hat. Ein schreiendes Kind allein in der Wohnung – das hat nichts mit Erziehung zur Selbständigkeit zu tun – Selbständigkeit basiert auf Vertrauen, nicht auf Angst. Erst wenn ein Kind seine Umgebung mit ihren Gefahren so gut kennt, daß es sich auch tagsüber allein darin zurechtfindet (z.B. telefonieren, Türen öffnen und schließen kann) und von sich aus bereit ist, mit dem Erlebnis des Alleinseins konfrontiert zu werden, kann man es auch nachts allein lassen. (Natürlich nicht heimlich!)

Viel besser als diese Einsamkeitslösungen finden wir allerdings das frühe Gewöhnen an den Umgang mit anderen Erwachsenen und Kindern, die das Problem des abendlichen Weggehens der Eltern gar nicht erst aufkommen lassen.

Laufen, klettern, springen . . .

Daß die Kinder jetzt laufen können, wird sichtlich genossen. Sie sollten viel Möglichkeit dazu haben: barfuß laufen, über Sand, Steine, Baumstämme, Wiesen, Treppe hoch und runter, schräge Ebenen (Rutschbrett, Hügel, Berge . . .) schnell laufen, langsam, leise, laut, laufen wie ein Hund, schleichen wie eine Katze, hüpfen wie ein Hase oder wie ein Frosch, stolzieren wie ein Storch – das alles macht Spaß, fördert Geschicklichkeit, Selbständigkeit und Selbstbewußtsein. Mit mehreren Kindern kann man sich anfassen, im Kreis gehen, eine Schlange oder ein Zug sein, sich fangen, verstecken und suchen. . . . Tragen sollte man ein Kind dieses Alters nur, wenn es wirklich sehr müde ist – auf keinen Fall, weil man es eilig hat beim Spazierengehen.

Laufräder sind heißgeliebte Turngeräte, mit denen die Kleinen viel Geschicklichkeit entwickeln und weite Strecken zurücklegen. Auch Rollerfahren können sie schon erlernen oder selbständig auf einem Schaukelpferd reiten.

Bälle kann man sich schon zuwerfen, zurollen oder zuschießen, man kann vom Sandkastenrand springen, hüpfen, sich seitlich rollen. Jetzt wird es auch Zeit, die Klettergeräte auf dem Spielplatz zu erobern. Striktes Prinzip: das Kind durch Vormachen anregen (falls das nötig ist), aber nie zu Sachen zwingen, die es nicht möchte. Nie auf ein Gerät heben, alles allein besteigen lassen. Bei Gefahr auf die Gefahrenquelle hinweisen – das Kind fühlen lassen, wo es sich wehtun kann. Wer sein Kind aber ständig festhält und auffängt, läßt es die natürliche Angst verlernen und verhindert, daß es lernt, mit Gefahren umzugehen. Da ist eine Beule am Kopf schon besser als der Genickbruch das nächste Mal, wenn die Mutter zufällig mal nicht rechtzeitig zu Hilfe kommt.

Zum Beispiel die Rutsche: Wer wagt, allein hochzuklettern, sollte davon nicht abgehalten werden (am besten, man probiert vorher selber mal aus, wie es sich rutscht) – im Gegenteil: man kann (mit Abstand) hinterherklettern oder in Hab-acht-Stellung warten. Gibt das Kind auf halber Strecke auf, fordert man es ruhig zum Abstieg auf (der ist schwerer). Völlig falsch wäre, es jetzt durch Enttäuschung zu entmutigen (Warum bist du denn nicht oben geblieben?« – Über die richtige Einschätzung sollte man lieber froh sein) oder herbeizustürzen und es runterzutragen. Das würde zur Unselbständigkeit verleiten und verhindern, daß es lernt, schwierige Situationen zu meistern.

Aufräumen und helfen

Je mehr Freiheit man dem Kind in seinem Tun und Erforschen läßt, desto mehr gibt es auch aufzuräumen. Ab wann kann ein Kind helfen? Soll es überhaupt aufräumen?

Mit eineinhalb Jahren ahmt ein Kind begeistert Erwachsene nach. Es kommt jetzt darauf an, es langsam an kleine Pflichten zu gewöhnen, die es regelmäßig ausführt. Keine aufgesetzten Beschäftigungen, sondern regelmäßige, notwendige Verrichtungen! So kann z.B. das Frühstück nicht ohne bestimmte Löffel stattfinden, die das Kind deckt. Oder es kann die Frühstücksbretter abwaschen, saubere Töpfe in den Schrank zurückstellen, Besteck sortieren. Und die ganze Familie freut sich darüber! Denn ohne diese Bestätigung wird es die Lust am Helfen wohl bald wieder verlieren.

Die Unordnung, die das Kind über Tag verbreitet, hat seinen Grund: Alles muß ausprobiert und verändert werden, ständig werden neue Entdeckungen gemacht, die tatsächlich wichtiger sind als die Ordnungsliebe der Erwachsenen. Aber irgendwann muß man wieder aufräumen. Nicht, weil man es so schön findet, sondern weil Spielzeug kaputtgeht, wenn man darauf tritt, weil Dinge verloren gehen, wenn man sie liegenläßt. Jedes Ding hat seinen Platz, damit man es schnell wiederfindet, wenn man es braucht. Ein solches Ordnungssystem ist auch schon für kleine Kinder einsichtig. Perlen gehören in ein Glas oder eine Dose, Autos in die Garage, Puppen ins Bett, Bücher ins Regal, Puzzle in ihren Rahmen. Alle diese Dinge müssen für das Kind erreichbar sein – so lernt es, wo was hingehört und wie man es wieder wegstellt.

Natürlich wird man zuerst mit dem Kind zusammen aufräumen und seine Hilfe sehr dankbar annehmen. Man kann sich auch von ihm diktieren lassen, wo was hingestellt werden soll: Wohin kommt der Teddy? Zwang beim Aufräumen auszuüben hieße, dem Kind diese Beschäftigung lebenslang zu vergällen.

Wenn ein Kind bestimmte Dinge nur in der Gegend herumschmeißt und nicht bereit ist, sie wieder aufzuheben (z.B. Puzzleteile), sollte man ihm ruhig erklären, daß es für dieses Spiel noch zu klein, vielleicht auch im Augenblick zu müde ist, es selber aufräumen und für eine Zeitlang ganz wegstellen.

Allerdings darf sich niemand einbilden, daß jetzt alle Aufräumkonflikte aus der Welt geschafft sind. Ich meine allerdings, daß es keinen anderen Weg gibt als den des Vorbilds (Hängen Sie die Hosen Ihres Kindes immer ordentlich auf? Legen Sie seine Spielsachen stets an den richtigen Platz?), der Erfahrung (zertretenes oder verlorengegangenes Spielzeug) und des Gesprächs (»wenn diese Bausteine alle im Flur liegenbleiben, fällt man darüber. Bitte bestelle den großen Lastwagen, damit die Bauarbeiter alles wieder aufladen können«).

Wenn Geschwister kommen

Was würden Sie sagen, wenn Ihnen Ihre Geliebte eines Tages erklärt, daß Sie noch jemand haben möchte, jemanden neben Ihnen? Daß die geliebte Mutter ein zweites Kind bekommt, ist zunächst ein schwerer Schlag. Natürlich kann man das Kind vorbereiten: es beteiligen am Sortieren der Babywäsche, am Hervorholen des alten Spielzeuges, es das Baby im Bauch fühlen lassen . . . man sollte sich aber nicht einbilden, daß mit solchen Maßnahmen zukünftige Eifersuchtsprobleme aus der Welt geschafft sind.

Wenn die Mutter ins Krankenhaus geht, muß für Ersatz gesorgt werden: am besten durch den Vater, dem übrigens dafür soviele freie Tage zur Verfügung stehen, wie die Mutter im Krankenhaus verbringen muß.

Wenn die Mutter zurückkommt, muß sie mit »Strafen« rechnen: Es darf sie nicht wundern, wenn das Kind große Wutanfälle bekommt und Mutter nebst Baby wieder wegschicken möchte. Da hilft nur Geduld und sehr viel Zuwendung, Freude über die Selbständigkeit, die das größere Kind im Vergleich zum Baby auszeichnet. Doch sollte man sich nichts vormachen: Ein Küßchen – oder 10 – schaffen das Problem noch längst nicht beiseite. Das braucht Zeit.

Besucher, die kommen, sollte man vorbereiten, damit sie nicht durch Bewunderungsschreie für das Baby die Lage verschlechtern. Sie können dagegen sehr hilfreich sein, wenn sie dem großen Kind ihre Aufmerksamkeit schenken, es zu Spielen anregen und selber mitspielen.

Es ist zwar richtig, größere Kinder so weit wie möglich an der Babypflege zu beteiligen – und dabei sollte man nicht zimperlich sein, die Babys sind es auch nicht, wenn Puder danebengeht oder Creme nicht da landet, wo er eigentlich hingehört –, viele ältere Geschwister interessieren sich aber bewußt nicht dafür, gucken gezielt weg, und sollten dann auch das tun, was ihnen mehr Spaß macht. Wer an diesem Punkt zu früh zu viel verlangt, wird das Gegenteil dessen erreichen, was er plant. Spätestens wenn das Baby von sich aus auf größere Geschwister reagiert, indem es lacht und sich offensichtlich über jede auch noch so ungeschickt zum Ausdruck gebrachte Aufmerksamkeit freut, wird sich das Verhalten des älteren Kindes ändern: Es merkt selbst, daß es gebraucht wird, und das sollten die Eltern nutzen, ohne durch zu viele Einschränkungen (»nicht an den Kopf fassen! Vorsicht! Was machst du denn da?«) das Interesse am Baby einzuschränken. Bald wird das ältere Kind von sich aus Aufgaben übernehmen (Teeflasche halten, Windel holen), die dann zu festen Pflichten werden können.

Auf Rückfälle und Geschrei vor Eifersucht reagiert man am besten gelassen, d.h. weder betulich noch aggressiv. Nie darf Zweifel darüber aufkommen, daß alle Familienmitglieder zusammengehören und sich gegenseitig liebhaben und achten. Denn gegen Eifersucht gibt es kein Rezept, wohl aber das Vorbild der Eltern, die Fürsorglichkeit umeinander, die intensive Zuwendung und Beachtung der persönlichen Entwicklung eines jeden Kindes.

Wenn zwei Kinder da sind, gibt es auch in der Wohnung Veränderungen. Beide Kinder sollten so früh wie möglich zusammenschlafen: sobald das kleinere nachts nur noch einmal aufwacht und das größere dabei nicht weckt. Das stärkt ihr Zusammengehörigkeitsgefühl, übt Rücksichtnahme und vermindert das Gefühl des Alleinseins.

Für viele Kinder ist es schlimm, wenn sie ihr Bett an das Baby abtreten müssen. Ich finde diese Lösung auch nicht sehr geschickt, ja überflüssig, da es fast überall gebrauchte Kinderbetten zu kaufen, zu leihen oder geschenkt gibt. Wer wenig Platz hat, kann versuchen, in einem der Zimmer eine zweite Etage bzw. ein Hochbett einzuziehen: Hier können die Kinder klettern und spielen, später auch schlafen. Auch manche Flure eignen sich zum Einziehen wenigstens einer Kuschelecke (mit Leselampe), die man über eine Leiter erreicht.

Was das Spielzeug betrifft, so sollte selbstverständlich sein, daß jeder jedes Spielzeug benutzen kann – wie andere Gegenstände auch –, wenn es gerade frei ist und wenn er damit sachgerecht umgehen kann: Das größere Kind darf also die Baby-Rasseln benutzen, aber das kleinere darf auch schon mal die Feuerwehr anfassen.

Zwei Kinder machen auch mehr Arbeit. Und die muß man aufteilen: am besten durch feste Regelungen, d.h. Absprachen der Familienmitglieder. Wer geht nachts zu welchem Kind, wenn es schreit? Wer wickelt welches? Wer bringt die Kinder zur Tagesmutter/Krippe/Kindergarten, wer holt sie ab? Welche Aufgaben können Geschwister übernehmen?

Zwei Kinder müssen nämlich nicht doppelt soviel Arbeit machen.

– wenn das größere für das kleinere sorgt und mit ihm spielt
– wenn das kleinere durch das größere lernt
– wenn einer auf den anderen Rücksicht nimmt, z.B. indem das größere allein spielt, während Mutter und Baby schlafen oder wenn der Vater mit allen Kindern spazieren geht, weil die Mutter arbeiten muß.

Möbel für Zweijährige?

Wenn Ihr Kind sicher läuft, sind einige Anschaffungen sinnvoll: Ein Tisch mit mindestens zwei Stühlen wäre gut. Es gibt teure verstellbare Tische und Stühle, die bis in die Schulzeit mitwachsen, geeignet sind aber auch billige leichte Möbel, die den großen Vorteil haben, daß die Kinder sie selber tragen und schieben können. Wenn die Stühle dann noch von zwei Seiten zu benutzen sind, ergeben sich herrliche Spielmöglichkeiten: Sprungtürme, Autos, Eisenbahnen . . .

Auch Regale sollten möglichst veränderbar und leicht zu handhaben sein. Einfache quadratische Kästen kann man billig und einfach selber bauen. Darin haben Spielsachen und Bücher Platz, sie lassen sich aber auch ausräumen, zu Tunneln zusammenstellen, als Boot verwenden, zu Lokomotiven umfunktionieren.

Sehr teuer aber schön und zweckmäßig sind zusammensetzbare Elemente wie Mobilix (von Burkhard Lübke). Diese Kunststoffplatten, die mit Hilfe von Kreuzschienen zusammensetzbar sind, ergeben nicht nur Regale, Tresen, Kaufmannsläden, sondern vieles mehr. Überhaupt nichts kosten alte Möbel vom Sperrmüll: Kleiderschränke sind unersetzbar für Versteckspiele und als Wohnung, große Schubladen werden zu Ozeandampfern . . .

Anregungen für einen Tagesverlauf berufstätiger Eltern mit ihrem Kind

Schon ganz früh können Sie morgens gemeinsame Pflichten erledigen. Dabei ist es unbedingt notwendig, daß bestimmte Dinge regelmäßig und unabänderlich ausgeführt werden: z.B. Zähneputzen, waschen, Blumen gießen, den Tisch decken . . . Wenn Sie diese Dinge wirklich täglich gemeinsam erledigen, kommt Ihr Kind wahrscheinlich gar nicht auf die Idee »keine Lust« dazu zu haben. Wenn das doch der Fall sein sollte, teilen Sie ihm ernst, aber ohne beleidigt zu sein mit, daß sie sein Verhalten schlecht finden. Was wäre denn, wenn Sie keine Lust hätten? Das kann das Kind gleich erfahren, wenn es Sie um den nächsten Gefallen bittet. Wer sein Kind ernst nimmt, muß das auch bei seinen Aufgaben tun. Gerade hierauf legen Kinder dieses Alters auch größten Wert: In der Regel ist es leider so, daß sie ständig »Das kannst du noch nicht«, »Dafür bist du noch zu klein», »Das muß ich machen« hören, weil sie sich von sich aus an allem beteiligen wollen.

Das Frühstück sollten Sie zu einem Gespräch nutzen, ihrem Kind ein Gedicht oder einen Reim aufsagen, eine Geschichte erzählen (natürlich eine ganz kleine) oder ein Bilderbuch angukken. Reden Sie mit ihm über alles, was es auf Ihrem Tisch oder in Ihrer Küche zu sehen und anzufassen gibt und fordern Sie das Kind dabei so oft wie möglich zu Handlungen auf: Gib mir bitte . . . zeig mir . . . leg hin . . . nimm . . . such . . .

In diesem Halbjahr können Kinder schon kleine Sätze sprechen lernen. Alle Kinder lernen einzelne Worte, deren Aussprache man mit Fragen wie »Wer ist das? Was ist das? Was tust du?« provozieren kann. Da sich alle Kinder sehr für Fahrzeuge und Tiere interessieren, bietet sich der Weg zur Tagesmutter/Krippe ebenfalls für Gespräche an: Zumindest Hunde und Autos gibt es überall zu sehen: »Sieh mal, der Hund schnuppert. Jetzt bleibt er stehen. Er riecht etwas. Die Ampel ist rot. Alle Autos müssen warten. Das rote Lastauto bremst. Hörst du das Quietschen?«

Wenn Sie das Kind nach der Arbeit abholen, hat es vielleicht schon selber Vorstellungen von dem, was es tun möchte. Wenn Sie aber etwas Bestimmtes vorhaben, dann sagen Sie ihm gleich, was sie jetzt gemeinsam tun werden, und fragen nicht erst, ob es Lust dazu hat. Wenige bestimmte Dinge sollten Sie allerdings besser ohne Ihr Kind erledigen: z.B. einen Rieseneinkauf im Warenhaus oder eine lange Autofahrt bei starkem Verkehr durch die City . . . Unterwegs – vielleicht mit einem schon etwas müden Kind – sind Spiele wie »was man alles essen kann« oder »wer alles in die Kindergruppe geht« manchmal aufheiternd: Geht Nils in die Kindergruppe? Geht die Katze in die Kindergruppe? Geht Oma . . .

Zu Hause bei anstehenden Hausarbeiten können Sie Ihrem Kind ruhig unter Aufsicht ein Messer geben, mit dem es z.B. grüne Bohnen oder Möhren durchschneiden kann. Geben Sie ihm kein stumpfes Messer – damit können Sie ja auch nicht schneiden! Zeigen Sie ihm lieber, wie es die Finger so hält, daß die Wahrscheinlichkeit, sich zu schneiden, gering ist.

Wenn Ihr Kind noch munter ist und Sie Zeit haben, sollten Sie sich z.B. intensiv mit Bausteinen beschäftigen. Das Kind kann ja inzwischen einfache Türme bauen. Mit Bausteinen kann man aber eine Menge mehr lernen: Formen und Größen unterscheiden, die Eigenschaften der Gegenstände beachten und in Beziehung setzen, die Lage im Raum berücksichtigen. Spielen mit Bausteinen entwickelt die Kombinationsfähigkeit und Fantasie sowie die Fähigkeit, die Handlungen der Erwachsenen nachzuahmen.

Dazu einige Anregungen: Das Kind kann lernen, die einzelnen Formen zu benennen (Quader oder Ziegelstein, Würfel, Platte, dreiseitiges Prisma oder Dach) und einfache Modelle nachzubauen (vgl. hierzu auch Nikitin-Spiele). Geben Sie Ihrem Kind dazu zunächst die erforderlichen Bausteine und lassen Sie es Ihnen Schritt für Schritt etwas nachbauen: ein Tor, einen Tisch, eine Treppe, ein Haus. Schwieriger wird es, wenn Sie etwas Einfaches vorbauen und das Kind sich die Bausteine zum Nachbauen selber heraussuchen muß. Achten Sie darauf, daß Ihr Kind die Steine genau übereinanderlegt, bzw. zeigen Sie ihm, wie es richtig ist. Ein dritter Schwierigkeitsgrad besteht darin, daß Sie das Kind auffordern, etwas Bestimmtes zu bauen – aus dem Gedächtnis. Wenn ein Bauwerk fertig ist, sollten Sie mit dem Kind damit spielen: Autos durch das Tor fahren lassen, die Puppe die Treppe hinunter führen, Tiere in einen Stall sperren etc.

Und dann? Zu meinem großen Erstaunen las ich kürzlich, daß Kinder in sowjetischen Kindergärten angehalten werden, ihre Bauwerke nicht zu zerstören, sondern abzutragen. Weil ich weiß, mit wieviel Vergnügen mein Sohn einen hohen Turm einschmeißt, fand ich das zunächst befremdlich. Je länger ich darüber nachdenke, desto mehr Zweifel an der Richtigkeit des Einschmeißvergnügens kommen mir. Bedeutet abtragen nicht: nichts mutwillig zerstören, die Arbeit anderer achten, die eigene Arbeit achten, kein Chaos erzeugen – auch nicht zum Spaß? Bietet das Abtragen nicht auch einen Anknüpfungspunkt, über Sinn und Zweck des Bauens zu sprechen und über den Wahnsinn, daß hierzulande bewohnbare Häuser absichtlich zerstört und eingerissen werden?

Jetzt ist Ihr Kind sicherlich müde geworden. Bringen Sie gemeinsam und fürsorglich die Puppen ins Bett, die Tiere in den Stall und gucken sich noch zusammen ein Buch an. Wenn Sie keine Zeit haben, können Sie das Kind auch allein baden lassen, wobei es Schaum und ein Aufziehtier benutzen darf. Nach dem Abtrocknen hat es vielleicht noch Lust, sich allein einzucremen – vielleicht haben Sie ja eine Cremedose, in der nicht mehr viel drin ist.

Regen Sie sich nicht auf, wenn Ihr Kind vor dem Einschlafen noch vor sich hin plappert – das ist eine gute Methode, die Erlebnisse des Tages loszuwerden.

Gymnastik und Spiele von anderthalb bis zwei

Purzelbäume: Achten Sie auf einen runden Rücken und einen eingezogenen Kopf

Das Kind bückt sich und berührt mit den Händen den Boden. Es schaut durch seine gegrätschten Beine: »Kuckuck«.

Das Kind steht mit dem Rücken zum Gesicht des Erwachsenen. Es klammert seine Beine um die Hüften des Erwachsenen und wird in der Taille gehalten. So in der Schwebe schlägt es die Arme auf und nieder, wie die Flügel eines Schmetterlings

Das Kind kickt Bälle mit dem Fuß. Wenn es das kann, versucht es, den Ball in ein Tor zu zielen

Das Kind kriecht durch einen langen Tunnel (Röhren auf dem Spielplatz oder mehrere Stühle, die hintereinander stehen).

Das Kind versucht, über eine Schnur, einen Stock oder einen Strich zu springen – im Schlußsprung.

Das Kind hat einen aufgeblasenen Fahrradschlauch und versucht, hindurchzusteigen, während es ihn selbst vor dem Bauch hält.

Das Kind balanciert allein auf einem Strich, auf kleinen Mauern, Baumstämmen u.ä.

Veranstalten Sie ein Hindernisrennen über Möbel, Kartons, Kisten

Das Kind legt sich auf einen großen Ball und versucht, darauf zu balancieren, indem es hin und herrollt. Vielleicht kann es sogar schon die Arme hochheben?

Das Kind macht eine Brücke und hebt abwechselnd ein Bein (Ein Hund macht Pipi).

Das Kind versucht, einen Ball, den Sie ihm zuwerfen, zu fangen. Das Kind versucht, Bälle in einen Korb oder in eine Wanne zu zielen.

Schwebesitz: Das Kind sitzt auf dem Boden und stützt die Arme hinter dem Po ab. Jetzt soll es die Beine ganz hoch heben.

Sie machen eine Brücke. Das Kind soll einen Ball hindurchrollen und dann hinterherkrabbeln.

Große Uhren gehen tick-tack (stampfen im Takt), kleine Uhren gehen ticke-tacke (schneller stampfen) und die kleinen Taschen-uhren gehen ticke tacke ticke tacke (ganz schnell stampfen).

Tätigkeiten, Spiele, Spielzeug

Im zweiten Lebensjahr entwickelt sich das Kind langsamer als im ersten. Alle hier aufgeführten Tätigkeiten sind jedoch von Kindern dieses Alters lernbar. Sie zielen auf die Entwicklung der Fingerfertigkeit, der Selbständigkeit, der Herausbildung von Vorstellungskraft und der Sprachfähigkeit. Indem das Kind in seiner Umwelt handelt, entwickelt sich gleichzeitig sein Denkvermögen, seine Aufmerksamkeit und sein Gedächtnis.

Tätigkeiten

Anziehen lernen (Hemd, Höschen)
Schuhe und Strümpfe ausziehen
Tisch decken und abräumen
Besteck einräumen
Geschirr spülen und abtrocknen
Blumen gießen
Haustiere füttern
Aufräumen
Fegen und Auffegen
Verkleiden (Hut, Mütze, Schal, Tuch)
Sich eincremen
Hände und Gesicht waschen und abtrocknen, duschen
Zähneputzen
Bilder und Bilderbücher angucken (übrigens nicht nur eigens für Kinder gemachte Bücher, sondern alles, was interessiert)
Kneten mit Plastilin, Mehl-Salz-Wasser-Teig, in Wasser aufgelösten Zeitungen
Knete mit Messer und Gabel schneiden, einstechen etc.
Körperumrisse abmalen (Das Kind legt sich auf einen großen Bogen, der Erwachsene malt es ab, anschließend malen beide gemeinsam aus und sprechen darüber).

Formen in eine Box mit verschiedenen Öffnungen einsortieren

Wasser in kleine Gläschen gießen, ohne etwas auszuschütten

Einen Plastikfisch o.ä. mit einem Käscher aus einer Schüssel herausfischen

Eine Kugel mit einer Schöpfkelle aus einem Behälter fischen

Perlen mit einer großen Nadel auffädeln

Gegenstände sortieren, z.B. nach Farbe oder Größe

Papierstücke mit Klebestift aufkleben

Papier falten

Straßen, Tunnel, Türme, Häuser, Ställe bauen

Löcher in Pappe stechen (oder mit einer Stricknadel in Knete)

Nägel einschlagen (zuerst in Korkplatten, später in Holz)

Schrauben mit einem Schraubenzieher drehen

Gegenstände unter einem Tuch ertasten

Sand schippen, sieben, umfüllen

Sandkuchen backen

Sandberge aufschütten und festklopfen

Türen verriegeln und wieder öffnen, Ketten vorlegen und wieder lösen: Wenn Ihr Kind das nicht lernt, schrauben Sie lieber alle Riegel ab, sonst werden Sie es eines Tages unter dramatischen Umständen mit dem Schlosser aus dem Zimmer befreien

Spiele

Bilderlotto und Bilderdomino

Gemeinsam die Bilder betrachten und erklären, Kärtchen den Bildtafeln zuordnen, Kärtchen nach bestimmten Gesichtspunkten sortieren (Tiere)

Memory

Zunächst aus einer Auswahl aufgedeckter Karten Pärchen finden, Bilder erklären und besprechen, Bilder sortieren: was man alles essen kann – was alles am Baum hängt – was laufen kann.

Steckspiele
Farbige Stöpsel (Stecker) in Vertiefungen stecken, Reihen bilden z.B. nur rote, nach der Farbe sortieren

Puzzle
mit wenigen Teilen

Was fehlt?
Vier Dinge liegen auf dem Tisch, eins wird heimlich weggenommen. Was fehlt?

Fragespiel
Kann ein Hund schwimmen? – Kann ein Baum laufen? – Kann ein Kind einen Ball werfen?

Augen zu!
Vielleicht sich ein paar Schritte mit geschlossenen Augen führen lassen

Suchspiel
Suchen was spitz ist – was eckig ist – was rot ist

Sehr zu empfehlen sind auch die aufbauenden Spiele der Familie Nikitin. In ihrem Buch sind alle Spiele ausführlich beschrieben, und sie lassen sich nach den genauen Anweisungen alle leicht selber herstellen. Das Buch ist sehr teuer, man sollte es sich daher von Freunden oder aus der Bibliothek leihen: Boris und Lena Nikitin, Aufbauende Spiele, Verlag Kiepenheuer und Witsch, Köln 1980, 38,— DM

Wir haben inzwischen einige Spiele hergestellt und erprobt: In diesem Alter spielen die Kinder schon gern damit, allerdings nicht nach Vorlagen, sondern frei bzw. gemeinsam mit und unter Anleitung von Erwachsenen.

Für alle Spiele, bei denen Holzwürfel die Grundlage bilden, seien die Holzwürfel der Firma Dusyma-Werkstätten GmbH, Postfach 1260, 7060 Schorndorf (liefern nur an Kindergruppen u.ä., nicht an privat) empfohlen: 100 Stück kosten ca. 11,—DM (Best.Nr. 1071) Maße 2,5 cm. Für kleinere Kinder sind allerdings größere Würfel schöner. Sie sind teurer, man erhält sie in Geschäften, die lose Holzbausteine oder Bastelmaterial verkaufen. Für die Bemalung der Würfel ist Plaka-Farbe (Haarpinsel benutzen und mit etwas Wasser verdünnen) am schönsten und schnellsten. Hinterher übersprüht man das Gemalte mit Klarlack.

Die Diagonalen bei »Lege ein Muster« klebt man zweckmäßig mit Klebeband ab. Die Mustervorlagen für »Lege ein Muster« (die einfachsten Muster können auch schon unter Zweijährige nach einiger Zeit) erstellt man am schnellsten, wenn man sie aus farbigem Papier schneidet und klebt, anstatt sie aufzumalen. Verwendet man dabei eine Papierschneidemaschine, geht es sehr schnell. Empfehlenswert ist, alle Vorlagen mit selbstklebender Klarsichtfolie zu überkleben.

Die Schwarz-Weiß-Vorlagen einiger Spiele, die man vergrößern muß, legt man am besten in ein Fotokopiergerät, das gleichzeitig vergrößert. Das findet man in Universitäten, Druckereien oder manchen Fotoläden.

Spielzeug, das man kaufen kann

Fahrradschläuche (aufgeblasen) oder Reifen
Luftballons aller Größen (mit Wasser, Perlen, Glöckchen oder Sand füllen)
Fischertechnik 3–6
Kasperpuppe
Lochbausteine (davon kann man nie genug haben)
Nagelspiel (Korkplatten mit Holzformen zum Aufnageln)
Werkzeugkasten mit richtigem, aber kleinem Werkzeug
Tasche oder Korb zum Tragen von Gegenständen
Kletterleiter mit Brettern, die man als Rutsche oder schräge Ebene anlegen kann (s. auch Versandhauskataloge)
Gartenschlauchstücke (zum Telefonieren, Trompeten, Feuer löschen, Wasser durchpusten u. v. m.)

Spielzeug, *das man selber machen kann*

Trommeln

Waschmittelbehälter mit Plastikfolie (kann aufgeschnittene Plastiktüte sein) sehr stramm überziehen und mit Teppichband oder Gummi befestigen.[56]

Kasperpuppe

Aus einem Teig aus klein zerrissenem Zeitungspapier, Tapetenkleber und Wasser den Kopf formen und auf eine Flasche stecken. Nach dem Trocknen bemalen und lackieren, Körper aus Stoff nähen und am Kopf befestigen.

Das dritte Lebensjahr

Im dritten Lebensjahr ist das Kind sowohl von seiner motorischen Entwicklung her (es kann laufen, klettern, tasten, fühlen und komplizierte Handgriffe ausführen) als auch von seinen geistigen Fähigkeiten her in der Lage, seine Umwelt nach und nach bewußt zu erfassen, sie sich handelnd, denkend und sprechend anzueignen.

Die optische Wahrnehmungsfähigkeit ist nicht mehr von den Tastempfindungen abhängig und nimmt allmählich – wie bei Erwachsenen – eine hervorragende Rolle ein. Indem das Kind sprechen lernt, setzt eine intensive Entwicklung seines verbalen Denkens ein: Es lernt vergleichen, verallgemeinern, urteilen und schlußfolgern.

● Die Erzieher sollten über alle Dinge und Zusammenhänge, die das Kind betreffen und es interessieren, ausführlich sprechen, handelnd erklären und – soweit möglich – in Rollenspielen verdeutlichen.

● Zeigen Sie Ihrem Kind bewußt, wie sein Dreirad funktioniert, wie man Kuchen bäckt, Fleisch brät, etwas anstreicht, wegräumt, flickt. Das Kind sollte jetzt an allen Arbeiten, die in der Wohnung anfallen, beteiligt werden – auch wenn das sicherlich etwas länger dauert.

● Beim An- und Ausziehen muß man sich zwingen, Ruhe zu bewahren und das Kind gewähren zu lassen: In diesem Jahr lernt es, sich selbständig an- und auszuziehen. Wutanfälle über Mißerfolg werden nicht ausbleiben. Auch hier hilft eine Kindergruppe, in der alle ähnliche Probleme haben, am besten über Schwierigkeiten hinweg.

● Selbständig sollte das Kind in diesem Jahr auch den Tisch decken, seine Sachen aufhängen bzw. an einen bestimmten Platz legen, Zähneputzen und seine Spielsachen aufräumen. Dabei sollte man dem Kind ein großes Maß an Selbstbestimmung einräumen, Befehle vermeiden und das gemeinsame Handeln für gemeinsame Interessen in den Vordergrund stellen.

● Die Trennung zwischen dem eigenen Leben und dem des Kindes kann in diesem Jahr weiter aufgehoben werden: Man kann das Kind auf viele Veranstaltungen und Feste mitnehmen und sollte ihm unbedingt auch den eigenen Arbeitsplatz zeigen.

Sexualerziehung

Jahrhundertelange Unterdrückung der Sexualität und daraus resultierende Verklemmung, die sich verständlicherweise noch heute bei vielen Eltern zeigt, machen eine spezifische Sexualerziehung notwendig.

Daß sich die Einstellung zur Sexualität im Laufe der Jahrhunderte immer wieder geändert hat – und zwar in Abhängigkeit von den ökonomischen Verhältnissen –, zeigt z.B. Heroards Tagebuch über Louis XIII. aus dem 17. Jahrhundert: »8. Juni 1604. Beim Aufstehen will er sein Hemd nicht anziehen, er sagt: Kein Hemd, erst gebe ich mal Milch aus meinem Pimmel . . .« Das ungenierte Kind war zu diesem Zeitpunkt 2 1/2 Jahre alt. 200 Jahre später dagegen werden Apparate entwickelt, die der Durchsetzung des Onanieverbotes dienen sollen.

Heute wissen immerhin einige Eltern, wie sie ihre Kinder in Bezug auf Sprache, Intelligenz und Motorik fördern können. Sie geben ihnen Sicherheit, Unterstützung und Handlungsspielraum und legen dabei Wert auf Selbständigkeit. Die Eltern üben mit ihrem Kind, belohnen Erfolge mit Freude und Bewunderung. Zur Weiterentwicklung der Fähigkeiten geben Sie Ihrem Kind neue Anregungen. Warum soll das bei der Förderung der sexuellen Entwicklung anders sein?

Sexualerziehung kann nur heißen, die sexuelle Entwicklung des Kindes durch Bejahen und Ernstnehmen seiner sexuellen Äußerungen und Bedürfnisse zu unterstützen und zu fördern. Dies gibt dem Kind die notwendige Sicherheit zu seiner Weiterentwicklung. Sexualerziehung kann also nur heißen, der kindlichen Neugier mit Freude zu begegnen und alle Fragen geduldig und selbstverständlich zu beantworten.

Indem die Eltern ihrem Kind zärtlich begegnen, mit ihm über seine Empfindungen sprechen, erhält es Anregungen, die ihm in seiner Weiterentwicklung helfen. So lernt das Kind, sich als geschlechtliches Wesen zu entdecken und findet im Laufe der Entwicklung sein eigenes Sexualleben heraus. In sexuellen Begegnungen mit Gleichaltrigen kann das Kind die Bedürfnisse anderer erfahren und lernen, damit liebevoll, zärtlich, rücksichtsvoll und verantwortungsbewußt umzugehen.

Wie das Kind alle Dinge nur im tätigen Umgang mit ihnen begreifen kann, gilt das Prinzip Lernen durch Handeln auch für sexuelle Fähigkeiten. Onanie- und Doktorspiele sind also bei Kindern nicht nur zu dulden, sondern bewußt zu bejahen, zu unterstützen.

Die Geschlechtsteile müssen mit der gleichen Selbstverständlichkeit beim Namen genannt werden, wie alle anderen Körperteile auch. Doch welchen Namen soll man benutzen? Am besten das, was einem selbst am leichtesten fällt und auch in der Umgebung des Kindes benutzt wird, damit sich das Kind verständigen kann. Wir haben uns für Pimmel und Möse entschieden, weil wir die Begriffe für einfach und treffend halten. Das Wort Möse läßt zu, daß die weiblichen Geschlechtsteile nicht auf ein Loch reduziert werden (wie z. B. bei Scheide), sondern in ihren Funktionen umfassender erklärt werden können.

Die Geschlechtsteile dürfen bei Vater und Mutter genauso selbstverständlich berührt werden wie Nase oder Mund. Wenn viele Erwachsene vor der sexuellen Unbefangenheit ihrer Kinder Angst haben, so ist das angesichts der sexuellen Geschichte ganz normal. Eigene Schwierigkeiten mit der Sexualität äußern sich in einer ängstlichen, unsicheren Haltung gegenüber dem Kind. Wer sich darüber im Klaren ist, hat schon viel gewonnen. Denn je mehr Klarheit über die eigenen Probleme besteht, desto bewußter können sie in der Erziehung gehandhabt werden. Wer weiß, warum er etwas tut oder läßt, kann auch mit seinem Kind darüber sprechen, es ihm erklären.

Musik – Umweltschmutz oder Lerngegenstand?

Musik ist heute allgegenwärtig: ob im Supermarkt oder in der Kirche, in der Küche oder im Wohnzimmer, in der Kneipe oder im Park – überall ertönt Musik. Wer Kinder hat, muß sich darüber im Klaren sein, daß sie die Musik, die sie umgibt, nicht nur an sich vorbeirauschen lassen, sondern bewußt oder unbewußt wahrnehmen. Das bedeutet, daß diese Musik sie prägt, ihnen vertraut wird und ihren Geschmack beeinflußt.

Wer viel Radio hört oder den Fernseher in Anwesenheit der Kinder laufen läßt, berieselt sie hauptsächlich mit wenig differenzierter Popmusik, die den größten Anteil am Programm hat und sei es – wie im Fernsehen – nur als »Hintergrundmusik«, sogar in Kindersendungen. Hier geschieht also eine einseitige musikalische Beeinflussung. Umgekehrt hatten alle großen Musiker Eltern, die in irgend einer Weise aktiv Musik machten: das hört ja sogar das sechsmonatealte Kind im Bauch mit!

Wenn schon kaum ein Mensch alle von Menschen erfundenen Musikarten und Richtungen in seinem Leben kennenlernen, geschweige denn verstehen lernen kann, sollte man Kindern doch die Chance geben, Musik als Teil ihrer Umwelt in möglichst großer Vielfalt kennen und verstehen zu lernen. Während fast alle Menschen bei uns lesen lernen, gibt es musikalisch gesehen sehr viele Analphabeten – trotz Allgegenwärtigkeit der Musik. Deshalb sollte man möglichst verschiedene Musikarten mit dem Kind hören und darüber sprechen. Ist sie laut oder leise, langsam oder schnell, traurig oder fröhlich, zum Tanzen oder Träumen? Welche Instrumente kann man heraushören, wieviele Musiker sind beteiligt, wo wird die Musik gespielt, für wen? Wie kommt die Musik ins Radio und auf die Schallplatte?

Viel interessanter als Musik aus dem Radio ist, sich eine richtige Musikkapelle, einen Chor, eine Beatgruppe oder ein Orchester anzugucken.

Und viel besser als Musik zu hören, ist, selber welche zu machen. Keine Angst, dazu muß man weder Noten lesen können noch Klavierunterricht gehabt haben! Singen und ein einfaches Instrument spielen kann jeder (Glockenspiel, Mundharmonika, Trommel, Orff-Instrumente). Laut und leise, schnell und langsam, hoch und tief sind musikalische Begriffe, die man schnell mit Kindern erarbeiten kann. Hat man verschiedene Instrumente im Haus, kann man zusätzlich Klangfarben unterscheiden lernen: Welches Instrument habe ich eben gespielt? (Das Instrument kann hinter der angelehnten Tür angeschlagen und erraten werden). Mit 2 1/2 Jahren kann man auch versuchen, einfache Rhythmen nachzuklopfen, eine Stimmgabel anzuschlagen oder, was sehr schwer ist, einzelne Töne nachsingen lassen. Das gelingt selbst vielen Erwachsenen nicht – sparen Sie also nicht mit Lob, wenn es gelingt.

Auf jeden Fall sollte man mit seinen Kindern viel singen. Am meisten Spaß machen Lieder, die mit Aktionen verbunden sind, wie »Hoppe, hoppe Reiter« oder »Es tanzt ein Bibabutzemann«. Zeitgemäße Texte und schöne Lieder findet man auf den Platten von Christiane und Frederick. Warum aber nicht auch alte Lieder singen und den Kindern erklären, wie sie entstanden sind, wieso heute die Väter keine Schafe mehr hüten und nicht auf Wanderschaft gehen? Lieder wie »In Mutters Stübele« geben Zeugnis von den Lebensumständen ihrer Autoren und so Anlaß zu vielen Gesprächen.

Ein wahrer Schatz ist daher ein reich illustriertes Liederbuch, aus dem man vorsingen kann, während sich das Kind die Bilder ansieht. Leider enthalten solche Sammlungen wenig kritische Lieder, echte »Volkslieder«. Zu jedem Lied muß der Text besprochen, vielleicht nacherzählt werden. Die Melodie kann man mit Text und abwechselnd auf La-la, mit Klatschbegleitung oder zum Tanzen singen. Das Kind singt mit oder läßt es, je nachdem, ob es möchte – nicht, ob es kann.

Später kann man ihm Liedanfänge vorsingen und es raten lassen, wie das Lied heißt.

Auf einfachen Instrumenten kann man Tiere nachahmen, ihre Gangart oder ihre Stimme: Vögel hüpfen leicht, Elefanten gehen schwer, der Hase hüpft . . .

Auch die Stimme eignet sich bestens zum Nachahmen der Geräusche, auf die man vorher aufmerksam wurde: Wie schreit eine Möwe? Welche Töne gibt ein Hund von sich? Wie macht man am echtesten ein Auto nach?

Wer Spaß daran hat, kann mit dreijährigen Kindern schon kleine Geräuschszenen aufnehmen (Tonband oder Kassette): Was man am Morgen alles hören kann, auf der Straße, im Wald . . .

Musik macht jedenfalls Spaß, und gerade auch auf diesem Gebiet gibt es für Eltern noch viel zu entdecken.

Aggressivität

Irgendwann geht wohl jedes Kind voll Wut auf seine Eltern los. Es ballt die Fäuste, schlägt zu und sagt womöglich noch sowas wie »Ich hau dich tot«. Eine schlimme Lage – peinlich, wenn dann noch ein halbes Kaufhaus oder ein dutzend Spielplatzmütter zusehen und beobachten, wie man sich verhalten wird.

Natürlich hat man in seiner Wut größte Lust, zurückzuschlagen – das Ergebnis wäre allerdings nur, daß das Kind noch aggressiver wird. Wenn man die Situation schon mal durchdenkt, bevor sie eintritt, wird man einsehen: Ruhe und Überlegenheit eines Erwachsenen zu bewahren ist sinnvoller – allerdings auch schwerer.

Nützlich ist in jedem Fall, sich in die Lage des Kindes zu versetzen: Wie konnte es so außer sich geraten? Haben Sie es – unbewußt – gekränkt oder beleidigt? Haben Sie Ihre Meinung gewaltsam durchzusetzen versucht: »Wir gehen jetzt – und du kommst mit!«, das Kind hinter sich herschleifend? Haben Sie dem Kind selbst mit Prügeln gedroht oder es gehauen?

Wutanfälle bei Erwachsenen wie Kindern haben immer ihre Gründe. Als Erwachsener kann man sich die Wut des Kindes erklären, wenn man in Ruhe darüber nachdenkt – das Kind umgekehrt kann das nicht tun. Als Erwachsener hat man auch mehr Möglichkeiten, seinem Ärger Luft zu machen: indem man mit einer Freundin telefoniert, vor sich hin schimpft oder einfach weggeht. Das Kind beherrscht noch nicht einmal seine Sprache richtig, es weiß daher oft keinen anderen Ausweg als draufloszuschlagen.

Versuchen Sie also, ruhig zu bleiben, anstatt auf Ihr Kind loszugehen. Sagen Sie ihm: »Du darfst mich nicht hauen, ich haue dich ja auch nicht.« Besprechen Sie die Ursache seiner Wut mit dem Kind und suchen Sie gemeinsam einen Kompromiß: Wenn es noch nicht ins Bett gehen will, gucken Sie gemeinsam noch ein Buch an; wenn es sich nicht vom Spielplatz trennen kann, verabschieden Sie sich mit einem Abschiedsrutscher. Oder erfinden

Sie einen schönen Abschluß für ein Spiel, wenn es wirklich zwingende Gründe gibt, nach Hause zu gehen: »Der Bäcker macht jetzt seinen Laden zu« (abschließen!) – »Mittagspause« oder »Die Autos fahren jetzt in die Garage – die Motoren müssen abkühlen, die Fahrer müssen sich ausruhen.« Vielleicht können Sie Ihrem Kind auch anbieten, es eine Weile huckepack zu tragen oder auf einem großen Lastauto nach Hause zu ziehen.

Manchmal sind Kinder aggressiv gegeneinander. Auch wenn sie derartiges nie zu Hause beobachten konnten, hauen sie sich, schubsen, kratzen, beißen oder ziehen an den Haaren. Welche Möglichkeiten haben sie denn sonst, aus einer Meinungsverschiedenheit herauszukommen? Erst wenn wir ihnen solche Möglichkeiten zeigen, vormachen, vorleben, werden unsere Kinder sie übernehmen.

Oft ist das Hauen und Schubsen gar nicht böse gemeint: Hauen kann auch bedeuten: Nimm mich mal zur Kenntnis, ich möchte mit dir spielen. Spielen Sie dann zu Hause mal mit dem Kind, wie es Spielgefährten gewinnt: »Ich habe einen Bagger, wollen wir zusammen damit spielen?« Oder »Ich pack dich jetzt – machst du mit?«

Bei der Beobachtung aggressiver Handlungen stehen viele Eltern auf dem Standpunkt: Nur nicht einmischen – die Kinder regeln das schon. Ich finde das falsch. Natürlich müssen entstandene Aggressionen »ausgelebt« werden, aber – auf Kosten anderer? Beispiel: Ein Kind will dem anderen sein Spielzeug, mit dem es gerade spielt, wegnehmen. Das gelingt nicht. Da schlägt es auf das andere ein und erhält das Spielzeug. Wenn hier kein Erzieher eingreift, macht das schlagende Kind die Erfahrung, daß man mit Aggressionen weiterkommt. Ist das richtig? Ich bin nicht für das Recht des Stärkeren. In unserer Wohngemeinschaft mit vier Kindern haben wir die Erfahrung gemacht, daß die stärkeren Kinder durch unser »Einmischen« gelernt haben, daß wir ein solches Verhalten ablehnen und sie so bei uns nicht erfolgreich bleiben; wir geben das weggenommene Spielzeug zurück und erleben, daß die Kinder selber merken, daß sie mit Schlagen nicht weiterkommen, sondern sich mit ihrem Spielkamerad auseinandersetzen müssen.

Kinder, die ohne ersichtlichen Grund auf andere einschlagen, verdienen unsere Hilfe, nicht unsere Wut – und nicht immer sind allein die Eltern schuld an so einem Verhalten. Wohnen sie vielleicht in einer hellhörigen, zu engen Wohnung? Haben sie Nachbarn, die ständig schimpfen? Sind sie völlig übermüdet, benachteiligt oder durch ein gerade geborenes Geschwisterkind vernachlässigt? Haben sie vielleicht keine Möglichkeit, ihre berechtigte Wut über ihre Eltern abzureagieren, weil die sie streng bestrafen?

Wenn Ihnen so ein Kind begegnet, versuchen Sie, zu helfen, indem Sie die Ursachen seines Verhaltens erforschen und auch mit seinen Eltern darüber sprechen – vorausgesetzt, es handelt sich nicht um eine einmalige Begegnung, sondern um Leute, die sie regelmäßig treffen bzw. kennen. Ein Gespräch verbessert zwar nicht die Wohnsituation oder andere miese Lebensumstände, es erleichtert aber und hilft so vielleicht doch, die Lage des Kindes zu verbessern.

Konflikte werden sich bei der Auseinandersetzung mit anderen Eltern nicht vermeiden lassen. Jeder sollte nur versuchen, so sachlich und ehrlich wie möglich seine Meinung einzubringen. Weil Kinder ein Teil von uns selbst sind, deshalb sind diese Auseinandersetzungen so schwierig. »Schlechte« Kinder zu haben bedeutet selber »schlecht« zu sein. Angeblich. Aber wie wird man schlecht? »Ein Kind, das soziales Verhalten in seiner Umwelt lernen kann, kann gar nicht anders als sich selbst sozial zu entwickeln. Ein Kind, das keine Aggressionen kennenlernt, kann gar keine Aggressionen entwickeln. Ein Kind, das selbst geachtet wird, kann gar nicht anders, als die Mitmenschen zu achten. Wenn ein Kind eine gerechte Umwelt vorfindet, dann wird es sehr schnell ein Bewußtsein von Gerechtigkeit entwickeln. Die Kinder sind unser Spiegel. So wie wir zu ihnen sind, so entwickeln sie sich. Die Kinder können nichts äußern, was sie vorher nicht von außen aufgenommen haben. Treten Störungen bei den Kindern auf, dann sind diese Ausdruck der Störungen, *die wir in der Umwelt suchen müssen, die wir am eigenen Leib tragen.* Es kommt also bei unseren Überlegungen darauf an, wenn wir die Störungen des Kindes abbauen wollen, unser gestörtes Verhältnis zu den Kindern rückgängig zu machen und die Umwelt positiv zu verändern.«[57] (Hervorhebung d.d. Verfasser)

Es ist nicht jeder »seines Glückes Schmied«. Auch persönliches Versagen der Eltern ist eingebettet in die Umstände, die es provozieren. Wem es gelingt, diese Umstände zu durchschauen, der wird auch die Kraft finden, neu anzufangen. Bei sich selbst und bei seinen Kindern.

Es gibt übrigens in allen Städten der BRD Erziehungsberatungsstellen, die z.T. auch Familientherapie durchführen. Sich hilfesuchend an diese Stellen zu wenden, ist keine Blamage, sondern eine sehr vernünftige Lösung, die oft Erfolg hat.

Verkehrserziehung

Jährlich verunglücken in der BRD etwa 70000 Kinder im Straßenverkehr. Alle drei Stunden kommt in der Bundesrepublik ein Kind durch Unfall zu Tode. Es wäre lächerlich zu glauben, dem mit Verkehrserziehung begegnen zu können! »Ein weiteres Verfahren, Kinder an die Kandarre zu nehmen, ist der Verkehrsunterricht. Im Hinweis auf die Killrate auf unseren Straßen wird unter der Drohung – du willst doch überleben – als Anpassung in eine Welt hinein trainiert, auf die der so Abgerichtete schließlich wirklich keinen Einfluß mehr hat.«[58]

In der Tat sollte uns Verkehrserziehung nicht darüber hinwegtäuschen, daß es die kinderfeindliche Umwelt ist, die unsere Kinder auf den Straßen sterben läßt, und nicht ihr persönliches Versagen. Das geht schon allein daraus hervor, daß die Unfallrate in Ländern mit vergleichbarem Straßenverkehr sehr unterschiedlich ausfällt. »Sie treiben die Kinder durch ihre Verbote, im Haus, auf den Höfen, in den Vorgärten, in den Parks zu spielen, in den Verkehrstod. Während die Apostel vom keuschen Rasen, die Heiligen vom letzten Stacheldraht Kindern mit militanten Hindernissen das Betreten der Rasenflächen verwehren, und wo das nicht ausreicht, die Justiz gegen sie hetzen, lassen sie es gleichzeitig zu, daß riesige Parkflächen über Jahre durch Baukonzerne und parkende Autos verwüstet werden.«[59]

Wenn wir über Verkehrserziehung reden, dann zuerst über die unhaltbaren Zustände in unserer Umgebung, mit denen wir uns viel zu schnell abfinden. Sie lassen sich ändern. Wir kommen nicht umhin, mit anderen Eltern und unseren Kindern über Abrißspekulanten, Autobahnbauer, Bäumefäller und Aufsteller von Verbotsschildern zu sprechen (»Kindern ist der Aufenthalt im Hof nicht gestattet« und andere »Literaturbeiträge besitzwütiger Kleinbürger«)[60] und uns immer wieder klarzumachen, daß wir uns nicht an bestehendes Unrecht gewöhnen dürfen. Wir müssen mitmachen in Bürgerinitiativen und Elternaktivitäten, die darauf zielen, Kindern wirkliche Spielplätze (und nicht

Ghettos) zu verschaffen, ihnen Räume zur Erholung, Bewegung und zum Sport zu erhalten, die lebensnotwendig sind. Wir müssen in Parteien, Organisationen und Verbänden dafür eintreten, daß Städte und Dörfer im Interesse der Kinder und nicht im Interesse von Bauspekulanten und Autokonzernen angelegt werden.

Es beginnt mit dem Spielplatz in Wohnungsnähe, der bei der zuständigen Hausverwaltung bzw. Gemeindeverwaltung von Eltern beantragt werden muß [61], und endet mit der Teilnahme an Demonstrationen und Aktivitäten gegen Kahlschlagsanierung und Bodenspekulation, im Kampf gegen ein System, das für Profitinteressen über Leichen geht. Muß erst das eigene Kind betroffen sein, bevor wir aktiv werden? Worauf warten wir noch? Wer soll die Mißstände ändern, wenn nicht wir, durch unser Handeln?

Trotzdem muß Verkehrserziehung sein. Man muß Kindern dieses Alters erklären, wie wir uns diese Welt wünschen und was wir zu ihrer Veränderung beitragen – aber auch, wie sie über die Straße gehen müssen. »Autos sind sehr schwer und fahren sehr schnell. Wenn du von einem Auto angefahren wirst, tut das sehr weh. Du mußt deshalb lernen, wie man richtig über die Straße geht.« Verbote wie »Auf keinen Fall allein über die Straße flitzen!« müssen strikt eingehalten werden.

Die meisten Unfälle mit Kindern geschehen, wenn sie ganz plötzlich auf die Straße rennen, oft zwischen parkenden Autos hindurch, weil auf der anderen Seite ein Freund ankommt oder ein Ball weggerollt ist. Deshalb muß man praktisch an Ort und Stelle einüben, wie man sich verhält, wenn Vati drüben nach Hause kommt oder ein Freund von der anderen Straßenseite ruft.

Strikt zu beachten ist, daß die Straße nur überquert werden darf, wenn *kein* Auto kommt. Kinder dieses Alters können Entfernung und Geschwindigkeit herannahender Autos noch zu schlecht einschätzen, deshalb müssen sie – und als Vorbild natürlich auch die Eltern – warten, bis kein Auto mehr kommt.

Zu üben ist ebenfalls das richtige Überqueren der Fahrbahn mit Blick nach links und rechts, laufen bis zur Mitte, Blick nach rechts . . . Auch die Bedeutung der Ampel muß erklärt werden. Schön ist, wenn man dem Kind eine kleine Ampel mit Batterie kaufen oder basteln kann, nach der sich Fußgänger und Spielautos richten müssen.

Eltern müssen sich immer vorbildlich im Straßenverkehr benehmen – Ihr Kind beobachtet Sie ständig und übernimmt Ihre Verhaltensweisen.

Am besten ist, mit dem Kind regelmäßig bestimmte Strecken abzulaufen und auf alle Gefahren bzw. Verhaltensregeln hinzuweisen. So den Weg zum Kaufmann, auf den Spielplatz, zu einem Freund. Weisen Sie darauf hin, daß man sich als Dreirad- oder Kettcarfahrer genauso zu verhalten hat.

Darf das Kind jetzt fernsehen?

In diesem Alter können Kinder auf dem Bildschirm bestimmte Dinge erkennen, sich wahrscheinlich sogar für kürzere Zeit auf eine Sendung konzentrieren und einiges verstehen. Warum sollte das Kind trotzdem nicht fernsehen auch Sie nicht vor dem Fernseher antreffen?

Zunächst einfach deshalb nicht, weil es sich an das Gerät gewöhnen und es als etwas Wichtiges, Begehrenswertes kennenlernen würde. Das ist aber der Anfang der späteren Fernsehsucht vieler Kinder. Ein Kind dieses Alters muß seine Anregungen aus dem direkten Leben, im wirklichen Umgang mit den Dingen, im konkreten Handeln sammeln. Man darf das Kind nicht einer totalen, nicht stopbaren Bildrealität aussetzen, bevor es die Wirklichkeit wenigstens in groben Zügen kennengelernt hat. »Es braucht dringend den handelnden Umgang mit seiner Umwelt. Wahrnehmen, Sprechen, Denken, Gedächtnis, Lernen, Wissen, Handeln, emotionales Verhalten usw. müssen ständig gleichzeitig angeregt werden, wenn Ihr Kind alle seine Fähigkeiten gleichmäßig entwickeln soll. Beim Fernsehen ist das jedoch nicht der Fall.«[62]

Zum Glück haben zweijährige Kinder – wenn ihnen Alternativen geboten werden – noch keinerlei Lust zum Fernsehen: Stillsitzen und nur zugucken liegt ihnen nicht. Wenn also ein Elternteil meint, während des Wachseins seines Kindes unbedingt fernsehen zu müssen, kann der andere mit dem Kind etwas Interessantes tun: mit Wasser spielen oder Musik machen oder . . . Je mehr Anregungen ein Kind von seinen Eltern (und anderen Personen) zum selbständigen und fantasievollen Spiel erhält, desto weniger wird es später Fernsehen (und Drogen) als Ersatz für eigene Handlungsmöglichkeiten, eigene Abenteuer brauchen. Kinder, die Stunden vor dem Fernseher verbringen, kommen alle aus Elternhäusern, in denen sonst nicht viel geboten werden kann bzw. geboten wird. Es ist natürlich viel mühsamer, ein Kasperstück aufzuführen oder mit einem Zweijährigen ein Bil-

derbuch anzugucken, als es allein vor den Fernseher zu setzen –
nur beim Bilderbuch aber kann es seine Fragen anbringen, immer wieder Neues entdecken, Zusammenhänge erkennen, Vorstellungen entwickeln, seine Sprache vervollkommnen, sein Gedächtnis schulen. Nichts davon beim Fernsehen: Hier rauscht alles vorbei, hinterläßt Eindrücke, die sofort durch andere ersetzt
werden. Fernsehen muß man lernen – aber nicht mit zwei Jahren! Wenn sich Dreijährige mit ihren Eltern hin und wieder eine
Sendung für kleine Kinder anschauen und hinterher darüber
sprechen, ist das sicherlich nicht schädlich. Ich bin aber entschieden der Meinung, daß Eltern mit ihrem Kind solange Arbeiten und Spiele ausführen bzw. Anleitungen für kreative Betä-
tigungen geben sollten, bis das Kind so selbständig ist, daß es
auch seine Freizeit selbständig gestaltet. Es gibt so viele konkrete
Dinge zu tun! Wollen Sie Ihr Kind wirklich durch Fernsehen davon abhalten?

Lesen lernen mit drei?

Im Zeitalter von Leuchtreklame, Litfaßsäulen und Massenpresse gehören Buchstaben und Schrift zur natürlichen Umwelt. Wir bringen unseren Kindern bei, wie man richtig über die Straße geht, etwas einkauft, Nägel einschlägt . . . warum sollte man sie da künstlich vor Geschriebenem zurückhalten? Nur, weil sie das später mal in der Schule lernen? Tatsache ist, daß Kinder in der Lage sind, mit drei Jahren lesen zu lernen – angeblich sollen sie das in diesem Alter sogar leichter lernen als mit sechs oder sieben Jahren.

Es gibt allerdings noch sehr viele andere Dinge, die man mit drei Jahren lernen kann: ein Instrument spielen, rechnen, ja sogar einfache chemische Experimente ausführen. Kinder aus den Elendsvierteln Lateinamerikas müssen sich in diesem Alter schon ihren Lebensunterhalt erbetteln, Eskimokinder gehen schon mit auf Jagd.

Hier Schwerpunkte zu setzen, d.h. für sich selbst zu entscheiden, was man für lernenswert hält, ist unumgänglich. Auch entwickeln Kinder in diesem Alter zweifellos schon Interessen, die sich zum größten Teil an den Eltern und an den Möglichkeiten, die die Umwelt ihnen bietet, orientieren. Zwar wird das Kind einer Musikerfamilie, die außerdem noch einen Garten hat, vielleicht mehr Interesse für Kleintierhaltung als für Klavierspiel zeigen – umgekehrt kann aber ein Kind, daß nie Klavierspiel gehört und auch noch nie ein Klavier angefaßt hat, kein Interesse an diesem Instrument erwerben.

Fürs Lesen werden sich nur die Kinder interessieren, in deren Familien dem Lesen eine bedeutende Rolle zukommt – tatsächlich, sichtbar und nachvollziehbar, nicht nur zum Schein. Diese Kinder werden, wenn sie mit ca. einem Jahr Buchstaben kennengelernt haben, eines Tages nachfragen, was das ist. Wenn man möchte, daß das Kind lesen lernt, gibt man ihm am besten zunächst die Buchstaben seines Namens, den man nun immer wieder analysieren und synthetisieren sollte, d.h. den Namen immer wieder in seine Laute zerlegen und die Laute wieder zu einem Namen zusammensetzen. (Dabei müssen die Buchstaben unbedingt so ausgesprochen werden, wie sie im Wort klingen und nicht, wie sie laut Alphabet heißen. S ist also sss und nicht es). Diese Analyse-Synthese-Übung erfordert vom Kind nicht viel mehr geistige Anstrengung als die Zusammensetzung eines Puzzles.

Viele Pädagogen warnen mit Recht vor dem frühen Lesenlernen, weil manche Eltern ihre Kinder nicht lernen lassen, was die Kinder selbst interessiert, sondern ihnen Interessen aufzwingen und bei Verweigerung mit Liebesentzug drohen. Kinder, die so lesen lernen müssen, dabei womöglich noch still am Tisch sitzen sollen, wie es ja auch in der »Baby-Schule« empfohlen wird, sind bedauernswerte Geschöpfe.

Es wäre allerdings genauso absurd, einem Kind, das nach Buchstaben fragt, zu antworten: »Das lernst du in drei Jahren in der Schule.« Tatsächlich kann es für ein Kind eine Menge bedeuten, wenn es seine Umwelt auch durch die Schriftsprache kennenlernt. Hat das Kind erst erkannt, welche Welten sich ihm durch Lesenkönnen erschließen, genügt es, ihm eine Fibel oder ein einfach geschriebenes Bilderbuch zu geben und auf seine Fragen einzugehen. Die Sorgen, ob sich ein Kind, das lesen kann, in der Schule langweilt, sollte man der künftigen Lehrerin bzw. dem Lehrer überlassen. Jedenfalls gibt es eine Vielzahl von Möglichkeiten, solche Kinder im Unterricht einzusetzen, zu beschäftigen und z.B. in ihrem sozialen Engagement zu fördern.

Für ein gemeinsames Leben mit Kindern

Nach seinem zweiten Geburtstag werden Sie von Monat zu Monat mehr erleben, daß Ihr Kind ein Partner wird, mit dem man sich ernsthaft unterhalten und viele Dinge gemeinsam tun kann. Während Sie bisher vieles für das Kind tun mußten, es mehr oder weniger passiv versorgt wurde, wird es jetzt zum aktiven Teilnehmer an Ihrem gemeinsamen Leben. Es beginnt nicht nur, sich zunehmend selbst zu versorgen, indem es allmählich lernt, sich allein anzuziehen, die Toilette zu benutzen, sich selbst etwas zu essen zu nehmen, sich lange allein zu beschäftigen. Es hört den Erwachsenen aufmerksam, ja begierig zu, teilt eigene Erlebnisse (natürlich noch unvollkommen) mit und fängt an, Fragen zu stellen. Es sagt Ihnen, was es will und Sie können ihm sagen, was Sie wollen. Es eignet sich seine Umwelt bewußt an und wirkt aktiv auf sie ein, indem es die Tätigkeiten der Erwachsenen nachahmt, hinterfragt, auf neue Art nachahmt, indem es sich beteiligt an gemeinsamen Arbeiten wie handwerken, Haus- und Gartenarbeit, Versorgung jüngerer Geschwister.

Ganz sicher will es auch den Arbeitsplatz seiner Eltern kennenlernen. Was tun Sie da jeden Tag, wohin verschwinden Sie und warum? Vielleicht können Sie Ihr Kind einmal mit zur Arbeit nehmen (z.B. an einem Urlaubstag), und wenn das wirklich nicht geht, können Sie ihm wenigstens von außen das Haus zeigen und ihm Ihre Arbeit an Beispielen verdeutlichen.

Und was tun Sie sonst noch? Mit dem Begriff »Freunde« kann Ihr Kind schon etwas anfangen, die meisten kennt es sogar. Vielleicht haben Sie politische Freunde, Menschen, mit denen Sie gemeinsame Ziele verfolgen. Sie können Ihrem Kind durchaus erklären, daß Sie sich mit XY treffen um zu überlegen, was man tun kann, damit es keinen Krieg gibt, keine zerstörten Häuser, keine Kinder mit Schmerzen, keinen Mangel an Essen. Sie können Ihrem Kind erklären, daß Sie sich für den Park von gegenüber einsetzen, der abgeholzt werden soll, daß Sie sich mit anderen Eltern zusammentun, um einen großen Spielplatz bauen zu

lassen, um mehr Spielzeug für den Kindergarten zu bekommen und Farbe für die Renovierung. Sie nehmen Ihr Kind mit zu Demonstrationen – es muß wissen, daß seine Eltern für billige Wohnungen mit großen Kinderzimmern, für ein Leben in Frieden, für die Erhaltung der Luft zum Atmen eintreten.

Das Schwierige an der Erziehung ist, sein eigenes Leben, sein Verhalten immer wieder neu zu hinterfragen: Als fortschrittlicher, politisch aufgeschlossener und aktiver Mensch hat man nicht automatisch ein vorbildliches Familienleben: Nehmen die Kinder wirklich am gemeinsamen Leben teil, oder werden Sie in eine Kinderecke abgeschoben? Leben sie neben uns im Kinderzimmer oder mit uns in der Wohnung, auf der Straße? Werden sie als Menschen ernst genommen oder überbehütet wie hilflose Objekte? Freuen wir uns über ihre Selbständigkeit, über ihre Lust, sich von uns zu trennen, oder behindern wir sie mit unseren Ängsten und unserer Bequemlichkeit?

Sind unsere Kinder Entschuldigungsgrund oder Anlaß für politische Arbeit, für die Verbesserung gemeinsamer Lebensbedingungen? Beteiligen wir uns aktiv an der Verbesserung z.B. der Erziehungsmethoden in der Krippe/Kindergarten, oder haben wir schon resigniert? Sind unsere Beziehungen untereinander bestimmt vom engherzigen Feilschen um partielle Interessen (Ich will das, du willst etwas entgegengesetztes, wie werden wir handelseinig?) oder auf die gemeinsame Kontrolle der eigenen Lebensbedingungen gerichtet? (Wie können wir gemeinsam unser Ziel erreichen?)

Wir stellen immer wieder Fehler und Versäumnisse fest. Nicht ein schlechtes Gewissen verändert die Situation, sondern Erkenntnis und daraus resultierende Handlungen. Warum nicht mit dem Kind über gewonnene Erkenntnisse reden und gemeinsam handeln? Warum es nicht beteiligen an den gemeinsamen Überlegungen für den Wochenendeinkauf, am Aufräumen der Wohnung? Warum nicht gemeinsam eine Ausstellung besuchen, ein Fest (wenn nur die Raucher nicht so rücksichtslos wären!), ein Konzert? Warum nicht selber eine Ausstellung veranstalten, z.B. mit den Fotos aus der Krippe oder vom letzten Straßenfest, mit Entwürfen zur Spielplatzgestaltung, mit Bilderbüchern, die

sie sich von Bekannten und der Bibliothek ausgeborgt haben, mit Bastelergebnissen als Anregung für andere Eltern?

Und müssen politische Termine immer abends stattfinden, wenn die Kinder schlafen? Warum nicht einen Bazar organisieren, ein Frühstück mit Freunden, eine Kaspervorstellung für alle Kinder ihres Wohnhauses? Ein Turnfest im Hinterhof, einen gemeinsamen Ausflug, eine Versteigerung für Chile?

Wenn unsere Kinder es einmal besser haben sollen, dann müssen sie veranlaßt werden, die Welt zu ändern. Das können sie nur, wenn wir es ihnen heute vormachen, vorleben: sichtbar, fühlbar, erlebbar. Mit Kindern leben – das heißt politisch leben. Arbeit sichtbar und Freude daran nachvollziehbar machen, Fantasie und Witz entwickeln, Einfühlsamkeit und Rücksichtnahme üben, sich nicht isolieren, versuchen, Hand- und Kopfarbeit zusammenzubringen, die Trennung von Arbeit und Freizeit im Leben mit Kindern wenigstens teilweise aufzuheben.

Wir haben Kinder – und damit einen Teil der Zukunft schon heute.

Turnen und Spiele für das dritte Lebensjahr

Sie sitzen Ihrem Kind gegenüber und stoßen ihm einen Ball mit den Füßen zu, das Kind stößt zurück.

Das Kind rollt den Ball durch seine gegrätschten Beine, Sie fangen ihn und rollen ihn zurück, das Kind fängt ihn in der gleichen Stellung.

Das Kind wirft einen Ball hoch und fängt ihn selbst wieder auf.

Mehrere Bälle liegen in einer Kiste. Das Kind versucht, sie alle rauszuwerfen, bevor Sie sie wieder reinwerfen.

Das Kind wirft Bälle mit erhobenen Armen über dem Kopf. Das Kind läuft mit einem Ball, den es hoch über dem Kopf hält.

Das Kind fährt auf einem Dreirad, einem Roller oder einem Go-Kart (nicht alles kaufen, sondern ausleihen).

Das Kind versucht, mit beiden Beinen zugleich zu hüpfen und auf einem Bein zu stehen.

Das Kind versucht, nach einem geschlagenen Rhythmus zu laufen bzw. sich zu bewegen.

Das Kind steht auf Ihren beim Sitzen ausgestreckten Knien. Sie ziehen ihre Beine langsam an den Körper, das Kind bleibt zunächst angefaßt stehen. Oben steht es freihändig.

Das Kind macht Liegestütz. Sie lassen einen Hund, Teddy o.ä. untendurch krabbeln.

Das Kind steht mit dem Rücken zu Ihnen und grätscht die Beine. Es reicht Ihnen die Hände durch seine gegrätschten Beine und macht so eine Rolle vorwärts.

Sie sind das Pferd. Das Kind klettert auf Ihren Rücken und steht dort freihändig. Es läuft bis zum Nacken und springt über den Kopf.

Hasen hüpfen (hinhocken und hüpfen). Dabei haben sie lange Ohren (Hände seitlich hoch neben dem Kopf halten).

Wer kann sich an einem Reck mit Händen und Füßen gleichzeitig festhalten?

Dem Kind wird ein mit Erbsen (o.ä.) gefülltes Säckchen auf den Kopf gelegt, mit dem es balanciert. Es steigt mit dem Säckchen auf dem Kopf auf einen Stuhl.
Es balanciert das Säckchen auf dem Rücken und kriecht auf allen Vieren. Mit einem Katzenbuckel wirft es das Säckchen ab. Es hebt das Säckchen mit nackten Füßen auf und wirft es in die Luft.

Tätigkeiten, Spiele, Spielzeug

In diesem Lebensjahr lernt Ihr Kind, wesentliche Tätigkeiten aus dem Bereich des täglichen Lebens selbständig auszuführen. Seine Fingerfertigkeit entwickelt sich mit einiger Übung so, daß es »alltägliche« Werkzeuge wie Besteck, Schere, Zange, Hammer, Schraubenzieher, Pinsel, Stifte, Bürsten, Kamm, Schwämme, Lappen und vieles mehr sinnvoll benutzen kann.

Seine Aufmerksamkeit und sein Gedächtnis können so weit entwickelt werden, daß es nicht nur lernt, Fragen zu beantworten, sondern selber Erlebnisse, Begebenheiten und Geschichten mitteilen kann. Die Handlungen des Kindes lassen erkennen, daß es gemachte Erfahrungen anwendet und nachdenkt.

Es gibt sehr viele Möglichkeiten, Kinder zwischen zwei und drei Jahren anzuregen, zu beschäftigen, auf allen Gebieten zu fördern. Vor allen Dingen wissen Kinder dieses Alters selbst schon recht gut, was sie tun möchten. Selbständige Beschäftigungen (am liebsten mit Freunden) nehmen schon einen großen Raum ein. Aber diese wären nicht möglich ohne die ständigen Anregungen, Hilfen und Korrekturen von Erwachsenen und größeren Kindern.

Die folgenden Tätigkeiten und Spiele sind nur eine kleine Auswahl, die Sie sicherlich entsprechend Ihren individuellen Lebensbedingungen ergänzen werden. (Wenn Sie z.B. auf dem Land leben, wird Ihr Kind durch Sie andere Dinge lernen als ein Kind in der Stadt; wenn Sie ein Geschäft haben, wird es andere Schwerpunkte mitbekommen, als wenn Sie Musiker, Arbeiter oder Ingenieur sind.)

Ob Ihr Kind vielfältige Pflanzen- und Tiernamen, Automarken, Musikinstrumente, Werkzeuge, Gedichte, Buchstaben, Zahlen, Obstsorten kennenlernt – das hängt von Ihrem Leben ab. Und es ist wichtig, daß sein Lernen Ihrem Leben entspricht.

Tätigkeiten

Mit einer Schere schneiden (Papier, dünne Pappe, Stoff)
Mit einem Messer schneiden und schmieren
Besteck gebrauchen
Draht abkneifen
Schrauben festdrehen
Bauen und Konstruieren, frei und nach Vorlage bzw. einfachem Modell
Einfache Muster nachlegen
Figuren nachmalen oder ergänzen (z.B. an einen Bauch Arme malen)
Mit verschiedensten Materialien auf verschiedensten Unterlagen malen (Kreide auf Tafel, Fingerfarbe auf Glas oder Holz, Bleistift auf Papier etc.)
Konkrete Gegenstände malen: ein Ei, einen Ball, eine Schlange
Lochen (mit einem Locher)
Klammern
Stempeln mit Stempeln und Kartoffeln
Aus Katalogen etwas ausschneiden und aufkleben
Seidenpapier zu Kügelchen formen und daraus Muster kleben
Aus Naturmaterial (Eicheln, Kastanien, Blätter, Borke) und wertlosem Material (Klorollen, Schachteln, Deckel) Spielzeug und Gegenstände basteln.
Dosen und Schachteln anmalen
Sich an- und ausziehen
Sich verkleiden
Zu Bildern erzählen
Geschichten zuhören und nacherzählen
Liedern zuhören und selber singen
Konzerte mit diversen Instrumenten (Töpfe, Klappern, Trommeln,) veranstalten
Eine Handpuppe sprechen und handeln lassen

Spiele

Rollenspiele
Einkaufen in verschiedenen Läden
Kinder auf dem Spielplatz: zanken und vertragen, um etwas
bitten, sich helfen, jemanden trösten, einer hat sich verlaufen
Handwerker reparieren etwas
Szenen aus dem Familienalltag: saubermachen, kochen, auf-
stehen etc.
Fahren in verschiedenen Verkehrsmitteln
Musiker
Beim Arzt

Musikspiele

Signalspiel (für mehrere Kinder)
Alle rennen durch den Raum. Auf ein akustisches Zeichen
(Triangel-Schlag) müssen alle etwas Verabredetes tun, z.B.
sich hinhocken, stehenbleiben u.ä.

Horchspiel
Hinter einer angelehnten Tür oder einem Vorhang werden
verschiedene Geräusche erzeugt, die das oder die Kind/er er-
kennen sollen. Wer will, kann vorweg noch den Vers
»Horch, horch, was ist denn das, es ist kein Fuchs und ist kein
Has'« singen

Reaktionsspiel
Die Kinder tanzen nach einem bestimmten Rhythmus, der
auf einer Trommel o.ä. angeschlagen wird. Sowie sich der
Rhythmus ändert, legen sich alle Tänzer auf den Bauch.

Laut-und-leise-Spiel
Die Kinder sitzen auf der Erde und stampfen ganz laut mit
den Füßen. Sie werden lauter, dann langsam wieder leiser und
leiser, schließlich ganz leise. Das kann man auch mit Schrei-
en, trommeln oder Instrumenten spielen.

Wir sind die Musikanten
Lied: Wir sind die Musikanten und komm' aus Schwabenland singen und dazu die Instrumente nachahmen.

Geräuschpaare
Dosen, Schachteln und Gläser werden mit verschiedenem Material zum Schütteln gefüllt. In jeweils zwei Behältern ist der gleiche Inhalt – diese Paare sollen herausgefunden werden.

Flaschenmusik
Unterschiedlich hohe Flaschen und Gläser werden mit Wasser gefüllt und ergeben so unterschiedlich hohe und tiefe Töne, wenn man sie anschlägt.

Wichtig bei allen Musikspielen: Möglichst keine verbalen Anweisungen geben!

Eigenschaften suchen
Was ist rund? – Ist ein Ball rund? – Ist ein Autoreifen rund? genauso: Was ist weich, hart, schwer, leicht?

Gegenstände ordnen
Verschiedene Gegenstände liegen in der Kreismitte bzw. vor dem Kind. Das soll mit verbundenen Augen z.B. alle Löffel heraussuchen, dann alle Becher etc.
Das Kind hat ungeordnet zwei große, zwei kleine und zwei mittlere Bausteine und soll die jeweils gleich großen aufeinanderlegen.

Malspiele
Der Erwachsene malt verschiedene Punkte auf, das Kind soll sie verbinden. Dadurch entsteht eine Figur (ein Bild).
Der Erwachsene malt verschiedene Bahnhöfe oder Tankstellen auf (auch symbolisch, z.B. Dreieck = Bahnhof), die dann vom Kind nacheinander aufgesucht werden, indem es einen Strich zieht.

Slalom
Zwischen verschiedenen Hindernissen muß die Linie hindurchgeführt werden wie beim Slalom, oder: ein Auto fährt eine kurvenreiche Straße entlang

Zahlenspiele
Pfennige oder Knöpfe in zwei Schachteln aufteilen oder an Puppen oder Freunde verteilen

Nicht vergessen: Nikitin-Spiele!

Spielzeug, das man selber machen kann

Kaufmannsladen
Vor ein Regal wird ein Tisch als Tresen gestellt. Wenn man kein passendes Regal hat, kann man sich aus zwei oder mehr Schubläden, in die Leisten eingezogen werden, leicht Regale, die auch zum Aufbewahren kleiner Autos oder Tiere geeignet sind, bauen. So früh wie möglich sammelt man Proben, kleine Flaschen, Dosen, Verpackungen, Stoffreste, Garnrollen u.ä., die dann verkauft werden können.

Tanzglocken
Auf ein Lederband Glocken auffädeln und festknoten, die man dem Kind zum Tanzen ums Bein oder um einen Arm binden kann.

Zupfschachtel
Über eine Holzschachtel (Zigarrenkiste) werden sehr stramm Gummi- oder Perlonfäden gespannt, die man anzupfen kann.

Fahrzeuge
Aus Schachteln, Wurststäbchen und Schraubverschlüssen lassen sich verschiedenste Fahrzeuge bauen. Dabei kann das Kind schon mithelfen.

Farbendomino
Besorgen Sie sich vom Maler zwei oder mehr Farbtabellen, kleben Sie diese auf Papprechtecke und überziehen Sie jedes mit Klarsichtfolie. (Wie beim Domino immer zwei Farben auf ein Rechteck) Gespielt wird zuerst frei, später nach der Regel, gleiche Farben aneinanderzulegen.

Spielzeug, das man kaufen kann
Zubehör für Rollenspiele:
    Arztkoffer
    Puppengeschirr
    Puppensachen
Kasperltheater
Dreirad

Anmerkungen

1 Aus dem Referat von Prof. Dr. Kuno Beller, zit. n. d. Bericht über die Fachtagung der Arbeiterwohlfahrt: Was brauchen unsere Kinder in den ersten drei Lebensjahren? Bremen 1981. Zu beziehen über Arbeiterwohlfahrt Bundesverband e. V. Oppelnerstr. 130, 53 Bonn 1, Tel. (02 28) 6 68 50.

2 Barbara Sichtermann, Leben mit einem Neugeborenen, (Fischer Taschenbuch 3308). Frankfurt 1981; dies., Vorsicht Kind, (Wagenbachs Taschenbücherei) Berlin 1982.

3 Ich wurde auch gefragt, warum ich nicht wirklich bei Null, der Geburt, beginne. Meine Geburten waren für mich ungeheure Erlebnisse, und ich könnte sehr viel darüber schreiben. Ich finde jedoch, daß man Gerlinde M. Wilbergs Buch »Zeit für uns« zu diesem Thema nicht übertreffen kann (Fischer Taschenbuch 3307).

4 Elschenbroich, Kinder werden nicht geboren, Frankfurt 1977, S. 116.

5 Niemes, Der gesunde Säugling, Leipzig 1944, 11. Auflage, S. 25.

6 In der ersten Auflage stand hier: ein Bett. Ich bin inzwischen zu der Überzeugung gelangt, daß Bett und Wickelkommode die unwichtigsten Dinge für einen Säugling sind. Es ist wirklich ganz egal, wo Sie das Kind wickeln und mit ihm schlafen - Hauptsache, Ihnen und dem Kind geht es gut.

7 Vgl. hierzu: Sonja Schwarz-Arendt, Beruf: Hausmann, Protokolle, Darmstadt und Neuwied 1980.

8 »Nach neuesten Berechnungen der Wirtschaft geben die deutschen Mütter täglich 5,50 DM für ihr Kleinstkind aus«. Mütter-Magazin 11/80, S. 23. Barbara Sichtermann errechnete in: Vorsicht Kind einen Betrag von 200-500 DM monatlich, vgl. dies a.a.O. S. 176.

9 Vgl. Rüdiger Koch, Berufstätigkeit der Mutter und Persönlichkeitsentwicklung des Kindes, Köln 1975, sowie diverse Beiträge auf der oben genannten Fachtagung der Arbeiterwohlfahrt.

10 Hannelore Faulstich-Wieland, Wenn Arbeitnehmer Eltern werden – Wohin mit den Kindern? Unveröffentlichtes Manuskript, S. 5.

11 Diese Zahlen entnahm ich der Broschüre: »Wer wir sind und was wir wollen«, Finkenau Kindergarten e. V., Hamburg o. J., S. 16.

12 Die Zahlen entnahm ich der Broschüre »Wer wir sind und was wir wollen«, S. 11, laut statistischem Bundesamt (1979), S. 13, wurden 1977 52 000 Kinder unter drei Jahren in Krippen betreut.

13 Vgl. hierzu D. Elschenbroich, Kinder werden nicht geboren, Frankfurt 1977, S. 47 ff.

14 J. Carew, Die Vorhersage der Intelligenz auf der Grundlage kindlicher Alltagserfahrungen, in: Klaus E. Grossmann (Hrsg.), Entwicklung der Lernfähigkeit, (Kindler Taschenbuch) München 1977.

15 Letztere sind allerdings mit größter Vorsicht zu genießen, weil sie das Kind ermuntern, sich nicht zu bewegen. Kann sich das Kind erst mal in Bauchlage richtig abstützen und den Kopf heben, legt man es lieber auf eine Matratze. So kann es sehen, muß sich aber gleichzeitig anstrengen und lernt, sich zu bewegen.

16 Boris und Lena Nikitin, Die Nikitin Kinder, Köln 1978, S. 114 f.

17 Aktion Muttermilch, Bremer Umwelt Institut, Colmarer Str. 22 a, 28 Bremen 1, Tel. (0421) 3498511. Öko-Institut Freiburg, Bericht Nr. 19: Elke Pröstler, Stillen trotz verseuchter Umwelt? Öko-Institut Freiburg, Schönauerstr. 3, 78 Freiburg, Tel. 42090.

18 Barbara Sichtermann, Vorsicht Kind, a.a.O., S. 178 ff.

19 Vgl. hierzu: Aidan Macfarlaine, Die Geburt, Stuttgart 1978, S. 87 f.

20 Zit. n. Boris und Lena Nikitin, Aufbauende Spiele, Köln 1980, S. 32.

21 Ders. a.a.O., S. 34.

22 Vgl. Genevieve Painter, Baby-Schule, Reinbek b. Hamburg 3. A. 1978. Diesem m.M.n. sehr zu kritisierenden Buch kann man trotzdem einige Anregungen für Aufgabenstellungen entnehmen. Wer Englisch kann, sollte sich als echte Alternative Dr. Jaroslav Koch, Total Baby Development, Over 300 exercises and games to stimulate your Baby's intellectual, physical, and emotional development, Wallaby Pocket Books, New York 1976, besorgen. Der Autor hat das schon erwähnte Prager Eltern-Kind-Programm entwickelt.

23 Painter, a.a.O., S. 54.

24 Vgl. dies. S. 47.

25 Boris und Lena Nikitin, Aufbauende Spiele, a.a.O., S. 41.

26 Painter, Baby-Schule, a.a.O., S. 56

27 Vgl. Brazelton, Babys erstes Lebensjahr, München 1969.

28 Judy Dunn, Lust und Unbehagen bei Kleinkindern, Stuttgart 1978, S. 14.

29 Vgl. Dunn. a.a.O., S. 30.

30 Vgl. Dunn, a.a.O., S. 32.

31 dies., a.a.O., S. 33.

32 Diekmeyer, Ulrich: Das Elternbuch 1, Reinbek b. Hamburg, S. 136.

33 Das Baby, Ein Leitfaden für junge Eltern, hrsg. v. d. Bundeszentrale für gesundheitliche Aufklärung, Köln o. J., S. 52.

34 Berliner Beiträge zur Krippenerziehung. Hrsg.: Senator für Familie, Jugend und Sport, 1979, S. 56.

35 Das Baby, a.a.O., S. 52/53.

36 Boris und Lena Nikitin, a.a.O., S. 103.

37 Ab wann soll das Kind aufs Töpfchen, in: Müttermagazin 10/78, S. 11.

38 Eine ausführliche und leicht verständliche Beschreibung verschiedener Reflexe befindet sich in Brazelton, Babys erstes Lebensjahr, a.a.O., S. 38 ff.

39 Diekmeyer, Das Elternbuch 1, Reinbek b. Hamburg 5, 1979, S.139.

40 Wulff, Erich, Grundlagen transkultureller Psychiatrie. In: Das Argument, 50/3, 1969.

41 Diekmeyer, Elternbuch 2, a.a.O., S. 121. Wie falsch und unhaltbar derartige Einstellungen sind, hat erst L. Doormann in ihrem Buch »Babys wachsen gemeinsam auf« (roro Elternrat, 6,80 DM) dargestellt.

42 Brazelton, Babys erstes Lebensjahr, 3. A. München 1980, S. 154.

43 Wie positiv das Leben mit mehreren Kindern sein kann, beschreiben auch die Nikitins. In Makarenkos »Buch für Eltern« findet sich ein sehr witziges Kapitel, in dem eine Familie mit 13 Kindern beschrieben wird, die in einer Einzim-

merwohnung lebte. Auch wenn man sich weniger Kinder wünscht, kann man eine Menge daraus lernen. Vgl. Makarenko, Buch für Eltern, in: Makarenko, Werke IV, S. 52 ff.

44 Makarenko, Buch für Eltern, in: Werke IV, Berlin 1970 S. 160.

45 Ders., a.a.O., S. 159.

46 Der Berliner Senator für Familie, Jugend und Sport hat sehr interessante »Beiträge zur Krippenerziehung« herausgegeben, die einige Möglichkeiten aufzeigen. Lesenswert ist in diesem Zusammenhang auch das Taschenbuch von Bader/Otte/Stoklossa: Handbuch für Kindertagesstätten, Reinbek b. H. 1977.

47 Iris Mann, Lernprobleme, München 1979, S. 133.

48 Dieses Spiel erfand Fabian Baumann noch vor seinem ersten Geburtstag. Es gibt ein türkisches Spiel, das so ähnlich geht: Bei dem Wort »böle« machen alle Mitspieler den Spielleiter nach, bei dem Wort »schöle« darf man ihn nicht nachmachen. Das habe ich von Ali gelernt.

49 B. Sichtermann, Vorsicht Kind, a.a.O., S. 152.

50 Elternbrief 18, hrsg. v. Arbeitskreis Neue Erziehung e.V., Berlin.

51 Vielfältige Anregungen zum Bau von Musikinstrumenten gibt das Bilderbuch »Überall ist Musik« aus dem Parabel Verlag. Um tönendes Material aufzuhängen, kann man auch sehr gut die Hochsprungständer von Ikea benutzen und zwischen beiden eine Schnur ziehen.

52 Boris und Lena Nikitin, Die Nikitin Kinder, a.a.O., S. 197 ff.

53 Painter, Baby-Schule, a.a.O., S. 145.

54 Diekmeyer, Das Elternbuch 2, a.a.O., S. 24.

55 Painter, Baby-Schule, a.a.O., S. 119. Ein lohnenswerter Vergleich zu dieser »Anregung«: das Bilderbuch von Gunilla Bergström: Gute Nacht, Willi Wiberg. Oetinger Verlag, 5,80 DM. Es ist sehr lustig!

56 Genauere Anleitung z. B. in dem Buch Alfaenger, P.: Überall ist Musik, Parabel Verlag, München 1980, oder in Kreusch-Jacob, Das Musikbuch für Kinder, Verlag Otto Maier, Ravensburg 1975.

57 Iris Mann, Lernprobleme, München 1979, S. 90/91. Im Text folgen einige Beispiele von Verhaltensstörungen, ihre Ursache und Therapie. Das Buch ist für alle Eltern sehr empfehlenswert!

58 Eberhard Fiebig: Kind kaputt, Lollar 1974, S. 40. Das Buch ist in Kleinschrift abgefaßt, die ich aus Gründen der Lesbarkeit übertragen habe.

59 Ders., a.a.O., S. 50 ff.

60 Ders., a.a.O., S. 54. Hier findet sich auch eine reiche Sammlung von Verbotsschildern, die Bände sprechen.

61 Einige Hinweise im Umgang mit Behörden finden sich in: Dessai/Alt Rosendahl, Wohnen und Spielen mit Kindern, Frankfurt 1978 (Ullstein Buch 4115).

62 Diekmeyer (Hrsg.), Das Elternbuch 3, a.a.O., S. 140. Vgl. hierzu auch den erwähnten Aufsatz von J. Carew, s. Fußnote 14.

Lottemi Doormann (Hrsg.)

Kinder in der Bundesrepublik

Materialien · Initiativen ·
Alternativen
Zweite Auflage
Mit zahlreichen Fotos und Ab-
bildungen
Kleine Bibliothek
Band 152
277 Seiten, DM 14,80
ISBN 3-7609-0431-9

Von Kinderfeindlichkeit ist hierzulande
oft die Rede. Mit dieser griffigen Voka-
bel bietet es sich an, die verbreitete
Misere der Kinder als pure Einstel-
lungs- und Verhaltensfrage der erwachsenen Bevölkerung abzutun und
damit sowohl ihr Ausmaß als auch ihre
gesellschaftlichen Ursachen zu vertu-
schen. Solche Strategien will dieses
Buch, durchkreuzen. In den einzelnen
Beiträgen werden nicht nur alternative
gesellschaftspolitische, pädagogische
und kulturelle Voraussetzungen für die
Entwicklungsmöglichkeiten der Kinder
von durchaus unterschiedlichen Posi-
tionen aus entworfen und Kernfragen
der aktuellen Diskussion in Erziehung
und Sozialisation nachgezeichnet, sondern zugleich auch konkrete Perspekti-
ven herausgearbeitet, auf welchem
Wege die Lage der Kinder zu verbessern ist. Exemplarische Ansätze eman-
zipatorischer Kindergruppenarbeit und
Initiativbeispiele runden das Bild ab.
Das Buch bietet Grundlagenmaterial für
diejenigen, die sich in Theorie und Praxis mit der Lage der Kinder auseinandersetzen und die für die Interessen
der Kinder aktiv werden wollen (oder
bereits geworden sind).

Pahl-Rugenstein Verlag

Anna A. Ljublinskaja
Kinderpsychologie
Aus dem Russischen
Zweite, unveränderte Auflage
544 Seiten, DM 19,80
ISBN 3-7609-0183-2

Dieses Standardwerk der Kindererziehung ist das Resultat jahrzehntelanger Lehr- und Forschungstätigkeit der Leningrader Psychologin. In der BRD liegt kaum eine Abhandlung vor, die den Bereich vom Säuglings- bis zum Schulalter vergleichbar differenziert und theoretisch stringent darstellt. Denken, Sprache, Gefühl und Willen werden zwar systematisch differenziert, aber nicht aus dem Zusammenhang der Persönlichkeit und ihrer Biographie gerissen. Die Stärke dieses Buches liegt in seiner pädagogischen Umsetzbarkeit. Die verständliche Darstellungsweise ermöglicht eine breite Anwendung in Ausbildung und erzieherischer Praxis.

Pahl-Rugenstein Verlag

Kurt Bader

Leben für Kinder?

Reihe Erziehung und Bildung
182 Seiten, DM 14,80
ISBN 3-7609-0614-1

Das Buch beginnt mit acht interessan-
ten Berichten aus Kleinfamilien: Warum
wollen die Eltern Kindern haben? –
Benutzen sie Kinder als Mittel (für welche Zwecke?) – Reichen die Beziehungen innerhalb der Familie über
Sympathie und Gefühl hinaus? – Wie
wird der objektive Zusammenhang der
Familie, die sog. Hausarbeit organisiert? Den Lebens- und Erziehungs-
weisen traditioneller Familien stellt der
Verfasser die „Fremderziehung" in
Krippen und Kindergärten gegenüber;
langjährige Berufserfahrungen als Bera-
ter für Kindertagesstätten kommen ihm
dabei zugute. Eine befriedigende Entwicklung der Kinder ist nur möglich,
wenn sich die Erzieher und Eltern mit-
entwickeln. Damit unterstützen sie die
Kinder in ihrer Entwicklung zu selbständigen und aktiven Menschen.

Pahl-Rugenstein Verlag

Bader, K., Koch, R., Rocholl, G., (Hrsg.): Kooperatives Handeln in der Kindererziehung. Zusammenarbeit der Erzieher – Erziehung zur Zusammenarbeit. Köln 1979. 173 Seiten, DM 14,80

Anhand von Praxisberichten, die von den Elterninitiativen über den Bereich der öffentlichen Kleinkinderziehung, die soziale Arbeit mit Gruppen bis zu sonderpädagogischen Fördermaßnahmen reichen, werden Möglichkeiten einer demokratischen Erziehung aufgezeigt. In leicht verständlicher Sprache wird damit ein Überblick über fortschrittliche Erziehungsansätze in verschiedenen pädagogischen Bereichen gegeben.

Koch, Rüdiger: Berufstätigkeit der Mutter und Persönlichkeitsentwicklung des Kindes, Köln 1975. 176 Seiten, DM 14,80

Von wesentlicher Bedeutung für die Erziehung ist die gesellschaftliche Aufgabe und Rollenzuweisung der Frau. Der Mythos von der Unersetzbarkeit der Mutter-Kind-Beziehung ist dabei von enormer Wichtigkeit. Der Autor weist überzeugend den Ideologiecharakter dieses Mythos auf, der die Frau an ein isoliertes Hausfrauen-Mutter-Dasein bindet.

Koch, R., Rocholl, G., (Hrsg.): Kleinkinderziehung als Privatsache? Köln 1977. 222 Seiten, DM 14,80

Gegen die mancherorts vertretene Meinung, die Erziehung in der Familie sei doch das Beste, werden in diesem Reader von verschiedenen Autoren Argumente entwickelt, die klar für die Notwendigkeit einer Vergesellschaftung der öffentlichen Kleinkinderziehung sprechen. In diesem Zusammenhang werden wesentliche Abhängigkeiten und Beziehungen anlysiert und hinsichtlich praktischer Umsetzung überprüft.

Claaßen, H., Rauch, U.: Gewalt gegen Kinder aus sozialpädagogischer Sicht. Ein Forschungsbericht. Pahl-Rugenstein-Hochschulschriften, Bd. 48. Köln 1980. 93 Seiten, DM 12,–

Hier werden Motive und Bedingungen von Kindesmißhandlung diskutiert. Der Zusammenhang zwischen Lebens- und Arbeitsbedingungen, traditionellen Erziehungszielen und Gewalt in der Erziehung wird deutlich.

Pahl-Rugenstein Verlag

G 2809 FX

Demokratische Erziehung

Zweimonatszeitschrift

Achter Jahrgang · Heft 5

September/Oktober 1982

We don't need no education?

Johannes Meyer-Ingwersen
**Unsere Verantwortung
gegenüber
Ausländerkindern:
qualifizierter Unterricht**

Gisela Dittrich,
Lore Miedaner,
Kornelia Schneider
**Durch Sparen zurück
zum Verwahren**

Stephan Voets
Die Linke und die Erziehung

Lottemi Doormann:
**Von der „revolutionären
Geduld" in der Erziehung II**

Hans Schindler
**Hilfen für die
Selbstentwicklung geben**

Lottemi Doormann/
Katharina Jacobs
**„Ihre Liebe bringt mich
heute noch zum Wei-
nen"**

Gisela Preuschoff
**Bin ich Krösus? Offe-
ner Brief einer Mutter**

Pahl-Rugenstein   Gottesweg 54   5000 Köln 51   **5/82**

Einzelheft 6,50 DM, Jahresabonnement 32,40 DM, für Studenten 29,40 DM